英語は「教わったように教えるな」

若林俊輔
Wakabayashi Syunsuke

小菅和也・小菅敦子・
手島 良・河村和也・
若有保彦［編集］

研究社

本書の出版にあたって
——いま、なぜ、若林俊輔なのか

　かつて誰も体験したことのない速さで世界は変化し、グローバル化が進んでいる。それに対応すべく、日本人の英語コミュニケーション能力の向上が求められ、英語の学習指導要領も変化してきている。「授業は英語で」と高等学校の学習指導要領に明記され、一時期さかんに研修会も行われて来たが、果たして、高校生の英語のコミュニケーション能力は向上してきているのか。経済界の皆さんはやきもきされているかもしれないが、実際の教育現場は、理想とはほど遠いところにある。コミュニケーション能力を向上させるということは、単にTOEICのスコアを上げるために、そのストラテジーを教え練習問題を解かせることではなく、英語という言語をしっかりと教師が生徒に教えてこそ習得がなされ、使用することができると考えたい。しかし、現場ではそのノウハウが乏しく、大学の先生方が深くかかわってくださる機会はほとんどなく、教科以外のことに忙殺されて、結局は安易な従来通りの方法に落ち着く。その一端は教育実習を終えて大学へ戻ってきた学生たちの報告を聞いてもわかる。「英語で授業をしようとしないでください」「学校で決まったワークシートを使用して、解説をするだけにしてください」「フラッシュカードの裏に日本語訳を書いておき、生徒が英語を見て発音する時にその日本語訳をフラッシュさせて語彙の導入をしてください」等々、いろいろなことを言われて来ている。そして、いよいよ今年度中には中央教育審議会より次期学習指導要領の最終答申が出され、小学校では、現行の体制を変えないままに（プロの英語教師ではなく担任教師が主体で）、英語の学習時間だけがさらに増え、すべての校種で「アクティブ・ラーニング」なるものが求められる。いったい、日本の英語教育は本当に本当にどうなっていくのか、少しでも良識ある英語教師であれば、心配になっているはずである。

　こんな時代にあの先生が生きていたら、何を言っただろうか、事あるごとにいつも思う。「あの先生」とは、故・若林俊輔氏である。1955年に東京都の中学校の英語教員になったことを皮切りに、東京学芸大学、東京外

国語大学、拓殖大学等を歴任された「あの先生」である。2002年3月に70歳で亡くなられてしまったので、たぶん、30代後半以降の方しか、その名を聞いたことがないと思われる。幸運にも若林先生が現役でバリバリと仕事をされていた時を知っている私たちは、今でも、先生がおっしゃった様々なことを思い出す。とにかく、私たち迷える現場の教員のことばに耳を傾け、よく話を聞いてくださった。新しもの好きで、視聴覚関係のメカが好きで、言語教育としての英語教育が大好きで、英語という言語が持っている本質に迫るとびきりの探究心を持っていた。さらに、英語教師が苦手とする「体制作り」、「金勘定」、「政治的活動」のような分野にも強かった。必要以上の形式を嫌い、英語教育の本質に迫ろうとするその歯に衣着せぬ物言いは、教職を目指す学生や現場に嫌気のさしていた若い教師を圧倒的に魅了した。時代を半歩進んだ人が、時代を切り拓き、みんなが素晴らしい人だと言うらしいが、先生は5歩も10歩も先に進んでいた。だから、普通の大人には理解してもらえない、むしろ嫌った人も多かったはずである。

　この混迷した時代だからこそ、若林先生が過去に言及されたことを再確認し、私たちの道しるべの1つとしたいのであるが、意外にも、氏の膨大な雑誌等の記事は本としてまとまっていないことも多く、しかも絶版になっている著作もある。そんな中、編者の一人である若有氏がその先生の著作を資料としてしっかりと集めて保存し、なおかつ内容により分類し目次まで作成していた。本書では、この基礎資料をもとに、皆さんに現在の日本の英語教育について考えていただく際に、補助線となるような記事を中心にピックアップし、それらに解説をつけて、氏をまったく知らない方でも理解していただけるようにまとめてある。執筆時点から40年以上経っている記事もあるため、本文は基本的にそのまま掲載し、「出典情報・注」において最低限の注釈を付けている。特に、各章のタイトルに注目していただきたい。それぞれまとめた記事の内容に関連したタイトルになっており、同時に氏の持っていた様々な考えを象徴するものでもある。以下が、その章立てである。

第1章　いっとう　りょうだん
　章題は、『現代英語教育』(研究社)連載のコラムのタイトルから。いかに

も若林先生らしい語り口の記事が集められている。驚かずに腹を立てずに読んで、冷静に判断をしていただきたい。

第2章　つまずく生徒とともに
「英語教育実践記録 (2) 三省堂英語教育賞審査委員会による論文集」である『つまずく生徒とともに』(1984) から。とことん学習者の立場に立って、氏の考える「ことばの教育」としての英語教育を論じている。

第3章　英語授業学の視点
若林俊輔還暦記念論文集 (1991) のタイトルから。若林氏自身の命名である。我々教師が十分に熟知していなければならない授業に関する事項について、詳しく述べている。文字指導、言語活動、さらには評価、テスト等多岐にわたって独自の論が展開され、氏が命名した「英語授業学」という言葉の深さを思い知らされる章でもある。

第4章　ことばの教科書を求めて
本章の最初の記事 (中教出版『英語教育の歩み』から) のタイトルである。教科書の内容に関するものだけではなく、教科書をめぐる生々しい現実を述べている。

第5章　英語教育の歩み
伊村元道氏と共著の中教出版から出された『英語教育の歩み』(1980) から。本章には、英語教育の制度や歴史に関連する記事がまとめられている。私たちを取り巻く様々な事象は、遠い過去からずっとつながって現在に至っているわけで、やはり、今を知るには過去を知っていなければならないということを思い知らされる章である。

第6章　英語教育にロマンを
「英語教育実践記録 (1) 三省堂英語教育賞審査委員会による論文集」である『英語教育にロマンを』(1984) から。英語教育の将来を教育行政的な視点から論じている。前章においてもそうであるが、とにかく、学習指導要領をはじめとして、様々な「〜法」と呼ばれる文書の文言 (条文) を読み

込み、現実の問題点を明確にすることに大変長けていた氏の一面を見ることができる章である。

付章　英語の素朴な疑問に答える
　『英語の素朴な疑問に答える 36 章』（ジャパンタイムズ、1990）のタイトルから。まさに生徒の素朴な疑問、英語に関わる雑学のページであるが、氏の奥深さを再確認できる部分でもある。

　若林先生の著作は多岐に渡っている。それは単に様々な分野をつまみ食いをしたのではなく、「英語授業学」の研究者として、氏の中ではすべてがつながっており、どの分野も 1 つとして無視できなかったからであろう。第 2 言語習得の研究者ではなく、とことん学習者のために、そして実は苦しむ教育現場の教師たちのために、解決への一手を示そうとされていたのではないかと思う。時代を誰よりも先取りされていた先生の言葉は、40 年以上前に書かれたものでも、決して古臭くはなく、今の私たちに様々な示唆を与えてくれる。

　人は何歳まで生きられたら幸せか？　たぶん、何歳まで生きても、きっと「まだやりたいこと」が残っているはずである。特に、志の高い若林先生であれば、その思いはいかばかりであったか。今残された私たちにできることは、その先生が遺された言葉に再度触れて、体制に振り回されずに、学習者のためにしっかりとことばを教える英語教師になっていくことである。もちろん、当時、若林先生が嫌いで話を聞くのも嫌だった方も、一度は読んで、反対すべき部分に大きな声で反対していただきたい。大事なことは、反対でも賛成でも、私たちの英語教育を学習者のためによりよいものにしていくことである。

　さいごに、本書の編集にあたっては、私たち 5 人の編者以上に、若林先生について語る権利と熱意をお持ちの方が多々いらっしゃることを十分に承知している。その方々にはお詫びを申し上げつつ、その方々のお気持ちを代弁するつもりで本書の編集にあたらせていただいたことを明記したい。

2016 年 5 月 16 日

小菅　敦子

目　次

本書の出版にあたって──いま、なぜ、若林俊輔なのか（小菅敦子）── iii

第1章　いっとう　りょうだん

「英検」はやめてもらいたい ── 2
教科書を値上げしよう ── 4
小学校への英語教育導入──それはわが国の基本教育の破壊である ── 7
AET導入反対の弁 ── 14
英語教育を破壊する週3時間体制 ── 21
母語をつぶすつもりか ── 28
首相の英語 ── 31
杞人憂天 ── 33

解説（小菅和也）── 36

第2章　つまずく生徒とともに

英語教育の基礎について ── 40
英語学習の目的意識をどう持たせるか ── 51
こうすれば英語ギライになる ── 58

解説（若有保彦）── 64

第3章　英語授業学の視点

黒板とチョーク ── 70
つづりと発音の関係の規則性 ── 72
アルファベットが覚えられない生徒 ── 79
文字にはいろいろな字体があることについて ── 84
辞書指導の視点 ── 91
文法用語の日本語は学習を妨げる ── 96
文法事項の指導順序をどう考えるか ── 102
「四技能」のバランスということ ── 108
「言語活動」の基本形態 ── 113
Sam have three brother.──「正しい」とは何か ── 124
テストと文法指導──「コミュニカティブ」な評価基準設定の提案 ── 126
テストの季節 ── 137
英語科における観点別評価をどう考えるか ── 139

解説（手島　良）── 145

第4章　ことばの教科書を求めて

- ことばの教科書を求めて ———— 152
- 会話形式の教材のこと ———— 156
- 「亡き数に入」った教科書 ———— 158
- 広域採択制とは一体何なのか ———— 161
- 優れた英語教科書出現の条件――検定制度がなくなれば優れた教科書が現れるか ———— 169
  - 解説（手島　良）———— 177

第5章　英語教育の歩み

- 入試英語 ———— 182
- 「学習指導要領」の変遷 ———— 188
- 昭和22（1947）年の『学習指導要領』を読む ———— 195
- 外国語教育改革論の史的変遷――日本の英語教育を中心として ———— 208
- 英語教育史から何を学ぶか ———— 215
- 十年、今や、十昔 ———— 222
  - 解説（河村和也）———— 225

第6章　英語教育にロマンを

- 知的好奇心に応える英語教育 ———— 230
- 改善懇 第5回 アピールについて ———— 241
- 外国語教育振興法（案）———— 245
- 言語教育としての外国語教育のこと ———— 248
- 教員の養成と「研修」———— 251
- 21世紀の英語教育が抱える課題について ———— 255
- マスコミと英語教育 ———— 263
  - 解説（河村和也）———— 271

付章　英語の素朴な疑問に答える

- 「基礎を教える」ことについて ———— 276
- 名前の話 ———— 282
- 生徒を混乱させるものについて ———— 284
- 「どうでもいいこと」について ———— 289
  - 解説（若有保彦）———— 294

- 出典情報・注 ———— 297
- 若林俊輔氏年譜 ———— 305
- 索　引 ———— 309

●第1章●
いっとう　りょうだん

「英検」はやめてもらいたい

　本誌『現代英語教育』の創刊は 1964 年である。この年は、「東京オリンピック」が開かれた年で、それから、小川芳男編『英語教授法辞典』が出版された年で、また、「財団法人日本英語検定協会」が設立された年でもある。今にして思えば、大変な年だった。私が群馬工業高等専門学校専任講師に採用された年でもある。

　私と『現代英語教育』誌とのつきあいは長い。記憶によれば、1965 年度に、本誌で連載記事を書かせていただいた。それ以来、長い間つきあわせていただいた。そこで今回の「遺言」である。これは、困った。「遺言」とは困ったことだと思ったが、しかたない。そういうこともあり得るな、と納得している。

　何年か前、1980（昭和 55）年 4 月に月刊誌『英語教育ジャーナル』を創刊（三省堂、編集主幹・若林俊輔）したが、2 年半後の 1982（昭和 57）年 9 月号（第 30 号）で廃刊（世間的には「休刊」だった）とさせられた経験があるから、そうか、『現代英語教育』誌も「遺言」で「休刊」があり得るのか、と思ったが、やはり、残念。

　残念なのだが、そして、これから私の言いたいこと、この私の言いたいことが、この『現代英語教育』誌では、一度も、議論されなかったことが残念であることが言いたい。それは、「英検」である。「日本英語検定協会」の「英検」である。STEP とも言っている。

　何が言いたいか。「英検」の仕事をしている方々に伺いたい。あなた方が商売としてやっておられるこのテスト、あれは何なのですか。私に言わせれば、ほとんど、どころか、全部デタラメです。あんなテストで、子供たちの英語力が測れると思っているのか。

　あなた方がやっているのは、単なる「商売」でしょう。日本の子供たち

の英語力を伸ばそうということとは、まったく無縁の、単なる「商売」です。証拠を見せよ、と言われれば、いつでも説明しましょう。どの「級」のテストでもよろしい。私は、たちどころに、そのテストがテストであり得ないことを説明します。

困ったことに、この「英検」の初代会長は故・岩崎民平先生だった。何も困ることはないのかもしれないが、大恩師である岩崎先生が名前を出されているというのは、私にとっては困る。批判しにくいのである。恩師の故・小川芳男先生がこの企画にからんでおられたのも、これまた、面倒。小川先生と故・赤尾好夫（旺文社）社長とは、東京外語大（正確には、東京外事専門学校）の同期生であった（「英検」を作ったのは赤尾社長だったし、これを応援したのは、小川先生だった）。こういう古く長いからみの中で、「英検」はやめてほしい、という発言をするのは、相当に苦しいのだが、やはり言わざるを得ない。

理由はすでに述べた。繰り返して一言で言えば、英語力を見るためのテストになっていないということである。

さらに困るのは、最近ますます「英検」がのさばってきて、中央教育審議会や教育課程審議会まで動かしていることである。2002年度から実施される小学校での新教育課程をにらんでの「児童英検」などというのはもってのほかである。

さらにさらに困るのは、大学である。大学もだらしのないことで、「英検」で「○級」を得ていると、大学での授業とは関係なく何単位かを与えてしまうという事態になっている。

もう1つ。「英検」は商売でしょうから、おやりなさい、ということにしておいても、その試験監督や面接試験官に国立・公立諸学校の教師を動員することはやめてもらいたい。公務員の兼業については、文部省はかなり厳しく禁止しているはずである。そうか、文部省も「英検」に取り込まれたか。英語教育はやはり世紀末。嗚呼！　　（『現代英語教育』1999年3月号）

教科書を値上げしよう

　そろそろ「学習指導要領」の改訂が始まるらしい。そう聞いただけで、気の小さい私などは身も細る思いが始まってしまう。またまた紳士的な英語教師団は一言も発せず、ニコニコしながら成り行きを傍観するだけではないのかしら。こんどは中学校の英語が、週あたり2時間になるおそれはないのだろうか。

　中学校の教科書は、昭和53年度から新しいものが使われるようになる。指導要領の改訂はこれには間に合わない。そこで、教科書のほうが改訂を先取りして、今よりもやさしい教科書を53年度に供給することに、おおよそ決まったらしい。指導要領の中で、※印の付いた項目は高校へまわしてしまうことになるらしい。

　指導要領というものは、国として絶対の基準と考えているのかと思ったら、そうじゃないんだな。都合によってどうともなるものなのだということが、よくわかった。それならなにも、指導要領にはこう書いてあるなどと大騒ぎをすることはなかったのだ。中学1年では、現在形と現在進行形しか扱わないことになっているのだが、過去形から始めたってよかったわけだ。だって、都合でどうともなるものだもの。都合は何も文部省だけのものではあるまい。教科書編集者にも都合はあるし、現場の教師にも大いに都合がある。

　今度の改訂では、中学校の指導項目の学年指定がなくなるらしい（高校は以前からそうだった）という風評が流れている。これは大いに結構なことだ。1年生で関係代名詞を教えたって、ちっとも構わないではないか。関係代名詞が3年でなければならない理由など、どこにもありはしない。

　現在の指導要領には、接続詞の but は2年生で扱えというばかばかしい指示がある。これまた風評だが、この提案をしたのは指導要領作成委員で

あったある現場の教師だということだ。もしこれが本当なら、今度の改訂にはこういうばかばかしいことを主張するような人は委員に加えないことだ。

どんなものだろう。全国には英語教育関係の団体がゴマンとあるが、その各団体が1名ずつ委員を推薦したらどうだろう。委員に加えてもらうために、すさまじいキャンペーンを張る。こうすれば、ニコニコ英語教師のイメージが少しは変わるかもしれない。

ところで、私の今月の主張は教科書に関してである。まず、中学校の教科書を値上げしてほしいのだ。どうせ無償で配布しているのだ。親のフトコロには関係ない。現在、英語の教科書は、週刊誌1冊の値段にも及ばない。教育とはずいぶん安く見られたものだ。だからロクな効果があがらないのである。これはせめて500円くらいにしてもらいたい。正体の知れない補助金を削り落とせば、このくらいの予算措置は簡単である。

次は、教科書が豊富に色を使うことができるようにしてほしい。これまた伝え聞くところによると、色の問題は文部省の責任ではないらしい。教科書協会という団体が、過当競争を防ぐという名目で自己規制を行なっていると聞いた。イロケのない教科書で、どういう効果があがると思っているのか知らないが、こういうイロケのない自己規制はすぐにやめてもらいたい。だいたい、教科書協会から脱退する教科書出版社のひとつやふたつ出てきてもよさそうなものだ。多分、出版界の義理人情が優先しているのだろう。古臭いったらありゃしない。

もうひとつ。教科書のページ数をふやしてもらいたい。1年間かかって100ページそこそこ。これっぽっちで英語を習得させようなどとは、おこがましいにもほどがある。ところが、この増ページには、現場の抵抗が意外に大きいのだ。200ページもあったら、とうてい1年間では終わらない、というのがその理由らしい。いいじゃありませんか、終わらなくたって。先生がおもしろいと思ったところを拾って飛び飛びに進んだっていい。いつかこういうことをある先生に言ったら、なにしろPTAがうるさくてね、という答えだった。PTAが何だというのだろう。私自身、現在あるPTAに深くかかわっているのだ。その私が言うのだからまちがいはない。飛び飛びに進もうが、行ったり来たりしようが、そういうことはPTAとはかかわりのないことです。

50年度に供給された英語の教科書は、中学校においては、ことごとく

(と言ってもたった4種類だが) ページ数が減った。私の聞いたところでは、現場はこれをことごとく歓迎したという。これは、恐るべき現実である。われわれは 10 与えられてやっと 1 を獲得するのである。100 ページ与えられれば 10 ページしかモノにならない。500 ページ与えようではないか。500 ページのためのエネルギーをそそぎ込もうではないか。生徒は 50 ページをモノにするであろう。

　今回の提案は、非常に現実的な、しかも、急を要する提案だと思っている。どんなものでしょう？　　　　　　　　　（『現代英語教育』1975 年 10 月号）

小学校への英語教育導入
―― それはわが国の基本教育の破壊である

はじめに

　私は英語教師である。このことは「前提」として、まずいっておかなければならない。また、私の専門は「中学校英語教育」である。「入門期の英語教育」である。その、英語教師である私は、このたび、文部省および中央教育審議会、さらに教育課程審議会が、その方針として打ち出した「小学校への英語教育導入」に、どうしても反対しないわけにはいかないのである。

小学校教育

　『学校教育法』を持ち出すまでもないことだが、小学校における教育は、国民として、あるいは人間として必要な、基本的な教養・知識・技能を身につけさせることを最大の目標とする、と私は考えている。

　小学校では、国語の教科で「日本語」をきちんと教えてもらいたい。自分の意見をはっきりといえる子どもを育ててもらいたい(現在では、自分の意見をはっきりいうと、ときには処罰の対象にさえなるという現実があるのだが)。そしてことばづかいを教えてもらいたい。実際、近年は目上の者に対することばづかいが変な人間が増えている。日本語の読み書きがきちんとできる子どもを育ててもらいたい、というのも大学でレポートを提出させるたびに、その表現力、文章力を目のあたりにしてしばしば暗い気持ちになるのである。ことばの意味をきちんと見分ける力をつけてもらいたい(たとえば、英文法では Is this your book? のようなものを「疑問文」と呼んでいることがあげられる。なんとも情けない。日本語がわかっていない)。

算数もきちんと教えてもらいたい。「6÷2にはふたとおりの意味があるのだが、それは何か」とか「ある数を分数で割るときには、その分数の逆分数を掛けるのだが、それはなぜか」と尋ねても、これにまともに答えられる（英文科の）学生はほとんどいない。余談ではあるが、マイナスにマイナスを掛けるとプラスになるのはなぜか、には（英文科の）全員が首をひねった。これは中学校で教えられる事項である。先日は「100ミリメートルってどのくらいの長さ？」と尋ねたところ「1メートルかな」と答えた学生がいて、度肝を抜かれた。

　国語、算数にして、このていたらくである。四分音符を示して「これはなぜ四分音符という名前なのか」と尋ねても答えは返ってこない。「4分の4拍子を表すのにCを使うがなぜか」にも全員無言。先日は、ピアノの話をして、ついでに「なぜこの楽器はピアノという名前なのか」と尋ねたが、ほぼ全員がこの質問の意味を理解しなかった。「アンダンテというのはイタリア語だ」といったところ、「えーっ！」と悲鳴をあげた学生がいて、こっちのほうが驚いてしまった。

　実際同じような話を続ければ、小学校の8教科すべてにわたってしまう、というのが現実である。こういう状態の小学校教育に外国語（英語）など入り込む余地はない、と私は考える。

英　　語

　小学校教育は国民・人間教育の基本である。そして、英語という外国語は、その「基本」の中には入らない、と私は考えている。日本語ができないのは困る。社会科的な知識・常識がない人間は困る。芸術にまったく無関心というのも困る、などなど。しかし英語などできなくても、人間的な価値にはまったく影響がない。

　それは、100メートルを15秒で走れなくても人間的な価値とは関係がないのと同じである。そのくらい速く走れたほうが走れないよりも愉快であるし、見ているほうも楽しい。だが、それ以上の何ものでもない。もうひとつ例をあげれば歌を歌うのも下手よりも上手のほうがいい。しかし、下手だからといって人間の価値が下がることにはならない。

　英語も同じである。英語が話せないよりも話せたほうがいい。しかし、

話せないからといって、その人の価値が話せる人に比べて劣るというものではない。ただし英語の教師でいて英語が話せないというのは、これは、一種の背信行為であるが。

英語とはその程度のものである。小学校教育は、本来の仕事をきちんとやってくれればいいのであって、その程度のことに浮身をやつすことはないのである。もっとも、小学校教育に十分なゆとりがあって、英語教育を取り入れても、なお余裕があるというのであれば、取り入れてもいいであろう。ただし、以下に述べる条件を十分に満たしてからのことであるが...。

教員養成

私は4分の1世紀以上にわたり、大学において英語教員養成に従事してきた。そして、プロの英語教員を育てることの難しさを痛感している。これは、他のすべての教科についてもいえることであろう。

私のまわりには、「プロの英語教師」と呼ぶにふさわしい人材が少数ながらいる。中学校・高等学校の英語教師である。そして、私が彼らに「きみたちは、ようやくプロの英語教師になったな」というまでに、着任以来少なくとも10年はかかっていることをいっておきたい。彼らは、10年あるいはそれ以上にわたって、先輩や同僚、あるいは指導者による厳しい指導に耐え、自らも研鑽を、工夫を重ねたのである。

教師は教師になったときから教師になるための道を歩み始めるのである。大学での4年間で教員が養成できると思ったら、それは大間違いである。

文部省

1997年7月15日の朝日新聞によれば、文部省は、小学校への外国語教育導入の2003年度以降の課題として、(1) 外国語指導助手 (いわゆる ALT) の拡充、(2) 留学生や企業の技術者ら在日外国人の活用、(3) 担任教師の外国語指導力の育成、などをあげている。

まず (1) だが、現在、在日する数千人におよぶ ALT のうち、何パーセントの人たちがまともに英語を教えているのであろう。そもそも、彼らのほとんどは英語教育の専門的訓練を経ていない。大学での専門は、物理学だっ

たり音楽だったり国際関係論だったりする。要するに英語が母語であるというだけのことである。私は英語教師である。したがって、世界のどこででも英語を教える自信がある。しかし、母語である日本語を教える自信はない。なぜならば、私は日本語教育の基本的訓練をまったく経験していないからである。現実には、かなり多くの学校でALTは歓迎されないでいるのである。

　次に(2)。これは、問題は、(1)と同じである。

　次に(3)。これは小学校教師自らに英語教育を担当させようというものであろう。何という無謀であろうか。小学校教師は英語教育については素人である。この点では、(1),(2)と同じである。

　半年くらい前だと思うが、あるテレビ局が、ある公立小学校(研究開発校)での英語の授業風景を放映した。見るも無惨な授業であった。何しろ発音がよくない。それはあたり前であろう。10代からはるかに離れた年齢の人たちが、大学卒業以来、今までに練習したことも使ったこともない英語を発音するのである。小学校英語教育推進論者は、英語は、特に発音は、10歳代になってからでは遅すぎる、だから小学生のうちから英語の発音に触れたほうがいい、という。では、この(3)の教師たちはどうするのか。だいたい、ああいうひどい発音を小学生に聞かせ、そのひどい発音で英語をいわせると、何かいいことがあるのか。説明してもらいたい。

　教育は学習者の年齢が低くなるほど難しくなる。大学の授業は専門バカにでもできるかもしれないが、高等学校はそうはいかない。中学校になればさらに難しくなる。現在の英語教育についていえば、もっとも高度な指導技術と知識を必要とするのは、中学校1年生を指導する教師である。おそらく、これを小学生に施すとなれば、教師はさらに高度な指導技術を必要とすることになろう。

入　　　試

　文部省案では、小学校での外国語教育は「中学校での外国語教育の前倒しではない」と位置づけた、と報道されている。では何をするのかというと、歌やゲーム、簡単なあいさつ、寸劇など体験的な活動が中心となるという。アルファベットや単語、文法などの知識学習はしない、ともいう。

わけもわからずに英語で歌を歌ってどうしようというのか。子どもが「今歌っている歌は何の歌ですか?」と尋ねたら、「そんなことはどうでもいいの、ただ歌いなさい」とでもいうつもりなのか。
　ゲームにもいろいろあるが、少なくとも単語の知識は必要である。クジャクのことは peacock とか peahen というといったようなことは教えないわけにはいかない。にもかかわらず、単語は教えないという理屈がわからない。
　簡単なあいさつ、というが毎日ではなくて、週2時間とか、3、4時間で同じような簡単なあいさつをしてどこが楽しいか。子どもにとっての楽しさというのは、何かができるようになった、何か新しいことがわかった、何か新しいことを覚えた、といったことの中にある。毎日、同じような寸劇、多分 skit のことであろうがそんな練習をして、何が楽しいものか。そもそも、寸劇をやりながら、自分が何をいっているのかわからない、というのでは、これは地獄である。
　文法を教えない、という。文部省、ならびに教育課程審議会の委員たちは、なにか勘違いをしているのではないか。「文法用語」を教えない、というのならばわかる。だが、文法というものは、自分のいっている、あるいは、いわされていることば、すなわち文ないし文章の意味がわかれば、子どもは、自然に his or her own grammar を構築していくものなのである。文法用語など使わなくとも、文法は確実に学習される。私のまわりには、文法用語をほとんど使わずに、子どもたちに確実に英文法を身につけさせている教師が少なからずいる。プロの英語教師たちである。
　さて、この節のタイトルは「入試」である。それは、小学校への英語教育導入が始まると、おそらく、相当数の私立中学校の入試に「英語」が入ってくるであろう、という私の危惧である。そして、おそらく、小学生のための英語塾が林立するであろう。
　かくして、わが国の小学校教育は崩壊する。
　先ほど、私は、小学校における国語や算数の教育について書いた。まともに教えてほしいといった。しかし、現実には、まともではない。それは、私立中学校の入試に国語や算数があるからである。いや、入試にあることそのこと自体が悪なのではない。その入試の内容および入試対策のための異常な学習が悪なのである。現在の教育システムは「とにかく覚える」子どもは作った。が、「考える」子どもは育てていない。

残念ながら、英語は私が子どものころから暗記科目と呼ばれてきた。そういった認識は、今でも変わっていない。英語は、本来、理性と感性によって身につけられるもので、けっして暗記科目ではないのだが、この認識が2003年度までに変わるという保証は何もない。当然、小学生英語塾は現在の中学生および高校生のための大多数の英語塾と同じように「受験英語」という得体の知れない英語を教えることになるであろう。そうはならない、という人もいるが、残念ながら信用できない。そして、私立中学校は、おそらく粗悪な入試問題を作るであろう。それは中学校の英語の中間・期末の粗悪な試験問題をあまりにも数多く見たから、こういえるのである。高等学校についても同じである。結局は、英語を話すことも聞くこともできない、ただ、その粗悪な試験を無事に通過することができるだけの子どもを作ることになるであろう。

カリキュラム

　文部省は、小学校での外国語教育は「中学校での外国語教育の前倒しではない」という。では、何のための外国語教育か。「外国語教育」というのは「外国語」を「教育」することではないのか。「外国語」が使え、「外国語」を使うことを楽しみ、「外国語」の仕組み(たとえば、文法)がわかり、「外国語」の学習を通じて「ことば」の世界の不思議さ、面白さを実感させることではないのか。

　こういったことを実現するためには、教員養成のシステムを確立することはもちろん、「外国語教育」のカリキュラム開発が不可欠である。「中学校での外国語教育の前倒しではない」という。では、何なのか。たとえば、小学校の英語教育と中学校の英語教育とを、どのような形で関連づけようとするのか。関連はないのか。ならば、単なる時間と労力の無駄であろう。

結　　論

　小学校への英語教育の導入は、やめたほうがいい。が、小学校の教育に十分にゆとりがあるのならば、5年生くらいから始めてもいいのではないか、と考えている。ただし、そのための英語教員の養成は、確実に先行さ

せなければならない。そして、同時に、「英語教育カリキュラム」の開発に着手しなければならない。

　実は、もっと重要なことがある。今の中学校における英語教育のあり方の改善である。英語を話すこともできないくせに、わけのわからない「文法用語」を使って生徒を脅しながら授業をしている英語教師があまりにも多い。

　そこで、私の提案だが、文部省が本当に英語教育の改善を考えるのならば、中学校から手をつけてはどうか。もっとまじめに、これまでよりさらに。

(『英語教育事典』1997 年 9 月)

AET 導入反対の弁

はじめに

「AET 導入反対の弁」などというタイトルで話をするとなると、「何でも反対屋」と思われる恐れがあって、私としてはあまり具合がよくないのだが、編集部から頂戴したタイトルでもあり、また、確かに賛成できない面があるので、このまま話を進める。

私の意見は、今の日本の状況ではやはり「AET 導入反対」と言うよりほかにないのである。そして「今の日本の状況では」がポイントである。何が「今の日本の状況では」か。それは、今の日本は、英語教育界に外国青年 (今回の JET プログラムは、日本語では「外国青年招致事業計画」という) を受け入れる適性 (または能力) を欠いている、ということである。適性を欠いたまま外国青年の受け入れを強行したため、望ましくない、非常に望ましくない結果が生じている、ということである。

日本の英語教育は改革されなければならない。私が所属している「財団法人・語学教育研究所」は、1922 (大正 11) 年に来日した Harold E. Palmer 博士によって 1923 年に設立された「英語教授研究所」に始まるが、Palmer 博士招聘は、当時の英語教育を抜本的に改革しようとする意図によるものであった。それ以来すでに 65 年の年月が過ぎ去った。しかし、日本の英語教育は、ほとんど何も改革されていない。相変わらず「文法」と「英文和訳」と「和文英訳」が主流で、相変わらず「聞けズ、話せズ、読めズ、書けズ」の「4 ズ英語教育」が横行している (そうでない英語教育を目指している教師がいることは十分に承知しているが、しかし、何といっても主流は「4 ズ」である)。

この現状に業を煮やした人が何人もいた。その 1 人、平泉渉氏が『外国

語教育の現状と改革の方向』という論文を発表した。今から十数年前、1974 (昭和49) 年のことである。彼は、「外国語を専門的に学ぶのは、国民の5% (約600万人) で十分である」といった趣旨の発言をしたから、英語教育界はひっくりかえるような騒ぎになった。平泉氏のこの論を受けて立ったのが渡部昇一氏であった。ご両人の論争は雑誌『諸君！』に連載され、『英語教育大論争』(文藝春秋社) という本になったが、この論争は「論争」と呼ぶにはあまりにも貧しい内容で、つまりはシャボン玉のように美しくはじけて散ってしまったのであった。そして、日本の英語教育は、相変わらずであった。「4ズ」である。

したがって、いよいよ、「業を煮や」すことになるのである。「業を煮や」せば、現在の国力を利用して「外国青年招致事業」を実現したくなるのは、ある意味では当然のことであろう。日本の英語教育界に衝撃を与えるのである。衝撃を与えなければ、日本の英語教育界は目を覚ますことはない、ということである。

確かに、今回の「外国青年招致事業」によって目を覚ました英語教師が少数ながらいる。「4ズ」ではどうにもならないことを身をもって痛感した英語教師がいる。しかし、それはあくまでも少数である。全体で約5万人もの英語教師の1%にもなっていない。それは、優れた日本人英語教師と優れたAETとの出会いによって実現したにすぎないのである。これを世間ではマグレアタリという。教育は、マグレアタリであってはならない。マグレアタリが大手を振っていたのでは、児童・生徒は救われない。

以上に述べたことに基づいて、以下、私の「AET導入反対の弁」を展開することにする。ポイントは次の4点である。

(1) 外国青年の選考体制は十分か。
(2) 外国青年の専門性を生かすような体制を整えることができているか。
(3) 「外国青年招致事業計画」は、貿易収支が悪化しても続けられるか。
(4) 外国青年は、反日感情を抱いて帰国していないか。

(1) について

AETの選考が在外公館によって行われていることを知っている英語教師

が非常に少ないことを最近再確認した。これは困ったことなのだが、英国について言えば在英日本大使館がAETの選考をしているのである。英語教育に関する非専門家が「語学指導等に従事する者」を選考している。まず、このことを私は問題にする。なぜ、AET選考にあたって、日本(及び現地)の「外国語としての英語教育」の専門家の協力を得ようとしないのであろうか。これは、まさに行政府の怠慢である。金がないとは言わせない。はっきり言えば、行政府は日本の英語教育の改善などは、まったく考えていないのである。したがって、今回のJETプログラムは、日本の巨額な貿易黒字についての、政府による国際的ジェスチャーに過ぎない、と私は言うのである。このことについては(3)においても述べる。

　もう1つ、「語学指導等に従事する者」の選考基準がある。この基準については、本誌1987年7月号に、文部省の和田稔・教科調査官が述べておられるが、改めて引用しておく(項目記号は、私が改めて付した)。

「語学指導等に従事する者」については次のような資格要件を満たす者としている。
(一般要件)
(a) 招致対象国の国籍を有するもので、かつ英語を母国語とするものであること。
(b) 大学の学士号または修士号取得者または取得見込みの者であること。
(c) 発音、リズム、イントネーション、発声において優秀で、かつ、現代の標準的な英語力を備えていること。また、文章力、文法構成力が優れていること。
(d) 日本について関心を有すること。
(e) 日本の地域社会の中で勤務、生活する適応能力を有すること。
(f) 品行方正、人格高潔、善良な市民であること。
(g) 心身ともに健康であること。
(追加要件)
(h) 日本における教育や英語教育に関して、関心を持つ者であること。
(i) 日本の学校や教育委員会において勤務するための適応能力を有す

ること。
（j）「外国語としての英語教育」の資格を取得した者または、「外国語としての英語教育」を学習した者、あるいは熱意を有する者であること。

1つ1つに文句を言いたいのだが、全体的にまとめて言えば、たとえば、在外公館は AET の選考にあたって、この 10 項目についてどのようなテストを行ったのであろうか、ということである。これはまったく公表されていない。たとえば (c) にしても、英語教育の専門家でもない者が、どうしてこれを判断できるのであろうか。

(j) も、これを、『「外国語としての英語教育」の資格を取得した者』で止めておくのならばまだしも、『「外国語としての英語教育」を学習した者、あるいは熱意を有する者』にまで範囲を広げてしまっては、基準がないのと同じではないか。

The Daily Yomiuri の 1988 年 11 月 24 日号の *Letters to the Editor* 欄の投書に次の文があった。

> The JET program is an excellent concept: educated native English speakers are sent to schools throughout the nation to provide the correct pronunciation, rhythm and tone of English. (下線筆者)

私は、この文の下線の部分はまったく信じていない。ネイティブ・スピーカーだから「教育的に」正しい発音ができると思ったら大間違いである。私自身の経験から言わせてもらえば、過去 25 年近く、中学校や高校の教科書に付属する音声テープ作成に直接かかわってきたが、今まで録音スタジオに入ってもらった 100 人を越えるネイティブ・スピーカーの英語の発音のほとんどは、「教育的」にはほとんどどうにもならないほどオソマツなものであった。イギリスやアメリカの映画を好み、愛し、イギリスやアメリカに行けば何とかして舞台劇を見ようとしている私にとっては、シロウトのどうにもならない発音には困ってしまう。

これは、日本語のネイティブ・スピーカーである一般の日本人が、日本語の「教育的」モデル発音を示すことができないのと同じである。アマチュ

アは、あくまでもアマチュアにすぎない。アマチュアを専門家扱いしてはならないのである。

　英語教育界も、今回のJETプログラムには責任を負いかねる。なぜなら、行政府が、一方的に、勝手にAETを選考して、一方的に、勝手に、そのアマチュアAETを英語教育現場に送り込んでいるからである。残念ながら、JETプログラムを押しつけられた日本の英語教育界は、うろたえるしかないのである。文部省も、現在のJETプログラムが英語教師をどのように苦しめているかを、少しは真面目に調べてもらいたい。英語教師の能力が低いからだ、などと、単純にまとめられては困るのである。問題はそんな単純なものではない。

(2) について

　AETとして来日した外国青年の専門性は、まったく生かされていない。

　彼らについて言えることは、そのほとんどは「外国語としての英語教育」の専門家ではないということである。財団法人・語学教育研究所の調査によれば、現在のAETのうち「外国語としての英語教育」の専門家と言えるのは数パーセントにさえならない。本年度は、1,500人近くのAETがいるが、「外国語としての英語教育」の専門家と呼べる人は、10人いるかいないかなのである。

　つまり、彼らに「外国語としての英語教育」を扱わせるのは、本来無理なのである。私が今まで接触したAETは、たとえばその専門は音楽であり、体育であり、あるいは国際政治学であり、あるいは数学である。彼らには、その専門を生かして、音楽・体育・社会・数学を教えさせればいい。当面は、英語国からの外国青年であるから、英語で音楽・体育・社会・数学などを教えることにすればいい。1989年度には、西ドイツやフランスからも外国青年が来日することになっているから、ますます結構なことで、その人々には、ドイツ語やフランス語で音楽・体育・社会・数学などを教えてもらえばいいのである。これによって、日本の教育は、本当の意味で「国際化」される。

(3) について

　もともと、このJETプログラムは、中曽根康弘・前首相の思いつき、国際収支の黒字についての国際的言い訳に始まった体制であって、それは、けっして日本の英語教育を根本的に改革しようという発想に基づいているわけではない。だから、AET受け入れにあたってもone-shot visitといった異常なシステムを主とするというようなことを、何の良心的痛みも感ずることなく、平然と行うことができるのである。

　したがって、仮に日本の国際収支が赤字に転ずるようなことがあれば、JETプログラムはただちに中止されるであろう。日本の教育が中止されることがないのは当たり前であろうから、もし、JETプログラムが日本の教育にとって必要不可欠のものであれば、これは中止されるはずはないのだが、もともと不真面目な動機から発足したものであるから、永続するはずはないのである。

　したがって、英語教育界は、JETプログラムの今後について、十分には責任を負いかねる。

(4) について

　その数字は、私も知らない。しかし、日本という国に愛想をつかして母国に帰国する外国青年がいる。

　「愛想をつかす」というのは、まだアマイ言い方である。それどころか、日本に憎しみを抱いて帰国する外国青年が数多くいる。1つの例は、雑誌『新潮45』(1989年1月号)に掲載されたパトリシア・スミス「二度と日本へは行きたくない」である。

　この問題は、われわれ日本人が、本当に真剣に考えなければならない問題である。

　日本は、国際化されていない。これは、単に英語教育界が一方的に責任を負わされることでもない。しかし、英語教育界がかなりの部分で責任を負うべきことでもある。

　私は、AET導入の前に (あるいは、それと同時に) しなければならないことがあると考えている。それは、日本人教師を世界各国に留学させることで

ある。英語教師に限らない。「初任者研修」などという、セセコマシイ、そして、教員をダメにする制度はやめて、英語教師に限らず、教師を、特に若い教師を、アジア・アフリカ・ヨーロッパ・アメリカ(当然、南アメリカも含む)・太平洋各国などに派遣し学習させることである。これによって、日本人教師は、今の世界がどういう世界かを知るであろう。そして、日本のこれからの教育のあるべき姿を知るであろう。

　私が最も恐れているのは、国際的に、世界的に、日本が、敵を作っているということである。これで、日本は、国際的に、どのように世界的に、生き延びて行こうというのであろうか。　　　　　(『英語教育』1989年3月号)

英語教育を破壊する週3時間体制

悪いニュース

　6月にはいって第1学期中間試験が終わったころ、数人の教師から「実は4月と5月の2か月で、いくつかのクラスは10時間くらいしか授業ができなかったのです」という話を聞いた。「1年生もですか」と私はきいた。「1年生もです」という返事だった。「それで、あの、それで中間試験をやったのですか」と、私は思わずうろたえながら尋ねた。「ええ。やることになっているものですから...。でも、ほんとうに困りました。苦しかった。」私は、ふと涙が出そうになった。この先生たちは、まだ良心がある先生たちなのだなと思った。「なぜ10時間で中間試験なんかするんですか」となじりたくなっていた気持ちもたちまちなえてしまって、「やっぱり3時間は3時間じゃないんですね。困りましたね」と言った。声がふるえた。
　とうとう予想していた悪い報告を聞くことになってしまった、と思った。私は、今から10年以上前、昭和44年版中学校学習指導要領が発表されたときから、週3時間になったら取り返しのつかない事態になる、と言い続けてきた。そのときになって泣き言を言っても、教師の生活が変わるわけではなかろうが、生徒たちは、一生のうちに二度と経験することができない中学生時代に、好きになるはずの英語を好きになることもできずに終えてしまうことになるであろう。そういう生徒たちの姿を見て、英語の教師は平然としていられるはずがない、という確信が私の発言の根拠であった。そしてその10年後の今、教師たちのうめき声を聞くことになってしまったのである。泣くに泣けない。
　「全体の授業時数が減ったのだから、英語が減るのもやむを得ない。英語だけふやせと言うのは、それは教科エゴである」といった意見を、昨年の

秋ごろまでに何人かの英語教師から聞いた。私は「英語教師というのはどうしてこうも物わかりがいいのだろうか」と思った。おそらくその人たちも、他教科の授業時数減少率など知らなかったのであろう。参考までに記すと、減少率は次のとおりである。国語13.7%、社会15.4%、数学8.3%、理科16.7%、体育16.0%、技術・家庭22.2%、そして、音楽と美術は減らず、英語は最高の25.0%減なのである。この数字を見ても、なお、それは仕方のないことだ、ということになるのであろうか。

複数教科担当

さきほど「教師の生活が変わるわけではなかろうが」と言ったと書いた。しかし、これはまちがいであった。同じ6月に聞いたことだが、ある女教師（彼女は私が東京学芸大学在職当時に教えた）は、英語を2学級計6時間と、数学を16時間教えているという。彼女は英語教師として大学を巣立っていったのである。私にしたところで、彼女に将来りっぱな数学教師にもなってもらいたいなどとは、断じて考えたことはない。りっぱな英語教師になってほしいと願っていたのである。彼女は言った。数学の予習に追われて、英語の授業のことを考えるひまがありません。いったい、こういう事態をどう考えればいいのであろうか。英語の教師が数学を教えることができるのであろうか。中学校教師の教科専門とはそんなにいいかげんなものであるのか。

話はこれだけでは終わらない。その後続々と私のところに2教科担当の報告が入ってきた。もともと英語教師であった人たちが、他教科を教えさせられているのである。教科は、すべての教科にわたっている。英語と体育、英語と美術、英語と社会科、等々。私はこの報告を聞きながら、太平洋戦争敗戦後数年間の、教育界における人材払底時代を連想した。数学の先生に英語を教わったり、生物の先生に体育を指導されたりした、ひどい時代であった。先生たちは皆一生けんめいだったのだろうが、専門家としろうとの差はどうしようもなかった。

担当学級増

　1学級週3時間で7学級担当の報告も入り始めた。8学級という恐るべき数字も聞いた。2教科担当に比べればまだ幸運なほうだろうが、扱う生徒数が急増して名前はおぼえきれない。また、同じことを7回にわたって教えなければならないつらさもある。週3時間でも工夫しだいでいくらでも効果をあげることができる、などと言っている人たちにききたい。教師だって普通の人間である。同じことを7回くり返すなどということがどのようにすれば可能なのであるか。「できないはずはない」とその人たちは言うかもしれない。しかし、おそらくその人たちは、大学あたりで、10年も20年も同じ1冊のノートを使って講義をやっている人たちなのであろう。授業は生きものである。3～4回の反復はなんとかなる。5回目あたりから苦しくなる。私はかつて中学校で教えていたころ5学級を担当したが、5回目はいつも苦しかった。1回目は挑戦し、2回目で修正し、3回目で安定し、4回目で円熟するが、5回目はどうしても老衰状態になってしまう。このあと6回目7回目をやったらどうなるかは目に見えている。

時　間　割

　時間割についての苦情も非常に多い。週3時間が月火水とか木金土のように3日連続になったり、月火金とか火水土のように2日連続プラス離れて1日になったりする。月水金とか火木土のように隔日になっている例もあるにはあるがその数はきわめて少ない。ひどい話は、月火とやって水曜日が行事でつぶれ、翌週の月曜日になってみたら、先週の月火の学習の定着度がほとんどゼロで、結局最初からやり直したという報告がある。2歩前進1歩後退ならまだしも、2歩前進2歩後退なのである。生徒たちの中には2歩前進3歩後退といった状態の者もいるはずである。英語という教科は日本語ではないのである。ここのところを、週3時間でいいなどと言っている人たちは忘れている。他教科は日本語である。だから、10％や20％減ってもたいして驚きはしない。中学生が1週間英語に触れなければゼロに戻ってしまうのはあたり前ではないか。

家庭学習

　昨年あたりまでは、週3時間になればなるでしかたがない、家庭学習をうまく組織してつないで行けば何とかなるのではないか、という意見がかなり多く聞かれた。そして、昭和56年、1学期が終わったところで、家庭学習に多くを期待できないことがわかり始めたらしい。どの教科も授業時数が減っているから、どの教科も家庭学習をアテにする。だからひとりの生徒にしてみれば、家庭学習の課題が山積することになる。山積したものを処理する能力など、特殊な生徒は別として、ふつうの生徒にはあるはずがない。つまるところ、宿題をやってこない生徒がふえるわけで、こうなると、教科担当教師の脅迫の強さばかりが問題になることになる。恐ろしい先生の宿題はやるが、そうでない先生の場合はやらない。私の年来の主張だが、学校というところは、本来、きちんと教えてやる場所であって、教えもしないで自学自習を強制するのは筋違いである。

　最近、学校は学ぶところではなくて、学び方を学ぶところである、という論が出始めているが、私はこれを、責任のがれの弁であると考えている。学び方というものは、学ぶことを長年経験してやっと学びとることができるものである。だいたい、中学生に学び方を伝えることができる教師など、全国に何人いるのであろうか。おそらく、そういう人たちがいるとすれば、それは稀に見る天才であろう。教師は教えることが仕事である。ひたすら教えるしかない。教えることを放棄した教師など、それはもはや教師ではない。学び方を教える？　それは教えることではないのである。

　授業時数は減った。家庭学習には期待できない。ここですべては破滅的状態になってしまった。

行　　事

　今の中学校はどうして行事が多いのであろうか。冒頭で、4月と5月の2か月で英語の授業がやっと10時間という例を紹介したが、これも行事のせいなのである。教科指導よりも行事が優先している。行事がなければ教科指導をやる、といったふうにさえ見える。

　話は逆でなければならない、と私は考えている。これからの学校は教科

指導を最優先し、それ以外のことはひまがあったらやる程度におさえるべきである。体育祭、文化祭、修学旅行、遠足、展示会、演奏会、対外試合、等々、たいして役にもたたないことを教科指導の時間をつぶして実施するなど、学校教育の怠慢である。

　ところで、この行事について、行事のおかげで授業がつぶれて困るという声は非常に多いのだが、行事を全面的につぶしてしまえという意見はほとんど聞かない。何とか減らそうとは思っているが、なかなかそうはいかなくて、くらいに終わってしまう。私が中学校の教師をしていた昭和30年代は今ほど行事は多くなかったから、なぜ減らせないのか、その理由がわからない。今までも何人かの校長さんたちになぜ減らせないのか尋ねたことがあったが、答らしい答はほとんど得られたことがない。私の臆測だが、ことによると学校内外に「行事屋」とでも呼ぶべき人物とか組織があって、これがどういうわけか、絶大な権力を握っているのではなかろうか。ことによるとこれが金がらみの組織で、つまり学校行事によって金もうけをしているのではなかろうか。行事を減らそうなどと提案しようものなら、たいへんな騒ぎになるというようなことがあるのではなかろうか。──これは意外に正答かもしれない。たとえば、全国の学校が修学旅行を廃止したとすると、修学旅行関係業者はことによるとたちまち干上がってしまうかもしれない、といったようなことが考えられるからである。

ゆとりの時間

　新教育課程における「ゆとりの時間」がどのように運営されているかについては、1学期経過した今でも、その実態をつかみかねている。学校によってさまざまらしいことくらいしかわからない。

　あるところで聞いた話では、「ゆとりの時間」のうちの1時間を、表面上は集団的な学級活動のようなものに充てていることにしておいて、実際には英語の授業に充て、つまり、各学年とも英語に週4時間を確保しているということであった。ただし、6月のなかばにこの実態が公にわかってしまって、教育委員会から猛烈な圧力がかかっているそうである。今年度いっぱいはもつかもしれないが来年度はだめでしょうとか、いや2学期から3時間にさせられるのではないかとか聞いたが、どうなったかは知らない。

「ゆとりの時間」の実態はわからないが、これが学級担任教師の負担を増大させているという報告はいくつか聞いている。最近聞いたある英語教師の例だが、英語を5学級で15時間、他教科を4時間、それと道徳、学級活動、授業クラブ、さらに「ゆとり」の4時間、合計26時間がすべてそのひとりの教師の負担になってしまった。私はかつて中学校で25時間担当していたが、それはすべて英語であった。この英語教師の扱う内容の複雑さに比べればものの数ではない。私には、これほどの複雑な内容をひとりの教師に押しつけることが、どういう教育理論と結びつくのか知らない。明らかに教師から「ゆとり」を奪っている。「ゆとり」を奪われた教師にどうして「ゆとり」のある教科指導ができようか。

　話は少々それるが、最近聞いた恐るべき話を紹介したい。その学校では3年生には英語を週4時間教えている。3年生の学級数は奇数で、これを2人の英語教師が教えることになった。奇数だから2人が同じ時間数を担当するわけにはいかない。ひとりが4時間多く持つことになる。それでは不公平だというので、ひとつの学級を2人で2時間ずつ教えることにした。そして、教科書が10課で構成されているので、ひとりの教師は第1課から教え、他のひとりは同時に第6課から教えることにした、というのである。──私は唖然としてしばらく声も出なかった。高校ではひとつの学級を2人で教えることは普通らしい。リーダーと作文・文法を分担するのである。私など、この高校の体制でさえ批判してきたほうだから、まして、中学校で、しかも、1冊の教科書を前半と後半にわけて分担し同時進行させるなど、想像を絶する事態であった。

　私はこの恐るべき事例はさすがに弁護しない。この英語教師たちは、ただただ持ち時間の公平のみを考え、生徒の学習のことなど眼中にないのである。非難攻撃されてしかるべきである。この体制を認めた校長は、校長の資格などありはしない。ただ、このように「ゆとり」のない教師を作り出してしまった元凶がだれなのかは考えておく必要があるだろう。責任転嫁が許される事例ではないが、それにしても、高校教師と中学校教師の持ち時間の不公平さは問題にしてよいはずである。

教育行政に対する注文

　中学校英語週3時間体制が始まってまだ1学期しか経過していない。だから、この体制を徹底的に批判するための資料はまだ十分ではない。全国的規模で調査すれば、おそらく十分に近い資料が得られようが、個人としては、本稿で紹介した事例がやっとである。

　そこで、教育行政を担当する文部省に対する注文がある（文部省といっても漠然としているから、そして、ここで問題にしているのは英語教育だから、教育課程作成の直接責任者であった佐々木輝雄視学官に対する注文と考えてもらっていい）。

　とにかく、週3時間でどういうことが起こっているかを、具体的に調べてもらいたい。それも、公文書か何かで「週3時間は不都合なりや否や」などを尋ねてはいけない。教育委員会が仲立ちとなるから「不都合な点は見当らず」という答になるにきまっているからである。佐々木視学官腹心の部下（がいるかどうか知らないが）を現場に送り込んで、酒でも汲み交わしながら中学校英語教師の不満をそこはかとなく聞くということでないといけない。そのくらいの予算はたっぷりと分捕ってもらいたい。

(『英語教育』1981年10月号)

母語をつぶすつもりか

　侵略者によって母語を放棄させられ、その侵略者の言語を強制された例は、世界史にはいくらでもある。朝鮮半島は、私たちにとっては顔をそむけ耳を蔽いたい（そして、顔をそむけ耳を蔽ってはならない）すさまじい例である。しかし、私のわずかの知見からも、母語を自らの意志によって放棄し、他民族の言語を自らの言語としようと発想した民族があったことは知らない。
　「母語の放棄とは言っていない、『第2』である」と言うであろう。が、明治維新直後、後に文部卿となった森有禮は、日本の言語を日本語から英語に変えたいと考え、合衆国 Yale College の William D. Whitney 教授に相談を持ちかけたが、教授から「ゆっくりと落ち着いて考えなさい」とたしなめられた。太平洋戦争後には、志賀直哉という作家が日本語を廃してフランス語を国語とする提案をした。そういう前例がある。そして、その半世紀後の「英語第2公用語論」である。英語第2公用語論者に言いたい：「あなたの本音を言いなさい。日本という国が生きのびるためには日本語は不要・無用・邪魔である、英語によってこそ日本は救われると考えているのではないか。」
　合衆国大統領が英語を日本における第2公用語としたいと言うのであれば、わかる。合衆国大統領が、日本はすでに政治的・経済的・文化的に完全に「合衆国圏」に取り込んでしまった、次の戦略は英語を日本の第2公用語とし、50年後には第1公用語とし、100年後には日本語を抹殺する、と言うのであれば、わかる。それは合衆国の戦略であり、合衆国の勝手である（合衆国にこういう戦略があるかどうかは、知らない）。
　ある有名大会社の幹部が、あるテレビ番組で言っていた：「わが社では、重役会のみならず各部局の会合においても、すべて英語で会議を運営している。英語ができなければ出世の道もないのである」。これには驚いた。会

議に集まるメンバーは全員日本語を母語とする人たちなのである。その人たちが英語で相談・議論をしている姿は異常としか言いようがない。気持ちが悪いどころか、吐き気をもよおす。実際に胃袋を inside-out（と、ここで英語を使ってしまった。恥ずかしい！）の状態にしたいくらい恥ずかしい。どういう「神経」なのか。一瞬『眞景累ヶ淵』とシャレのめしてみたが、たちまち血が凍りそうになった。

　たとえば、フィリピンである。フィリピンにおける教育は、ほぼ完全に「英語」に頼らざるを得ない状態で、フィリピン政府は、この「英語」に支配された教育から、母語（とはいえ、フィリピンに多数の言語があることが大問題なのだが）による教育にどのように切り替えるかについて苦悩していると聞いた。たとえば、シンガポールである。シングリッシュ（Singlish）から脱却しようという運動が始まったと聞いた。

　私の論の基本は明確である。母語を大切にしよう、である。母語をおろそかにした民族は、世界史には存在しない。母語を抹殺された民族はある。しかし、それは「された」であって「した」ではない。「英語」は、できないよりはできたほうがいい。それだけの存在にすぎない。

　日本の日本語を母語とする一般庶民は、日常の生活は「英語」とは全く無縁である。日本語によって十分にその生計を営んでいる。なにゆえに、この平穏な生活に「英語」を強制しなければならないのか。「英語」などというものは、庶民の生活にとっては、単なる「飾り物」にすぎない。

　では、と反論する方もおられるかもしれない：「なぜ、お前は英語教師なのか」と。私は答える：「私にとって、英語の学習は楽しいものなのだからだ。ただ、それだけです。この楽しさを生徒・学生諸君に伝えたいために、私は英語教師をやっている」。「国際連合」という組織がある。ここでの「公用語」は、英語・フランス語・スペイン語・ロシア語・中国語（第二次世界大戦の戦勝国の言語）、そしてアラビア語（「石油」でのし上がった言語）である。ところで、なぜ、地球上のすべての言語を国際連合の公用語にしよう、と言い出さないのであろう。言語に優劣はない、と私は教えられてきたのだが、やはり、違ったか。やはり、「英語」は特に優れた言語であったのか。

　ここで私のわめきを閉じようとしたところ、素晴らしいニュースが届いた。NECが、Internet 上で日本語と英語、韓国・朝鮮語、中国語、ドイツ語、フランス語、イタリア語、スペイン語、ポルトガル語、ロシア語との

相互翻訳ができる soft-ware を開発したという。これで、21世紀も少々明るくなった。

(『英語青年』2000年9月号)

首相の英語

　本年4月14, 15日の両日、「ジー・セブン外相蔵相会議」という名の会議が東京で開かれた。「ジー・セブン」とは何ぞやと言えばG-7だそうで、かつて中国に「四人組」というのがあって、これは the Gang of Four であったから、G-7 とは the Gang of Seven のことであろうと思ったら、さにあらず the Group of Seven で、ああ、やっぱり「七人組」なのだな、と納得した。言ってみれば「仲良し七人組」なのだ。
　この仲良しクラブの議長国は日本。本会議開会にあたって、当然のことながら、わが宮沢喜一総理大臣が挨拶をした。英語で挨拶をしたのである！何とすばらしい、と言いたい人が多いかもしれないが、私はそうは言わない。困ったもんだ、と言う。
　宮沢喜一内閣が誕生したのは1991年11月5日。1年半余りになるが、この宮沢さんという方、就任以来ほとんどの時間、仏頂面ばかりしてほかには何もしていないのだが、外国からのお客さんに会って「英語で」会話をするときだけは、実に楽しそうな顔をなさるのである。今回もそうであった。本会議冒頭の挨拶は「英語で」行なわれた。発音はあまりお上手ではない（むしろ下手だ）が、そんなことはどうでもよろしい。*The Daily Yomiuri* に full text が掲載されていたので、最初のところを引用すると：It gives me great pleasure to welcome you all to this G-7 joint ministerial meeting on assistance to Russia. As the chair of the coming G-7 summit in July, ...（以下略）と、実に見事なものである。
　しかし、私は納得がいかない。一国を代表する人物が、何故に母語でなく外国語（外語と言うべきか！）で話すのであるか。テレビを見ていたら、首相の演説の場面では、画面の下に日本語のスーパーインポーズが出ているではないか。つまり、日本の首相の演説の内容が、一般の日本人には理解

できないのである。そんなバカなことがあってたまるか、と私は言う。それとも、21世紀には、総理大臣の演説はすべて英語で行なわれるようになるから、英語教育を盛んにして、いつかできるだけ早いうちに、スーパーインポーズなしでも理解できるようにせよという、お励ましか。冗談を言ってはいけない。

　4月16日、宮沢さんは米国の大統領に会いに行った。これを伝えるあるテレビ・ニュースが、首相は大統領と「通訳なしで」会談する、と言っていた。どうやら、マスコミも、英語の話せる総理大臣が好きでたまらないようだ。おそらく会談の模様が放映されて、大統領の言葉のみならず、宮沢さんの言葉のときもスーパーインポーズが流れることになるのであろう（と書いた翌日、テレビを見ていたら、期待どおりと言うか何というか、やはり、宮沢首相の英語にスーパーインポーズが付いたのであった。いやですね、いやらしいですね、感心しませんね）。

　首相の英語に腹を立てていたら、突然あることを思い出した。かなり前のことだが、あるテレビ番組で、韓国の金大中氏にインタビューをしていた。金大中氏は当然のことながら韓国語で話し始めた。しばらくしたら、司会者が「申し訳ないが、時間がないので、日本語がおできになるはずなので、日本語で話してください」といったようなことを言った。私は「トンデモナイ！」と思わず怒鳴ってしまった。日本人の言語（母語・外語）に対する「思想」は、これほどまでにいい加減なのである。外国人に対して「日本語で」とは一体何事か。そしてこの「思想」の裏返しが総理大臣の英語である。

　私たち（私も、そう）は、英語を教えることを職業としている。私たちの目の前にいる学習者たちには、何とかして英語を習得してもらいたいと願う。そのために最善の努力をしている（していない人たちも数多くいるけれど）。しかし、このことと「英語ができる人は偉い人」という発想とは結びつかない。結びつけてはならない。英語は、地球上の数多くの言語のうちの単なる1つの言語にすぎないのである。「英語は国際語である」などということはあり得ないし、また、そうしてはならない。

　宮沢首相の英語は実にわかりやすい。結構なことである。個人的にはどんどんお使いいただきたい。しかし、公的な場所では国民一般にわかるように日本語で話してもらいたい。通訳つきで。その日本語もわかりやすく願いたい。

（『現代英語教育』1993年7月号）

杞人憂天

「今の英語教育は明治初期のやり方そのままに、まず英文法から入っている。これが大きな間違い。日本語でも小学校1年のときは"ひら仮名"から教えている。文法なんてのはずっとあとになってから教えている。英語もこれでいいのだ。私はよく外国へ行くが、日本の英語教育はまったく外国で役に立たない。一から自分でやり直さねばならない。中学・高校の6年間、長い時間をかけて学ぶのに何の役にも立たないなんてまったくムダなことだ。学校教育では少なくとも相手の気持を理解し、自分が考えていることを相手に伝えることができるようにしておくべきだ。」

これは、糸川英夫氏の発言と伝えられるものである（『毎日新聞』1974年12月23日朝刊）。十数年前、新聞記者相手に1時間あまりしゃべったことがある。数日たって出てきた記事はたったの数行。しかも、言った覚えのないことだけ。こういう経験があるから、糸川氏がこのとおり発言したかどうかはわからないと思っている。だが、それにしても、なんと説得力のある発言であろう。世間の人々は、まさにそのとおり、と言うだろう。言わないまでも「よくぞ言ってくれた」と思うだろう。「英語というやつは、やっぱりただわれわれを苦しめただけだったのだ。無駄をしたものだ。おかげで今もってひと言もしゃべれない。1行も書けない（少しは読めるけれど）」などとブツブツ言う人もいるだろう。そのそばでは、幼きわが子が、セサミストリートのようなテレビ番組を見ている。「なぜわれわれはこのセサミストリート的英語教育を受けなかったのだろうか」と嘆く。「そうしていれば、今ごろはペラペラだったはずだ。まったく文法というやつはシャクの種よ。」

英語教師諸兄姉は、これにどうこたえるであろうか。ここでは、そのこたえを待つわけにもいかないので、私のひと言を。

まず「明治初期のやり方そのまま」がウソ。それから「まず英文法から入っている」というのもウソ。私は太平洋戦争中に中学生になったのだが、そういう記憶がまったくない。まして現在の話である。そんなことが行なわれているはずがない。もっとも、ことばを学ぶことは「文法」を学ぶことなり、という意味の「文法」があるから、こう言い切るのは危険だ。糸川氏は「日本語でも...文法なんてのはずっとあとになってから教えている」と言っておられるから、この文法はたぶん「文法書」のことだろう。現在、文法書から入門させる英語教育などあるはずがない。英語を教えているのである。

　「日本語でも...文法なんてのはずっとあとになってから教えている」と言う。自国語教育と外国語教育をいっしょくたにされてはかなわない。現在の英語教師でこういう区別のわからない者はいない。

　「長い時間をかけて学ぶのに何の役にも立たない」と言う。ここにことばの魔術がある。特に「何の役にも立たない」という言い方だ。ほんとうに「何の役にも立たな」かったのか。ほんとうにゼロなのか。やってもやらなくても同じだったのか。だいたい、こういうようなことを言う人にかぎって英語がよくできるのだから始末が悪い。そして「一からやり直」したと言う。ほんとうに「一から」でありますか。「一から」なんてウソばっかり。そういう人たちはたぶん「十」から先をやったのだ（「ピンからキリ」という言い方があるが、キリは花札では12月だから、そういう人たちは残りの2を自力でやった、と私は言いたいのです）。

　「学校教育は少なくとも相手の気持を理解し、自分が考えていることを相手に伝えることができるようにしておくべきだ」などと、実にさらりとおっしゃる。「理解」とか「伝える」ことを重視するなどは、現代の英語教師の常識である。今ごろこんなことを言ってもらっては困る。われわれ英語教師がこういうことを知らないみたいに聞こえるではないか。われわれはすでに実践中なのだ。次元が違う。

　──と、ここまで書いてきて、これが『現代英語教育』誌に掲載される原稿であることを思い出した。これを読んでくれるのは英語教師仲間ではないか。ほんとうは、こういう原稿は英語教育界外の雑誌などに掲載されるべきなのだ。仲間に向かってタンカを切ったって始まらない。

　だがしかし、ともう一度思い返す。昔、杞の国の人が、天が落ちてこな

いかと心配したという。これを杞憂と呼ぶ。この原稿がまかりまちがって英語教育界外の雑誌に掲載されたとする。ほんとうに天は落ちてこないだろうか。昨年の英語教育界は、平泉渉氏と中津燎子氏にひっかきまわされた。さてことしは、だれにひっかきまわされることになるだろう。これも私にとっては天の一部なのだ。　　　　　（『現代英語教育』1975 年 3 月号）

「第1章　いっとう　りょうだん」
解　　説

　若林氏の主張は、口頭による発言でも、文字化されたものでも、過激、痛烈、挑発的、攻撃的、刺激的なものが多い。雑誌論文など、そのタイトルだけを見ると、きわめて攻撃的に見えるのは事実である。「『英検』はやめてもらいたい」の記事に対して日本英語検定協会から、抗議が来なかったのだろうか、とこちらが余計な心配をしてしまう。「小学校への英語教育導入——それはわが国の基本教育の破壊である」「英語教育を破壊する週3時間体制」「母語をつぶすつもりか」も十分過激である。よく「若林節」と称される。本章では、その若林節が色濃く出ている記事を集めてある。

　氏の歯に衣着せぬ議論は、一方で、現職教員や学生の間に熱狂的なファンを生み出し、他方で、少なからず敵を作った。学習指導要領をはじめ、教育行政に対しても積極的に発言し、一般に、英語教師が教育行政に関心が薄く、あまりにも「紳士的」である（それは現在もあまり変わらない）ことを、氏はもどかしく思っていた。本書第6章で取り上げられる「外国語教育振興法（案）」はそれをカタチにしたものである。必然的に、お上、直接的には文部省（現在は「文部科学省」）に対しては、徹底して批判的な姿勢をとることになる。1981年、「中学校英語週三時間に反対する会」を設立し、その事務局を自宅に置いた。当時、氏は国立大学（東京外国語大学）の教員であった。国家公務員という立場にもかかわらず、積極的に反対運動を起こした氏の行動力と、英語教育に対する熱意には頭が下がる。

　氏は、お上からの覚えは決してめでたくなく、学習指導要領の作成等、行政主導の仕事に直接かかわる機会はなかった。いわゆる「御用学者」（この用語の適切さはここでは不問にしたい）とは対極に常に身を置いて、英語教育の真の改善のために死ぬまで闘い続けた言わば「戦士」であった。野党であり続けるところに氏の存在意義があった、と見ることもできるかもしれない。

ただし、急いで付け加えなければならないことは、氏は、教員養成に大変熱心であった、ということである。学生や現職教員の面倒見も非常に良かった。毎月1回日曜日に欠かさず、教え子を集めて自宅でCOFS（一説ではThe Circle held on First Sundays）と称する勉強会を実に20年間にわたり開催した。個々の相談にもまめに応じ、教え子が氏の自宅を夜遅く訪ねて相談をする、ということも頻繁にあった。

若林氏は単なる「過激派」でも、単なる「何でも反対する野党」でもない。その主張は、われわれが陥りがちな「常識的」な視点から離れ、一般には見落とされがちなユニークさを持っている。「思い込みからの脱却」は氏の残した名言のひとつであり、本書のタイトルでもある「教わったように教えるな」は、その教師向けヴァージョンである。言葉遣いの過激さに振り回されず、冷静に読み解けば、氏の主張はきわめてまっとうであり（時に行き過ぎと思われることもなくはないが）、現在の日本の英語教育を取り巻くさまざまな環境と照らし合わせても、示唆に富むものが多い。

「『英検』はやめてもらいたい」は、現在の資格試験、検定試験大流行の状況と照らしても、改めて考えさせられる記事である。最近では、英検以外にもTOEIC, TOEFLなどを学校教育に（さらに入試にまでも）持ち込もうとする考え方がある。ともすれば、検定試験や資格試験のスコアをとることが英語教育・英語学習の目的にすり替わってしまう。それらの試験の中身の是非をここで議論する余裕はないが、根本的な問題として、ことばを教える、学ぶということがそれでよいのか、立ち止まって十分考慮する必要があろう。

小学校英語教育については、基本的に反対論であるが「小学校教育に十分なゆとりがあるのならば、5年生くらいから始めてもいいのではないか」とも述べている。もちろん教員養成などの条件付きである。この記事が書かれてからほぼ20年経過した現状はどうであろうか。2020年の小学校英語教科化を目指し、当初は5, 6年生週3コマと言われていたのが、他教科も含む時間割全体の物理的制約から、2コマ案になり、その2コマも純粋に確保するのが難しく「1コマ＋モジュール（15分×3）」などと、スタート以前に、数字だけを見てもすでに「余裕」とはほど遠い話になりつつある。内容の保証などさらに困難になるだろう。開始年齢を単に引き下げるのではなく、「文部省が本当に英語教育の改善を考えるのならば、中学校から手をつけてはどうか」という主張は改めて傾聴に値する。

氏のこだわりのひとつは、「英語教育の専門性」である。「プロの英語教師」にな

るには、「着任以来少なくとも10年はかかっている」（「小学校への英語教育導入」）と述べている。さらに、小学校英語での「担任教師の外国語指導力の育成」を「何という無謀」と批判し、ALTや留学生、在日外国人等も含めて「英語教育については素人」と断じている。ALT（当時はAET）導入についても、「外国語としての英語教育の資格を取得した者で止めておくのならばまだしも（中略）熱意を有する者にまで範囲を広げてしまっては、基準がないのと同じではないか」と述べている。小学校英語にせよ、ALTにせよ、暗黙の前提として存在する「知っていれば教えられるだろう」という安易な思い込みに対する厳しい批判である。

また、「母語を大切にしよう」も若林氏の主張のひとつである。「母語をつぶすつもりか」では、メンバー全員が日本語母語話者であるにもかかわらず英語で会議をすることの異常さを「吐き気をもよおす」と述べている。「首相の英語」も、「母語を大切に」という視点で読めば趣旨がわかりやすい。最近、「英語公用語化論」ということば自体はあまり耳にしなくなったが、「英語が使える日本人」「英語で授業」といった具合に、「何でも英語」「グローバル化＝英語ができること」という、実用性一点張りの皮相的な風潮が徐々に浸透しつつある。氏の主張は、外国語を学ぶことの意義を実用性のみに求めることへの警鐘ととらえたい。

さらに、「わかること（あるいはわからせること）」に対するこだわりについても述べたい。「小学校への英語教育導入」の記事には「ある数を分数で割るときには、その分数の逆分数を掛けるのだが、それはなぜか」「なぜ四分音符という名前なのか」「4分の4拍子を表すのにCを使うのはなぜか」といった問いが出てくる。それ以外にも英語関係では「？や！の由来は」「＄の記号の由来は」「なぜ不定詞と言うか」「なぜ分詞と言うか」「Dの小文字がなぜdなのか」などの質問をよく学生に発した。表面的な理解にとどまらず「なぜ」を理解する、あるいは理解させることに徹底してこだわった。これも、ことばの教育は実用性のみにとどまらない、という氏のスタンスの表れである。

「教科書を値上げしよう」の中で、氏は「われわれは10与えられてやっと1を獲得するのである」と述べている。若林氏の過激な物言いは、われわれに1を伝えたいがために10に増幅して述べている、ということではなかろうか。

――小菅　和也

●第2章●
つまずく生徒とともに

英語教育の基礎について

1. エピソード

　もう十数年も前になるが、ある新聞の囲み記事だったと思う、ある父親がその娘に英語を教えたときの話が紹介されていた。娘は小学校の4年生か5年生であった。中学校の英語教科書を使って手ほどきをした。半月（だったかどうかは確かではないが）たったころ、娘が父親に言った。「パパ、アメリカ人て、ずいぶん頭がわるいのね。」父は驚いて「どうしてだい？」と尋ねた。「だって、『あれは窓ですか、それとも、ドアですか』『あれは窓です』なんて。見ればわかるじゃない。こんなことばっかり毎日話しているアメリカ人なんて、きっと頭がわるいんだ」。

　報告者は当の父親であった。この娘の反応に対する父親の反応が何であったかは忘れたが、多分、娘の言うことはもっともで、教科書の内容はもっと考えられなければならぬ、といったことであったろう。

　この話は私もだいぶ気に入って、その後もあちこちで紹介した。しかし、それはあくまでも一つのエピソードとして紹介したに過ぎない。そして、せいぜい、「言葉は真実を述べたり人を元気づけるためにも用いられることもあるが、同時に、言葉というものが人に嘘をついたり人を陥れたり、あるいは人を死に追いやることにも用いられる、ということを言語教育としての英語教育は考える必要がある」という趣旨のことを述べて、教科書の中にたとえば *How To Tell A Lie* というレッスンを設け、

　A: Is that a door or a window?
　B: It is a door.
　A: Thank you.

ということでその「ドア」を開けて外に出たAが、実はその「ドア」が5階の部屋の「窓」だったため、墜落して死んでしまう、といったことを示す必要がある、と主張をするに留まっていた。「言葉は人を生かしも殺しもする」ということは、言語教育ではぜひ扱わなければならない、ということも言った。このことは英語教育において必須事項であると今でも考えているが、本論では直接には扱わない。

2. 偏見を助長することについて

　さて、この「ドアか窓か」のエピソードは、重大な意味を含んでいる。それは、このテキストが、この少女にアメリカ人に対する重大な偏見を与えたことである。「アメリカ人は馬鹿だ」と彼女は思った。あの単純極まりない会話をアメリカ人が毎日していると思えば、そう思うのが当たり前である。これでは「国際理解」など到底達成できるものではない。中学校用英語教科書では、しばしばこういうことが起こっている。次に掲げるのは、私がたまたま入手した、1950年代のある幻の中学校用英語教科書からの引用である。

　　Where is your house?
　　　It is near the church.
　　Is it a new house or an old house?
　　　It is a new house.
　　Isn't it a large house?
　　　No, it isn't.
　　How many rooms are there in it?
　　　There are seven rooms in it.
　　Is there a garden in front of the house?
　　　Yes, there is.
　　Are there any flowers in the garden?
　　　Yes, there are some.
　　What flowers are they?
　　　They are roses and lilies.

Are there any tulips?
　No, there are not any.
　　………………
　　　………………

　こういう問答が延々と続く。一方が問い続け他方が答え続けるという会話も異様であるし、また、なぜこのように内容のない会話を続け得るのか、この2人の人物の知能程度が疑われてもしかたがない。こういう内容が次々と教科書に現れては、アメリカ人あるいはイギリス人に対して偏見を持つようになるのは当然である。英語教科書のこのような傾向は早急に改められなければならないと思うが、これについても今回は直接には論じない。

3. 「暗記科目」としての英語について

　もう一つ問題としたいのは、「エピソード」から容易に考えられることだが、小学校児童の「知能」の高さである。われわれは小学校児童の知能の高さを忘れているのではないか、ということを問題にするのである。「エピソード」の娘は、ことによると、ある水溶液 (solution) について、それが酸性 (acid) かアルカリ性 (alkaline) か中性 (neutral) かといった問答をしているとすれば満足したのではないか。私自身の経験で言えば、酸性・アルカリ性を調べるためにリトマス試験紙を使ったのは小学校4年生のころである。リトマス試験紙を手に入れて、あたりにある溶液と覚しきものに片端から差し入れて、赤が青に変わった青が赤に変わった何も変わらない、と興奮していた。1992年度から施行される『小学校学習指導要領』によると、水溶液の酸性・アルカリ性・中性については第6学年で指導されることになっている。

　こういうことを言うと、必ず返ってくるのが、「英語を学び始めたばかりの子供たちにそんな難しいことが教えられるはずがない」という反論である。キーワードは「難しい」である。教育においては「易から難へ」は一種の鉄則である。この鉄則は、『大教授学』『世界図絵』などで知られる17世紀のチェコの教育学者コメニウス（これはラテン語名で、実名はコメンスキー）がすでに述べている。そして、これは否定しない。しかし、問題としなけ

ればならないのは「難しい」の定義である。

　生まれて初めて接する英語という外国語には、確かにさまざまの「難しい」事項がある。中学生たちにとって一体何が難しいか。

(1)　発音が難しい
(2)　文字が難しい
(3)　文法が難しい
(4)　単語が難しい
(5)　訳が難しい

要するに、英語はすべてが難しいのである。そしてそれは当然であろう。しかし、私の今までの経験によれば（そして、それは事実なのだが）、たとえば発音の難しさを克服するために具体的な援助の手が差しのべられたことは皆無に近い。そこにあるのは、多くの場合「ただ真似をせよ」である。同じことは他の項目についても言える。文字指導も「ただ覚えよ」であるし、文法とか文法用語もそうであるし、単語もやはり「覚えよ」である。

　「訳」になると「考えよ」と言うこともあるが、それでも多くの場合は教師の頭の中にある「訳」と生徒の口にする「訳」とが一致するかどうかにしか教師の関心はない。ある授業を見た。教師が useful の意味を生徒に尋ねた。生徒は「便利な」と答えた。教師は気に入らなかった。結局、「役に立つ」という訳語を押しつけてしまった。実際には、その語の用いられている文脈では、むしろ「便利な」のほうが適切であった。これは、英語教師一般の「訳」に対する態度の典型的な例である。

　なぜこのようになってしまったのか、理由ははっきりしない。なぜ「覚えよ」という台詞を連発したり、なぜ「適訳」を要求するだけになってしまったかについて、その理由は明確ではない。したがって、これは想像でしかないが、この傾向はおそらく大正期初期に始まった「受験英語」に始まるのではないか。そして、「英語」は単なる「暗記科目」になってしまった。そして、公教育における英語教育は崩壊し始め、何らの知的好奇心とも無縁の、単なる「暗記」を強要する、ひたすらに学習者を苦しめるだけの英語教育になった。私がこれを torture と呼ぶに至って久しい。

4. 「難しさ」について

　これを解決するには、要するに「難しい」の定義がわかっていなかったことを自覚する必要がある。おおまかに言えば、英語はすべて難しいのであり、その難しさは、上に述べた「発音」「文字」「文法」「語」「訳」のすべてについて言える。しかし、その「難しさ」の質あるいは程度は異なる。このことが今まで十分には検討されていなかった。そして、その「差」が、実は、学習者にとっては重大な「差」であることが理解されないで現在に至っている。以下、その「難しさ」について概観する。

(1)　発音の難しさ

　これは「絶対」である。個々の音、イントネーション、リズム、等々、すべて難しい。なぜならば、そのどれをとってみてもわれわれの母語にはないものばかりであるからである。たとえば ship の sh が表す発音は日本語の「シ」の子音の発音とは全くといっていいほど異なる。置き換えはきかない。イントネーションもリズムも英語と日本語とでは全く異なる。やはり「置き換え」はできない。置き換えれば、当然、日本語なまりの英語になる。日本語なまりの英語でよいとするならば「置き換え」で済ませばよい。どちらを選ぶか。それは、公教育である英語教育の目的・目標の設定のしかたにかかっている。たとえば「通じればよい」とするか、それとも「異質の発音を体験させる」とするか、というように考えてもよい。

(2)　文字の難しさ

　このことは、自覚されていないことが多い。詳述する余裕はないが、英語の文字指導は、1947年度の「新学制」発足とほぼ同時に実態を失った。「国語」と関連して「習字・書道」が消滅した時期とほぼ同じである。1962年度に、中学校において「習字・書道」が復活したが、英語教育では「英習字」は復活せず現在に至っている。現在英語教師である人たちのほとんどは、「英習字」の指導を受けたことがない。このことが、英語の文字の難しさについての議論のしにくさの主たる原因である。

　文字においても、日本語の文字体系を英語の文字体系に置き換えることはできない。あまりにも異質すぎる。英語で用いる文字は、一般的に日本

語で用いる文字に比べて「画数」が少なすぎる。したがって、区別がしにくい。たとえば、AとHは縦の棒の上がついているか離れているかの違いだけである。RとKもそうである。大文字と小文字の区別も難しい。お互いに似ているものもあれば、まるでちがうものがある。Cとc, Oとoは相似形であるが、Gとg, Rとrは似ても似つかない。Pとp, Yとyは似ているとも似ていないとも言える。文字を書くとなると、大文字と小文字の使い分け、文字と文字との連結、分かち書きなど、日本語の文字の書き方とはまったく別の難しい問題がある。

アルファベットの表での文字の順序を覚えるのが難しい。日本語の「五十音図」の「あいうえお、かきくけこ、…」の合理性に比べると、英語の「A, B, C, D, …」の順序には何の合理性もない。ただ暗記するしかない。

英語のつづりと、そのつづりが表す発音の関係が難しい。わからない。つづりはつづり、発音は発音で、互いに関係なく教えられることが多い。

(3) 文法の難しさ

これはあまりにもよく知られている。相互に「置き換え」がほとんど不可能であることから、英語の授業の多くの時間はもっぱら文法指導に充てられる。指導すべき項目は数限りないといってもいい。冠詞、前置詞、単数・複数の区別、同じthatが指示代名詞・指示形容詞・接続詞・関係代名詞・副詞などに用いられること（授業でその理由が説明されることがないから、生徒たちにはますます難しく不可解なことになる）、何よりも語順が難しい、等々。

文法用語が難しい。わけのわからないものが多すぎる。現在形・過去形などと言うが、日本語には現在形・過去形は存在しない。現在とか過去の概念は、元々は仏教によって輸入されたもので、日本語には存在しないし、したがって理解しにくい。わからない。関係代名詞・副詞・現在完了・目的語・補語、等々、不可思議な文法用語が英語教室では教師の口から毎時間のように発せられる。

(4) 単語の難しさ

ある種の「カタカナ英語」を除けば、これもやはり「置き換え」不可能である。そして、毎時間のように新しい単語がいくつも提示される。とて

も覚えきれるものではない。しかも、どうしたら単語が覚えられるかは、教室で教えられることがない。ただひたすら「覚えなさい」と命じられるのみである。イディオムという厄介なものもある。

(5) 訳の難しさ

これは「置き換え」そのものである。置き換えが不可能であれば「訳」そのものが不可能になる。しかし、初級者にとっては、やはり難しい。意味がわかれば、その意味を説明できるかもしれないが、日本語を英語に訳す、英語を日本語に訳すことなど、よほどの専門家でなければ困難である。すでに述べたように、多くの場合、生徒たちは教師の頭の中にある「適訳」をうまく射当てられるかどうかに汲々としている。いわゆる hit or miss である。そして、その難しさに辟易している。

以上にみたように、「発音」「文字」「文法」「語」「訳」の難しさは互いに質も程度も異なるのである。たとえば、「発音」は、単に通じればよいとすればそれほど難しいものではなくなる（最近は、この考え方をする教師が多くなっているように思える。私としては賛成しかねるが、今回は議論しない）。「訳」の難しさは、「説明」と比較すれば明らかであり、「訳」の指導は、専門家を養成する教育課程以外では不可能である（Good morning. に対する「お早う（ございます）」がいつも「適訳」とは限らないという難しさがあること、これを「午前中の挨拶」と説明することはそれほど困難ではないこと、という問題だが、これも今回は議論しない）。「文字」の難しさについては、一般に、これが重大問題であるという意識が薄すぎるが、これについては、すでに拙著『英語の文字』（岩崎書店、1966）とか拙著「英語の文字の話」（『英語教育の常識』中教出版、1980 所収）などで述べているので、改めて議論することは避ける。「文法」の難しさについては、最近の拙著『英語の素朴な疑問に答える 36 章』（ジャパンタイムズ、1990）で議論した。そこで、本論では、その締めくくりとして「単語」の難しさについて、いささかの考察を試みる。

5. 単語の難しさについて

5.1 語彙制限

　前節で、単語は「置き換え」が不可能であることを言った。おそらくこのことが理由で、また英語の学習においては「文法」や「発音」の習得が難しいということもあって、初学者に英語を教えるにあたって、与える語彙を制限すべきであるとする考え方が生まれた。たとえば、Harold E. Palmer は *The Reformed English Teaching In The Middle-grade Schools* (1927) と題する論文で、中学校第 1 学年で行うべきことの一つとして to teach a limited but carefully-selected vocabulary together with the most general and fundamental grammatical and semantic mechanisms を挙げている。そして、与えられるべき語数について、A well-selected vocabulary of 5,000–7,500 words is probably of greater value than a carelessly selected vocabulary of 15,000–20,000 words. と注釈を加えている。5,000 ないし 7,500 語というのは、現在の基準からすればかなりの数だが、これは、この論文が旧制中学校・高等女学校の生徒を念頭に置いて書かれたものと考えれば納得がいくであろう。いずれにせよ、「語彙制限」は必要である、という考え方が強くなった。そして、たとえば、Palmer の「基本語彙 3,000 語は普通に使われる英語の 95% を占め、その 3,000 語の最初の 1,000 語は 85%、次の 1,000 語は 7%、残りの 1,000 語は 3%、そして、日常使われる英語の残りの 5% に約 47,000 語が散発的に使用される」といった調査結果がもてはやされるようになった (cf. *Second Interim Report on Vocabulary Selection*, 1931)。

　「語彙制限」の考え方は正しいであろう。中学生に 1 万語もの語を教えるなどは事実上不可能である。しかし、Palmer の調査報告の「最初の 1,000 語が 85% を占める」ということから、初学者にはこの程度の「基本」語を与えることが重要である、さらには、これ以上与えるのは無理である、といった考え方が導き出されたことは問題としなければならない。1993 年度から施行される『中学校学習指導要領』は、3 年間に扱う語数を「約 1,000 語」と定めたが、この数の裏には「85%」があるように思えてならない。

5.2 「形式」と「意味」

　しかし、実際には「85%」では英語を運用することはできない。教科書を著作・編集するにしても、そのほとんどは「エピソード」に紹介したような内容になってしまう。つまりは小学生に軽蔑されることになる。

　単語は「置き換え」ができないと言った。これは正しい。ただ見落としてはならないことがある。それは、語は「形式」と「意味」から成り立っていることである。「形式」とは「音声」でありまた英語の場合の「つづり」である。「意味」は、これを論じ始めると意味論の世界に入ってしまって、到底ここで論じ切れるものではないが、とにかくその語が示唆する「もの」である。そして、「形式」は「置き換え」がきかないが、「意味」には「置き換え」が可能なものがある、ということがここで言いたいのである。

　「形式」は置き換えられない。それは当然である。日本語と英語とでは発音体系も書記体系も全く異なるからである。「意味」も置き換えられないことが多い。基本的な1,000語を取り出せば、そのほとんどすべては日本語に置き換えることができない。the とか take とか big などはこの部類に入る。しかもその1,000語は日常使用する語の85%を占める。こういうことから、「訳」という作業が至難の技になるのである。しかし、置き換え可能な「意味」もある。第3節で「水溶液」の例を出したが、solution, acid, alkaline, neutral などは置き換えることができる。それは、これらに相当する日本語がもともと英語の「訳語」だからである。おそらく、日常使用する語の5%に相当する部分は、この置き換え可能なものであろう。

　確認のため言っておくと、「置き換え可能」とは、日本語・英語の2つの語の表す意味——両語の示唆するイメージ——が一致あるいは支障のない程度にほぼ一致することをいう。たとえば、「辞書」と dictionary は形式の点では置き換え不能だが、意味については可能であろう。philosophy, democracy, science とか industry, agriculture, fishery なども同じである。Sunday, Monday といった曜日名や January, February などの月名もほぼ置き換え可能で、事実、教室ではこれらは置き換え可能な語として、さしたる反省もなく扱われる。

　単語は難しい。確かに democracy や agriculture などの「形式」は難しい。しかし、これらの語の表す「意味」は、小学生にとってさえそれほど難しいものではないのである（「民主主義」をどれほど理解しているか、となれば、そ

れは大人でも疑問で、ここでは、小学生でも、大人の理解程度には理解している、という意味である)。

5.3　学習者の既習事項

the とか take とか big などは、「形式」はもちろん「意味」も置き換え不可能である。だからと言って、これらを指導しないわけにはいかない。そして、学習者がその「意味」を十分に習得したかどうかはともかく、実際に指導されている。ところが一方、不思議なことに、「意味」の習得がすでに終わっている industry とか agriculture などの語が、英語教室にはなかなか登場しないのである。『小学校学習指導要領』や小学校用各教科の教科書を通読すればわかることだが、小学校 6 年間で児童たちは実に豊富な知識を身につけてくる (十分に身につけられなかった子供もいるが、それは学校教育の責任であって子供自身の責任ではない。このことについての議論の余裕は今はない)。国語、社会、算数、理科、音楽、図画工作、家庭、体育などで学ぶ語で、英語の語と置き換え可能なものはあまりにも多い。

さて、ここで、第 3 節で触れた「小学生の知能」の話に戻ることになる。中学校に入学する。英語を学び始める。多くの場合 is, am, are などから導入されるが、それにもかかわらず、算数で覚えた「加減乗除」の言い方さえ教科書には出てこない。いろいろな単位も出てこない。理科や社会で習った内容も無縁である。まして、音楽、図画工作、家庭、体育などはほとんど影も形もない。結局 Is that a door or a window? になってしまっている。

5.4　知的好奇心

われわれ英語教師は、生徒たちがすでに習い覚えた事柄について考えたことがないのではないか。まして、彼らの「知的好奇心」というものには無関心だったのではないか。彼らは、英語教室においては、常に、単に a/an や the の使い方を間違えたり、good の変化形を度忘れしたり、関係代名詞が理解できないということで、教師から軽蔑・叱責される存在である。

英語教室には、生徒たちがすでに習い覚えた知識・技能を手がかりにして、そこから一歩一歩前進するという体制がない。単語一つ一つにしても、常に未知の世界であったり、「コップ」とか「本」とか「箱」とか「部屋」といった何ら知的興奮も覚えない味けないものであったりする。英語教室

では、彼らは常に、彼らの知らない世界に放り出され続ける。あるいは、無感情の国に住まわされる。これでは、生徒たちが、英語に対して知的好奇心を持つことはできない。

　中学校を終えても、高校を卒業しても、そして大学まで英語を学習しても日本人は英語が話せないといわれる。それは英語力がないからである、と言われる。しかし、その「英語力」が定義されたことはない。結局は、「日本人は沈黙が好きなのだ」ということになることが多い。

　話せないのはなぜか。それは多くの場合、話す内容がないからである。正確に言えば、話すべき内容についての語彙が不足しているからである。さらに正確に言えば、英語を話そうと思うと、あの英語教室の雰囲気が身を包んでしまうからである。音楽の話をしようとしても、あの英語教室で学んだところの I like music very much. とか My hobby is listening to music. くらいしか出てこない。スポーツの話をしようにも、オリンピック競技種目の名前さえ言えない。いま大変な事態になっている長崎県・普賢岳の話をしようにも、「活火山」が出てこない「溶岩」が出てこない。「意味」はすでにすべて克服しているが、「形式」が伴っていないのである。これでは沈黙せざるを得ない。

　再び、この私の論に対する反論があるのはわかっている。いわく「それでは、英語の授業は語彙指導に終わってしまう。われわれは、英語の基礎を教えているのであって、語彙はそれぞれの人が必要に応じてそれぞれに増やせばよい。」

　しかし、私は、もう一度言う。英語の基礎とは何か。それは第3節で概観した5項目のうち「訳」を除く4項目のすべてである。どれも無視することはできない。そして、語彙指導は、基本1,000語を指導してそれで終わりというわけにはいかないのである。また、高等学校や大学においても、生徒・学生の日々の生活に根ざした、そして彼らの「知的好奇心」を満足させ得るような語彙指導がなされなければならぬ。

　この4項目を生徒たちに克服させるにはどういうカリキュラムを組み立てなければならないか、これを真剣に考えるべき時期が目前にある。

（『英語授業学の視点──若林俊輔教授還暦記念論文集』1991年12月）

英語学習の目的意識をどう持たせるか

はじめに

　教育活動の目的は、学習者の現状をより望ましい状態に変革することにある。学習者の現在の状態をより劣ったものとしてとらえ、これをより優れた状態に変えようとする営み、これが教育活動である。
　落ち着いて考えれば、これは相当に思い上がった仕事である。実際、学習者である生徒たちの現在の状態（「状態」とは何か、という大問題があるのだが、当面これには目をつぶるとしても）が、どのような意味で劣っているのかについて、われわれ教師はほとんど考えたことがない。最初から、生徒たちは劣っていると決めつけている。最近よく聞くことばは「最近の生徒たちは学習意欲がない」であるが、学習意欲が初めからなかったのか、それとも、何らかの理由で意欲を失わされたのかの点検もない。われわれの教育活動は、こういう相当にあいまいな決めつけの上に成り立っていることが多い。ということを大前提として、以下、「英語学習の目的意識をどう持たせるか」について、私なりの考え方を述べる。

目的意識は欠けているか

　われわれ英語教師の目から見れば、生徒たちには、「英語学習の目的意識」がない、ということになる。なぜならば「英語学習の目的意識をどう持たせるか」がテーマになるくらいであるからである。しかし、これは本当であろうか。
　私は、今までに百を超える中学生対象のアンケート調査を見ている。全国各地の英語教師によるアンケート調査である。「あなたは英語が上手にな

りたいと思いますか。それはなぜですか」といったような調査であるが、これに対して「ノー」と答えている中学生はほとんどいない。99.99パーセントの生徒たちが、「イエス」と答えているのである。

　生徒たちには「英語学習の目的意識」があるのである。生徒たちは、例外なく、英語がわかってこれを自由自在に操れるようになりたいと思っている。ペラペラしゃべれるようになりたいと思っている。

　まぎれもなく、私もそうであった。しかし、私はペラペラ英語は教えてもらえなかった。そして、何回となく挫折した。挫折のたびに私を支えてくれたのは、「何となく英語大好き」という単なる偶然である。

　「英語学習の目的意識」という大変なテーマを取り上げるにあたって、私を悩ませるのは、私にとっての「英語学習の目的意識」は、まったくの偶然であったということである。

私にとっての「英語学習の目的意識」

　しかし、それにもかかわらず、私は、一生の仕事として「英語」を選んだ。英語を教えることを職業として選んだ。私にこの職業を選ばせたものはいったい何であったのか、ということを考えたい。これを考えなくしては「英語学習の目的意識」の問題は考えられない、と私は考えているのである。

　結局は、私は私自身のことしかわからないのだが、結局は私はこの職業にのめり込んだのである。なぜのめり込んだか。それは、面白かったからである。何が面白かったか。英語が面白かったのである。

　たとえば△ABC≡△DEFは、The triangle ABC is identical with the triangle DEF. と読むことを知って、なるほど、identify は重ね合わせることなんだと納得して喜んだ。それにしても数学では「合同」などというむずかしい言い方をして生徒を悩ませているのはケシカラン、などと憤慨したりする。そしてまた喜んでいる。

　Argentina という名前の国があるが、これはスペイン語の tierra argentina, 英語で言うと silvery land に由来するらしい、要するに「銀のように美しい土地」ということらしいと知って、なるほど化学で使う記号の Ag がなぜ「銀」なのかがわかった、と喜ぶ。それにしても化学の先生は、アルゼンチ

ンとAgとの関係は話してくれなかった、とまた憤慨する。実に他愛ないのである。

　私の英語へののめり込みのきっかけは、ざっとこんな程度である。算数（私のころは算術といった）で使う*dl*がdeciliterの略であることを知ったときには、躍り上がるほどうれしかった。butterflyという単語に出会ったのは中学校2年生のときだが、どうして蝶がバターなのか不思議でならなかった。バターというものがあるのは知っていたが、それがどんな味でどんな具合なのかは、食べたことがないのであるから何もわかっていなかったのであるが、やがて、バターの味を知り、その色もわかったころになってから「黄色い蝶がもっとも普通であったからかもしれない」という説明を読んだことがあって、何だbutterはバター色のことかとあきれた覚えがある。

　私と英語を結び付けたのは、つまりは、好奇心だったのである。英語でなくてもよかった。ほかの外国語でもよかったであろう。たまたま、最初の外国語として英語に触れただけのことであり、さらにほかの外国語に手をのばそうなどという意欲がなかったから、そこに留まってしまった。

「英語学習の目的意識」を失わせないことについて

　「英語学習の目的意識」などというものは、せいぜいこの程度のものであると、私は考えている。生徒たちにとっても、これは、英語に限らない、どの教科でも、その「学習の目的意識」は同じである。要するに大したことはない、ただし、これを裏返してみれば、相当に大したことである。なぜならば、彼らは、知りたいと思っているのであるから。このことを裏づける資料については、すでに、冒頭に触れた。生徒たちは英語ができるようになりたいと思っている。そして、このことは、高校生にも言えるのである。中学校の英語で落ちこぼれた高校生も、その大半は、「高校生になったのだから、もう一度がんばって、英語ができるようになろう」と考えている。

　私が問題にするのは、これほど学習意欲があり「英語学習の目的意識」を持っている生徒集団に対して、「英語学習の目的意識」をどのように与えるか、をなぜ議論しなければならないのか、ということである。議論しなければならないのは、本当は逆ではないかというのが、私がここで言いた

いことなのである。逆とは、つまり、本当は、「英語学習の目的意識」をどうしたら失わせないようにできるか、ということではないか。

　英語教育の効果のなさが問題になって久しい。たとえば崎山元吉『外国語教授法改良説』（明治26年）、外山正一『英語教授法』（明治30年）など、明治時代中期に外国語の教え方の改善を求める主張がすでに始まっている。彼らの主張を簡単にまとめれば、適切な教材を用い、適切な教授方法によって、わかりやすく教えよ、ということである。このことは現在でも通用する。適切な教材を用い、適切な教授法によって、わかりやすく教えれば、生徒たちは「英語学習の目的意識」を失うことはない。

適切な教材

　まず、適切な教材とは、学習者の学力に適合した教材ということである。私自身、高校生のとき、受験対策であったのであろう、思い返せば、俗に言う「難文集」を与えられて閉口した覚えがある。私の学力では到底消化できなかった。私が救いを求めたのは「英字新聞」であった。

適切な教授方法

　適切な教授方法とは、学習者の学力や生活経験に適合した教授方法ということである。butter を食べたこともない子供に butter の意味を尋ね、「バター」と答えさせ "Good!" と言ってほめる、といったようなことは、決して適切な教授方法ではない。いつぞや、次のような文章を教えていた。

　　It grew dark and soon Jim came back. He was knocking the snow off his coat, but suddenly he stopped.

　生徒たちは中学校3年生であった。彼らは、どうやら He was knocking the snow off his coat がわからないようであった。私は演技まで加えて必死になって、雪が上着にたくさんついていてこれを払い落とすのである、ことをわからせようとしたが、結局は不成功に終わった。授業の後、参観の先生がたに謝りながら、「ところで生徒たちは雪を知らないんでしょうか」

と尋ねたところ、「このあたりでは、払い落とさなければならないほど雪が降ることはありませんね」ということであった。失敗するのは当たり前であった。少なくとも He was knocking the snow off his coat がわかるようなビデオテープでも見せるべきであったのだ。雪が上着に積もる様子とはどんなものかを理解させるべきであった。

　生徒たちの生活体験を超えた事柄を教えるのは容易ではない。そして、英語は、生徒たちの生活体験を超えた事柄に満ち満ちている。そしてこのためにこそ視聴覚的方法が存在しているのである。

わかりやすく教える

　わかりやすく教えるとは、生徒が十分に理解できるように教えることである。

　ある中学生の質問である。「Come with me. の意味は『私をと一緒に来い』ではないんでしょうか。それとも『私にと一緒に来い』かしら」中学校1年生というのは、大体、こういったような質問のしかたしかしないので、注意が必要である。「何をバカな、『私と一緒に来い』に決まってるではないか」などと言おうものなら、「ア、そうですか」と向こうへ行ってしまう。問題は何も解決しない。この中学生は me の意味を「私を、私に」と習ったのである。with の意味を「〜と一緒に」と覚えた。この2つを足せば、「私をと一緒に来い」あるいは「私にと一緒に来い」となる。そもそも me の意味を「私を、私に」と教えたことが間違いなのである。つまり、生徒が理解できるようには教えなかった。

　私が最近あちこちで言っていることに、「現在完了の継続用法」あるいは「継続を表わす現在完了形」がある。ある中学生が質問した：先生、終わっているのに続いているって、どういうことですか？　「継続を表わす現在完了形」などという説明は、生徒の常識では理解できないのである。

　われわれが生徒たちにわかりやすく教えなければならない事柄は山のようにある。例をいくつか示す。

(1) 文字：英語の文字が発音をあらわすこと、日本語の仮名と同じような働きをすることを教える。文字を書くとき、英語の文字には特定の筆順

がないことを教える。文字を書くとき、たとえば、Aの横棒が左右に出ても出なくてもよいこと、Hの縦の2本の棒が上のところでつながるとAと区別ができなくなる、といったようなことを、丁寧に教える。

(2) 発音: 発音を抜きにした外国語教育など考えられない。昭和56年に「中学校英語週3時間体制」が始まって以来、残念ながら発音抜きの英語の授業が多くなっている。できるだけ正確に発音することができるように、丁寧に教える。「fの文字が表わす音を出すには上の前歯で下唇を嚙む」といった間違った指導をしてはならない。嚙むと息が出ないのである。

(3) 単語: 少なくとも2,000語の基本的な単語の意味と使い方、基本的な単語の意味の覚え方を丁寧に教える。単に「暗記せよ。単語は暗記だ」などと突き放すことはしない。たとえば、blackboardを教えるのにblackやboardについて触れないというのはよくない。windowを教えるのにwindとの関連に言及してもよいであろう。

(4) 文法: 学習者を混乱させるような説明をしないこと。文法用語の使用はできるだけ抑える。なぜならば、現在の英文法用語には不可解なものが多すぎるからである。たとえば、不定詞・動名詞・関係詞・分詞構文などなど。数年前に、財団法人・語学教育研究所が文法用語を整理して101用語を発表したが、私はこれでも多すぎると考えている。50用語くらいで間に合うはずである。課題としたい。

おわりに

「英語学習の目的意識」に関連してどうしても言っておきたいことがある。それは「英語はいまや国際語であるから、国際人になるために諸君は英語をしっかり学ばねばならない」といったようなことは、学習意欲を盛り上げるためには何の役にも立たないということである。しばしば「外人が日本語をしゃべればいいではないか」といった反応を引き出してしまう。実際、「中学校英語週3時間体制」以来、中学生のこういった反応が増えたという話をしばしば耳にしている。英語が現在の世界の中でどのような

役割を果たしているかは、「国際語」といったようなあいまいなことばでは説明できるものではない。十分に時間をかけて、これまた丁寧に教えなければならない。

　当面生徒たちが求めているものは、ただ1つ「わかる」ということなのである。　　　　　　　　　　　　　　　　　　（『英語教育』1988年7月号）

こうすれば英語ギライになる

公理――「やる気」を喪失させること

　英語を好きにさせるにはどうするか、を論議している人は多い。だが、ここで私が試みようとしているのは、どうしたら英語ギライを大量に生産することができるかということで、今まで、いかに英語を好きにさせるかに腐心してきた私にとっては、相当に荷が重いのだが、確かに「英語ギライ」を作る方法はある、と最近になって確信を持ったので、その「極意」を披露することにする。

　「極意」を一言でまとめれば、それは、how to discourage your students である。「やる気」を喪失させること、これに尽きる。この「公理」を実現する実際的な方法として、以下５つの「定理」を掲げる。

定理１――方向を見失わせること

　定理の第一は、生徒たちに、自分たちが、どちらの方向を向いて勉強しているのかを、徹底的に見失わせることである。

　中学校１年生の４月。英語の授業の第１時間目。あなたは、生徒たちを目の前にして、おそらくこういうことを言うであろう。

　「さあ、これから英語を勉強しようね。ところで、君たちは、英語を勉強して、どういうことができるようになりたいのかな。」

　ほとんどの生徒たち（何人かの例外はある）は、「ガイジンとしゃべれるようになりたいデ～ス。」と答えるであろう。この答えにはウカウカと乗らなければならない。そして、「そうか、ガイジンとしゃべりたいか。よし、しゃべれるようにしてあげよう。私のあとについてこい。そうすれば、ガ

イジンとしゃべれるようになるのだ。」と言わなければならない。なぜなら、あなたには、そんな自信はないからである。あなた自身には英語をしゃべる自信があるかもしれない。なにしろ 10 年以上も英語を勉強してきたのだから。しかし、自分ができることを、そのまま生徒たちに伝える自信などあなたにはないのである。だから、要するに「ウソを言うべき」なのである。そうでなければ、生徒たちはガッカリしてしまう。

　何事も初めが肝心である。何事も、初めは期待を持たせなければならない。生徒たちの期待が大きければ大きいほど、このあとの効果は大きくなる。

　生徒たちは、あなたのウソをウソとも思わず、全員（何人かの例外はある）が、あなたのあとを喜々として追ってくるであろう。そのことが確認できたら、徐々に、あまり急がずに（止むを得ず急ぐことになることもあるが）彼らに「どうもしゃべれるようにはなれないらしい。」と感づかせなければならない。

　相当の時間がたっても、どうしても感づかない生徒に対しては、「オレは 20 年もやってきて、それでもなかなかしゃべれないのだ。中学校 1 年生ごときにしゃべられてたまるか。」と怒鳴りつける必要もあるかもしれない。

　「じゃあ、私たちはどういう英語の勉強をしているのだろう。」と生徒たちが迷い始めれば、まさに、われわれの授業は成功である。彼らは完全に方向を見失ったからである。

定理 2 ―― 質問を無視すること

　最近聞いた話。ある中学校の英語教室。2 年生。教師が黒板に tall ― taller ― tallest と書き、taller を指して「これは何級？」と発問した。生徒の中から声あり、「センネンキュウ（千年灸）。」これは、テレビのコマーシャルを見過ぎた生徒の反応である。こういう輩は徹底的に無視しなければならない。

　もう一つ。中学校 1 年生。「進行形」を教えていた。教師が黒板に例文を書いた。"Tom is sleeping." 一人の生徒が質問した。「先生、眠っているのに、なんで『進行』なんですか。」こういう、われわれにとっての常識について疑問を持つ子供は、将来絶対に成長することがないことを知るべき

である。したがって、これまた無視するか、せいぜい「コノバカ！」と優しく叱るのがいい。

中学校3年生の例。「現在完了」を教えていた。「経験」用法が出てきた。生徒が質問した。「先生、『完了』と『経験』は同じなんですか。」現在完了にいくつもの用法があることを素直に受け入れようとせず、こういう枝葉末節にこだわる生徒に未来はない。「理屈を言うのではない。」ぐらいは言っておいてもよい。

「でも先生、文法というのは理屈じゃないんですか。」と言ってきたら、「文法は諸君にとって理屈ではない。もっと偉くなってから理屈を言え。」と答えておこう。「先生はいつ偉くなったんですか。」などと生意気な発言をする者もいよう。答えは簡単である。「教員免許状を受け取ったときである。」とふんぞり返っていればいいであろう。

かくして、あなたの授業は、大成功裡に終わる。

定理3——手助けをしないこと

一言で言えば「自主性」を尊重することである。ことばを換えれば、自ら学ぼうとする者こそ学ぶ資格がある、ということでもある。「天は、自ら助くる者を助く。」と言うではないか。

生徒が、「この単語の意味は何ですか。」と言ってきたら、「辞書を引きなさい。」と優しく言ってやるだけでいいのである。もう一言、「自分で学ぶ態度が大切なんですよ。」と猫撫で声で付け加えることもいいかもしれない。

こういうことだから、本当は、教室に行く必要もないのである。行ってもいいが、余計なことは言わずに、ただ、「では、自習。始め！」くらいでいい。黙っているのがつまらなければ、「何かわからないことは？」くらいは言ってもいい。注意すべきは、「先生、ここのところがちょっとわからないんですが。」と言う生徒がいたときには、けっして、「どれどれ、どこがわからないって？」などと、教科書やノートを覗き込んではならない。冷やかな表情でジロリとその生徒の顔を見てから、「わからないのかね。よし、それはね、自分で調べなさい。」と言うことである。万が一、「先生、何を調べたらいいんですか。」と追い打ちをかけてきたら、「何を調べたら

いいかを調べることも、また、大切な勉強なのだよ。」と教え諭さなければならない。

　教えなくて教師といえるか、とあなたは思うかもしれない。しかし、そういう甘い考え方では、生徒たちの「ヤル気」を喪失させることはできない。教えなくて、それで、給料を貰うのは気がひける、と思うかもしれない。しかし、学校には「ヤル気」を喪失させる仕事を本気になってやってくれる人がいなければならない。そうでなければ「英語ギライ」はけっして生産されることがない。

　われわれは、けっして生徒の学習に手をかしてはいけない。かくして、生徒たちは間もなく、あなたに手助けを求めても無駄であることを悟る。そして、われわれの目標は達成されるのである。

定理4——難しく教えること

　稀には、難しく教えると感動する生徒がいるので（かつてあなたはそういう生徒の一人だったはずである）注意しなければならないが、まあ、そういう輩は例外であるから、彼らの感動は無視してかかることにする。

　生徒たちの中には、わかりもしないくせに、その難しい話を理解しようとして懸命になる不心得者がいる。これは何とかして排除しなければならない。そのためには、話は、ますます難しくしなければならない。あなたの話を聞いてわかったような顔をしている生徒がいてはいけない。

　難しい話をするのは、あなたは得意であると思っているであろう。しかし、難しい話を言い続けるのは、かなり難しいのである。そこで、あなたは、ときどき「意図的に」易しい話をするとよい。ウッカリと易しい話をしてはならない。あくまでも「意図的」でなければならない。

　易しい話を一つ終えたら、次の瞬間には「気を抜く」のである。気を抜けばあなたの話は必ず難しくなる。かくして、難しい話と易しい話が、頻繁に交錯することになる。わかったと思ったらたちまちわからなくなる、わからないと思っていたらなんとなくわかる話が出てくる。これが繰り返されると、大方の生徒たちは、何が何やらわからなくなるのである。少々の努力（すなわち、ときどき「意図的に」易しい話をすること）によって、われわれは目標を達成することができる。

ここまで言えば、あとは蛇足だが、話を難しくする「要領」を述べておこう。それは、文法用語をフンダンに使うことである。「不定詞」とか「動名詞」とか「仮定法」とか「時制の一致」とか「後置修飾」とか、それから、「格」とか「人称」とか「省略」とか「倒置」とか、とにかくチンプンカンプンなことばは、われわれは2000語くらい知っているから、簡単には種ぎれにならない。これを連発すればいいのである。
　一例を挙げる。「〈to＋動詞の原形〉のことを『不定詞』という。そして、"I will make him go." の go は『to のない不定詞』という。この go は『原形』ではなく『不定詞』なのである。」こういうことを言えば、生徒たちは必ず混乱する。「だけど、a＋b＝c ならば、c－a＝b のはずなのに。」と少々ヒネクレた子供は思うが、あなたはそうじゃないといって譲らない。こういうのはもっとも効果的かもしれない。
　世間では、こういう「専門用語」のことを「符牒」と呼んでいる。つまり、ヤクザのことばと同じくチンプンカンプンなのだが、そんな世間に遠慮していては、われわれはまともな仕事ができないのである。

定理5──ウソを言うこと

　無意識にウソを言うのは易しい。一方、意図的にウソを言うのはなかなか難しいのである。しかし、これは断固として実行しなければならない。
　ウソには2種類ある。一つはウソであることがすぐにわかってしまうウソであり、もう一つは、ウソとはなかなか見抜けないウソである。
　例えば、「〈to＋動詞の原形〉をなぜ『不定詞』と呼ぶか。それは、これが扱いの非常に厄介なフテエ（太い、ズウズウしい）ヤツだからである。」などというのは、すぐにウソであることがバレてしまう。一方、「これは、主語にもなるし目的語にもなる。補語になったり、名詞を修飾したり、あるいは副詞的に用いられたり、つまり、文の中でいろいろな位置を占めることができる。言い換えれば、これは『住所不定詞』なのである。これを短く『不定詞』と呼ぶようになったのである。」などは、用いられる用語の難しさ、説明の口調の重々しさで、なかなかウソとは見抜けないであろう。
　何年か前のことだが、「付帯状況」のことを、「これは、帯のように長くくっ付いて状況を説明しているのである。」と説明しているのを聞いて、い

たく感心したことがある。ただし、そのときの例が、with his mouth open というかなり短いものだったので、たぶんこのウソは見抜かれたに違いない。少々残念であった。

「冠詞」については、明治以来の長い伝統でその説明方法がおよそ固定している。いわく「名詞の前に『冠』のように被せるものである。」というのだが、a dog の a を見ればすぐわかるように、これは dog によって被られていない。dog の前に置かれている。すなわち、すぐにバレるウソである。

見抜きにくいウソと見抜きやすいウソとどちらが優れているかは、一概には言えない。すぐにバレるウソはその場で (秘かに) あざけり笑うことができるし、また、わかりにくいウソは、落語の「考えオチ」みたいなもので、家に帰ってからとか 10 年後になってから「ヤラレタ！」となる。それぞれ、それなりに効果があろう。

私も、かつて、「will は未来、would は will の過去」という不思議な説明を聞いて、「そうかそれなら would は現在だな。」と思いながら、どうにも納得できなかった記憶がある。これは相当に高度なウソであった。いまもって感心している。

いずれにせよ、ウソは「不信」を招く。「不信」こそ、「ヤル気」を喪失させる妙薬である。

実施上の注意

「学習の目標がわからナイ」「先生の一方的な話を聞いているしかナイ」「先生に救援を期待できナイ」「難しくてわからナイ」「先生が信用できナイ」という「5 ナイ」すべてが揃えば万全であるが、そこまで欲張らなくてもよい。「1 ナイ」だけでも徹底して行えば、恐らく 100 パーセントに近い効果が得られるであろう。ただ、どの方法 (単数または複数) を採用するにせよ、不退転の決意をもって実行しなければならない。

［傍白］この原稿を書きながら、何度も恐ろしい吐き気に襲われた。読者の中にもおそらく恐ろしい吐き気に見舞われる方がおられるに違いない。その治療費は、本誌編集部に請求してもらいたいものだ。

(『英語教育』1985 年 10 月号)

「第2章 つまずく生徒とともに」
解　　　説

　若林氏が英語教育界で活躍し始めた時代、「英語教育学」という用語はあまり浸透していなかった。氏が自身の専門分野を「英語教育学」と紹介すると、「本当のご専門は？」とか「大学時代の卒業研究は？」のような質問が返ってくることが多かったという。卒論のテーマ（氏の卒論はアメリカ演劇、特にテネシー・ウィリアムズ）を話すと、「では米文学のご出身なのですね」と言って相手が勝手に納得した、と述懐している。

　これを今の時代にあてはめると、小学校英語教育の「専門家」に対する、「以前は何を研究されていたのですか？」という質問が思い浮かぶ。実際には小学校英語教育は明治時代から始まっており、長い歴史を持っている。しかし、世間は（ことによると小学校の教師さえ）その事実を知らず、小学校英語教育はこれから新たに始まるものと思っている。これと同じように、歴史が浅いものと考えられていた当時の英語教育研究は、英米文学や英語学で成功できなかった人が行う、いわば「三流」の学問分野と考えられていたようだ。

　上の話は、英米文学や英語学を専門とする研究者が、「このままでは職を得られない」からと英語教育に手を染め、英語教育を研究分野の一つに加えてようやく就職できる現代とは隔世の感がある。しかし、英語教育も世間の関心が失われてしまえば、英米文学や英語学と同じような状況に置かれてしまう可能性は十分にある。少し前に世間を賑わせた、文部科学省による「国立大学の文系学部の縮小・廃止」の通達は、このような事態が非現実的とは言い切れないことを示している。

　では、我が国の英語教育をここから衰退させないために、あるいはさらに発展させるために、どういったことが必要なのだろうか。ここで考えたいのは、我が国における英語教育の原点とは何か、英語教育学の原点となる分野は何か、という問いである。

この問いの答えとして、多くの人が（第二）言語習得研究を思い浮かべるかもしれない。確かに、一つの有力候補であろう。言語、特に外国語がどのように習得されるのかという研究は、英語学習を効率的に行うための答えを提供してくれる可能性があるからだ。もしこの答えが出されれば、外国語の言語習得のプロセスに沿ったカリキュラムや教材が整備され、英語教育が劇的に改善されるかもしれない。

　しかし、である。（第二）言語習得研究は、小学校や中学校、高等学校の現場と密接な関わりを持っているだろうか。もちろん、言語習得理論は授業の指導手順やカリキュラム構築の際に意識されるかもしれない。だがそれは指針レベルの話であって、学校現場の教師が抱える多種多様な悩みに具体的に応えられるわけではない。その逆に、研究の進展や高度化に伴い、現場からますます乖離する可能性さえある。

　この現象は言語習得研究の分野に限らない。現在、歴史の長い英語教育関係の学会の多くが、学校現場の会員の減少に悩んでいる。この背景には、大量採用された世代の教員の退職や、少子化による教員採用数減の影響もあるかもしれない。しかし（自戒を込めて言えば）、英語教育研究が、研究者や研究者を目指す教員や大学院生だけの閉ざされた世界になり、学会が多忙な現場教員の悩みやニーズに応えてこなかった結果という見方もできる。昨今、一部の英語教育関係者が「『英語教育研究』栄えて英語教育滅ぶ」というフレーズを口にすることがあるが、これはまさにこの状況を端的に表している。

　さて、ここで話はやっと本題に入るが、今では裾野が広がって様々な分野に枝分かれした英語教育学の中で、若林氏が構築しようとしていた一つの学問分野がある。その名も「英語授業学」。本章の最初の記事である「英語教育の基礎について」は、『英語授業学の視点――若林俊輔教授還暦記念論文集』（三省堂，1991）に収録されている。

　「英語授業学」という用語は、過去に使われていたこともあったようだが、現在の多くの人には聞きなじみのない、「学」と呼べるほどの体系が未だ構築されていない領域である。しかし、氏は英語教育学の原点をこの「英語授業学」に求めていたと思う。「英語教育学はあくまで教育現場と密接な関わりを保った学問でなくてはならない。現場の教師と生徒がなまぐさく関わりあう英語授業こそが、英語教育学の原点に位置しなければならない」。このような信念が、氏を英語授業学の構築へ向かわせたと思われる。現在の英語教育界に対して氏が訴えたいメッセージの一つは、英語授業という原点への回帰ではないだろうか。

では、英語授業学の構築にあたり、さらにその原点となるのは何か。その答えの鍵になるのが、本章の記事に描写された、英語学習に悩み苦しむ生徒の姿である。本章のタイトルである「つまずく生徒とともに」は、このような英語授業学の原点を象徴したフレーズである。なお、このフレーズは、1984年に若林氏がご自身の師である小川芳男先生と三省堂から共著で出版した『つまずく生徒とともに』から拝借した。

　さて、本章の記事で氏が展開した学習者論の要点は、次のようなものである。

- 最初はどんな学習者でも「英語がわかってこれを自由自在に操れるようになりたい」という学習意欲を持っている。学習意欲はすでに十分にあるのだから、「英語は国際化時代に必要」などの理屈で生徒を説得することはあまり意味がない。
- 学習意欲の問題の根本原因は、生徒自身ではなく、生徒から学習意欲を奪う英語授業にある。
- 「発音」「文字」「文法」「語」「訳」などの英語の様々な「難しさ」に対し、教師は「覚えよ」と言うだけで、具体的な援助の手が生徒に差しのべられていない。
- 生徒は教師が使う難解な文法用語や不自然な日本語訳にふりまわされ、英語を余計に「難しい」と考えるようにさせられている。またそのような授業は生徒の知的好奇心に応えるものになっていない。
- 「方向を見失わせる」「質問を無視する」「(不信を招くような) ウソ (の説明) を言う」ことも、生徒の学習意欲を奪っていく。

　記事からわかるように、氏の学習者論で想定されている対象は中学生である。小学生はほとんど考慮されていない。また、「授業は英語で行うことを基本とする」ことが現行高等学校学習指導要領に明記され、同様の文言が次期中学校学習指導要領に盛り込まれる可能性が極めて高い状況で、日本語の使用割合は当時と比べ減少傾向にある。日本語訳や文法説明に関する氏の指摘は、当時ほどの重要性を持たないのかもしれない。

　それでも、である。平成25年に発表された文部科学省の「グローバル化に対応した英語教育改革実施計画」において、中学校段階で「英検3級〜準2級程度」、高等学校段階で「英検2級〜準1級、TOEFL iBT 57点程度以上」など、現場の多く

の英語教師から見れば生徒の学力の実態とかけ離れた感のある数値目標が設定された。しかも、教師の多忙化の解消やクラスサイズの縮小、授業時数の増加など、目標達成のための抜本的な対策は行われていない。その状況の中で、我が国の英語教師はこの目標の達成に追い立てられている。彼らが「つまずく生徒」の存在をとらえることは、今後ますます難しくなっていくのではないだろうか。

　また、近年実施された「スーパーイングリッシュハイスクール（SELHi）」等の事業では、全国の数パーセントの学校に予算を集中的に投下するシステムが採用されている。その実施校の割合は、かつて渡部昇一氏との「英語教育大論争」を繰り広げた平泉渉氏が提案して物議を醸した「国民の5％程度」という数値をも下回る。しかし、このこともほとんど問題にされてこなかった。若林氏が生きていたら、SELHiの実施校の数から割合を計算して、「ことばのトリックにだまされるな」という警鐘を鳴らしたはずだ。PISAテストの結果を受けて近年の学校教育のキーワードになっている「批判的読解力」は、このような場面でこそ発揮されるべきなのに....。

　このような英語教育の現状に対し、若林氏であれば次のような疑問を投げかけるであろう。「全員ではなく、一部のエリート養成にのみ力を傾ける英語教育に、はたして『国民教育』としての存在意義はあるのか？　『国民教育』の名に値しない英語教育を、公教育として実施し続ける意味はあるのか？」と。高い数値目標の設定によって「つまずく生徒」の増加が現実味を帯びつつある中、若林氏の主張は、私たちが英語教育の原点に目を向け、そこから英語教育のあるべき姿について議論することの必要性を示唆していると思う。　　　　　　　――若有　保彦

●第3章●
英語授業学の視点

黒板とチョーク

　先日、ある知人が遊びに来て、口を開くなりこう言った――「LL というのはどういう役にたつのですか」。聞けば、英会話に幾らかでも上達しようとして、いま LL を使ったレッスンを受けていると言う。そして、何週間か経過したけれども、さっぱりうまくなった気がしない。それが LL のせいではないかと言うのである。普通の教室で先生から受ける授業に文句はないが、LL に入れられると途端に「また時間かせぎが始まった」と思うと言う。

　私自身、人並み以上に LL (この和製略語はどうも好きになれないのだが、完全に普及してしまったいまではむしろこう言わないと通じないようだ) には興味は持っているし、かつて自分のデザインで LL を設置したこともあるし、いまもって LL のプログラムはどうあるべきかを考えることが多いのだから、この知人の抗議にはいささか閉口せざるをえなかった。「それはあなたの心がけのせいもあるような気もするんですがね」とか何とか、さっぱり要領の得ない返事で、何とも身にこたえる問答であった。

　さてそこで私の感懐なのだが、どうも最近、機械器具に対する考え方に行き過ぎがありはしないかということである。正しい発音を教える必要がある――テープレコーダーを使って native speakers の発音を聞かせる、LL に入れる。ことばには場面が必要だ――OHP で絵を見せる、VTR を使う。それはそれでけっこうなことかもしれない。われわれが生徒であったころに比べると、はるかに英語が学びやすくなった。格段の相違である。だがこれは、けっこうなこと「かもしれない」のであって、実はけっこうではないのかもしれない。この点は腰を据え直して考えてみる必要があろう。

　たとえばさきほどの知人の「普通の教室で先生から受ける授業に文句はないが」ということばである。文句のない授業など名人でもないかぎりし

ばしばできるはずがないから、「文句がない」のはたぶん比較の問題であろう。ポイントは、教室の先生は生徒に対して臨機応変・自由自在に反応してくれるということにある。LL は臨機応変とは無縁である。LL はプログラムに従ってきわめて事務的に進む。動かされているのは一方的に生徒である。普通の教室でも教師が生徒を動かしていることが多いが、それでも生徒が教師を動かすチャンスはある。LL にはその可能性はまったくない、ということであろう。

　人間が機械を使うべきで、使われてはならぬとは言い古されたことばだが、われわれは思わぬところで機械に使われていることがありはしないか。たとえばここにテープレコーダーがある。これを英語の授業にどう使ったらよいか考える。私はこれを機械に使われる最初のステップであるとみる。——英語を教えている。ある局面で「ここでテープレコーダーを使うと効果がある」と考える。これは人間が機械を使う態度だとみる。機械を見て考えるか、授業をしながら考えるか。私にはこれが絶対的な差であると思われる。

　かつて教室には黒板とチョークだけがあった。これを教師が使った。（もちろん生徒もいた。）教師は音声を発する。教師には表情がある。動作をする。つまり、教師という存在はすでに百パーセント視聴覚的だったのである。黒板には絵も文字もかくことができる。黒板は視覚的である。ただし教師はまったく同じことを二度繰り返すことはできない。テープレコーダーとは違う。黒板にかいた絵や文字を瞬時に消して瞬時に再生することもむずかしい。OHP や VTR とは違う。だからこれらの機器は有用である、とも言える。しかしまた逆に、これらの機器はそれだけのことしかできないのだとも言える。

　そもそも、教育の場から機械器具を取り除いたところで何も失われはしない。せいぜい無味乾燥な機械的な部分がなくなるだけの話であろう。私は教育機器を否定しているのではない。その存在を肯定しているのである。それも積極的に。だが私はいま、教室を教師と生徒と「黒板とチョーク」の教室へ戻す必要も強く感ずる。そしてそこから再出発することを提案したい。人間が機械を使う授業をもう一度考え直したい。——不要な機械は使わないということも含めて。

（『英語教育』1971 年 10 月号）

つづりと発音の関係の規則性

発音記号不要論

　私は、英語教育に発音記号——といっても IPA (国際音標字母) のことだが——は不要であると常々主張している者である。不要とか無益どころか、有害であるとさえ考えている。中学生や高校生、それに大学生までが単語ノートを作るときに発音記号を書いているのを見ると、何というむだなことをしているのかと思わずにはいられない。発音記号を書くひまがあったら、つづりそのものを覚えることに集中したほうがいい。英語の「言語活動」に発音記号を書くことが含まれるはずもないからである。
　中学校 1 年生に発音記号信仰はない。あるのは教師である。だから、つづりと発音の関係を教える——つまり、つづりを見たら発音できる能力を生徒に身につけさせるためには、教師の発音記号信仰が、まず打破されなければならない。
　発音記号というものは、たとえば ee のつづりの発音は [iː] と表す以外に表す方法がないと思い込んでいるところにある。[iː] を用いなければ [イー] と仮名を用いるしかないと思い込んでいる。仮名発音は好ましくないとすれば (私はこれにも異論があるのだが当面は論じないでおく)、[iː] しか残らないという思い込みである。そして [iː] の発音、つまりこの記号の読み方を教えるときには、実際に音を用いて教えていることを忘れているのである。
　[iː] という記号の発音は、実際にその発音をしてみせて、それを真似させて教えているはずである。それならば [iː] という記号を示す段階をはぶいて、ee (たとえば keep) の発音をしてみせて、それを真似させて教えてもいいはずである。この考え方を用いれば、すべての英語音について、発音記号は全く不要になる。すなわち、つづりと英語音を直結させるのである。

「濁点」の利用について

アルファベット 26 文字のうち b, d, f, h, j, k, l, m, n, p, t, v, w, z の 14 文字は発音のしかたがきまっている。b を [p] と読んだり d を [t] と発音したりすることはない。この 14 文字については、それぞれの固有の音を教えることができる。climb の -mb (=m) , knife の kn- (=n) , autumn の -mn (=m) , photo の ph (=f) などのように 2 字が連結して 1 音を表す場合があるが、これらはそれぞれ (　) 内に示した文字の固有の音と同じであると指導すればよいので、いちいち [　] に入れて示す必要はないであろう。

of の f のような例外もあるにはある。しかしこれも v と同じと教えればいいであろうし、あるいは、最近私が提唱している方法によれば、f に「濁点」を打って of ゙と示してやってもいいであろう。濁点の意味は小学生でも知っている。

この濁点の方法を用いると、s と x が簡単に処理できる。たとえば loose はそのまま、choose は choos ゙e とする。oo の固有の発音はきまっている (book などの oo については後で述べる)。ch も固有の発音がきまっている。わざわざ [tʃ] などという記号を用いる必要もない。語末の e は発音しないことにきまっている。残りの問題は s が無声か有声かだけだから、有声の場合、濁点を補助的に示せばいい。

x の例としては、expect はそのまま、exist は ex ゙ist とする。exist の x に対して [gz] という記号を示す必要はない。

濁点は th についても用いることができる。t と h が隣り合ったら一つの音を表すことは教えるであろう。俗に「th の音」という言い方があるくらいである。例を示すと theme はそのまま、them は th ゙em (または t ゙hem) とする (theme の真中の e は ee と同じ発音だが、これについてはあとで述べる)。濁点の方法は、さらに -sion にまで発展して利用できる。-sion は [-ʃən] または [-ʒən] と発音するから、たとえば、tension はそのまま、fusion は fusion ゙(または fus ゙ion) とする。

2 個以上の文字の組み合わせ

-sion の話まで進むと、複数の文字の組み合わせについていろいろと教え

なければならないのはめんどうである。いっそのこと「発音記号」のほうが便利であろう、という声が聞こえてきそうだが、-sion には [-ʃən] と [-ʒən] の2通りの発音しかないと（記号を使わずに）教えることは、漢字の読み方を教えるよりもはるかに簡単なことであり、また、実際的なのである。

　ch とか sh とか th とか wh も同じである。ch は [tʃ] だが、sch は school でわかるように [sk] である。wh は while では [hw] だが、whoop では [h] であるというようなことはある。しかし要求される知識はこれ以上になることはない。

　c と g に関するルールはどうしても教えておかなければならない。それは次のとおりである。

	e, i, y の前	e, i, y の前以外のとき
c	s	k
g	j	k゛

　e, i, y の前にあるときは c はその名前 [siː] から [iː] を除いた [s]、g もその名前 [dʒiː] から [iː] を除いた [dʒ] でこれは j の発音と同じである。e, i, y の前以外のときは、c は k と同じ、g は k の有声音となる。上の表では k゛としておいた。

　上のルールに照らし合わせると、certain と curtain のそれぞれの c の発音のしかたがすぐにわかるであろう。一方、このルールから言うと、get は例外である。ルールどおりに読むと jet と同じになる。例外は確かにある。したがって、例外つづりを教えるときは「これは例外である」と明確に示さなければならない。give, girl, begin も例外である。そして、特に初級段階では、こういう例外つづりは、テストの対象にしないほうがいい。生徒には何よりもまずルールをおぼえてもらいたいからである。原則から例外へ、というのが指導の原則である。つづりと発音についても同じことである。

　さきほど jet という語を示したので思い出したことを書いておこう。jet を発音記号として用いると [jet] で、これは yet の発音を示していることになる。こういうことを私は「無駄」と言っているのである。よほどすぐれ

たものでないかぎり、むしろ混乱を起こす。

黙字を認めないことについて

　hat — hate, pet — Pete, kit — kite, not — note, cut — cute というような組み合わせを作ってみるとわかることだが、語末の e はしばしば重要な役割を果たす。e がなければ、語そのものの意味も変わるし、母音の発音が変わってしまう。

　[æ] — [ei], [e] — [iː], [i] — [ai], [ɔ] — [ou], [ʌ] — [juː] の対立関係を作るのはしばしば語末の e である。この話をある教室で話したところ、ある学生が、「語末の e は発音記号なのですね」と言った。私はすっかり感心してしまった。私の頭の中にはそういう発想がなかったからである。そう言われてみればそのとおりで、e は a, e, i, o, u の発音を指定している。

　同じことは right, might, sight などの gh についても言える。この gh はその前の i の発音 [ai] を指定している。確かに発音記号である。このことから、別の学生は、gh が「黙字」であるというのはまちがいであると指摘した。もし「黙字」を、読まない字、なくてもいい字とすれば、right, might, sight は rit, mit, sit でもいいはずである。しかしこれでは発音が変わってしまう。gh は不可欠である。結局は gh は「読まれている」ことになる、というのであった。

　gh を、発音記号ととらえても、「読まれている」ととらえても、それはどちらでもいいであろう。少なくとも、不要な文字、どうしてかわからないがそこにある文字と考えるよりも、はるかにすぐれている。

　黙字に関するテストがあいかわらず行われているらしい。ある学生は、中学か高校のとき（というのは 3, 4 年前だが）、know の黙字をたずねるテストがあって、k を丸で囲み点をもらったという経験を話してくれた。そして、もしそうならば w も黙字ではないかと思ったのだが、そのようには教わらなかったので k だけにしておいた、という報告であった。このことは、つづりと発音の関係を考える上で、十二分に反省すべきことであろう。黙字を教えることが、かえって混乱を招いているのである。むしろ、読まない文字はない、という原則に立つべきであろう。黙字の存在を教えてはならない。黙字などというものは「ない」のである。

例外をテストから排除すること

「黙字はない」という説に対し、学生たちは必ずしも全員これを認めたわけではない。soft—soften, list—listen, cast—castle などの例を出して、これらの組の右側の語の t はどうなのか、やはり黙字ではないかと反論してきた。これに論駁するのは確かにむずかしい。処理の方法としては、これらを「例外」とするか、-ft-, -st- の組み合わせはしばしば [f], [s] となるというルールをたてるかであろう。私としては、今のところ結論は出ていないが、音声学的にくどくどと説明して言い逃れるよりも、このほうがいいと考えてはいる。

上の -ft- や -st- とは直接の関係はないのだが、文字を 2 つ組み合わせて 1 音を表すというルールはどうしても触れておく必要がある。o (+語末の e) = oa (hole = boat) とか、e (+語末の e) = ee=ea=ie=eo (theme = green = heat = field = people) などである。つづりの変遷史を語ることはあまりにもめんどうなことであるから、それは大学レベルにまかせておいて、ひとつの音がいろいろな文字の組み合わせによって表されている事実は伝えておく必要がある。そして、この立場に立つと、たとえ field を feeld と書いたとしても、中学校や高校の初年級レベルでは、テストにおいて減点の対象としてはならない、ということになる。

前に get, girl, begin という例外つづりについて述べた。私は、こういう例外つづりは、テストに出すべきではないと考えている。逆に言えば、従来のテストにおいては、つづりと発音の関係については、例外ばかりがテストされていたのである。その典型が says, said である。英語のつづりのルールでは、ay も ai も、a (+語末の e)、つまり [ei] と発音されることになっている。ところが、残念ながら says, said においては [e] と発音される。これは例外である——ついでながら言うと、私は、日本においては says は [seiz]、said は [seid] と発音したほうが、学習者の負担が減り、なおかつ、コミュニケーションには支障が起こらないということで、はるかにすぐれていると考えている。

ルールには必ず例外がある。従来の教育は、例外を数多く知っているものがすぐれているとする教育であった。ルールを知っても落ちこぼれてしまう。もし「落ちこぼれ」をなくそうというのであれば、例外によって生

徒を痛めつけることをこそ、まずやめるべきであろう。

いくつかの例

つづりと発音の関係については、竹林滋・小島義郎編『ユニオン英和辞典』第2版 (研究社、1978) の p. 1609 以下に詳しい説明がある。ぜひ参照していただきたい。ただこの説明を見ると、ルールと呼べるものがかなり多くあって、とうてい1日や2日でおぼえきれないと思うであろう。例外も多く示されている。また、本稿で私が述べたルールとは違った記述もある。

発音記号も1日や2日ではおぼえきれないのである。少しずつおぼえるしかないのである。つづりと発音の関係も同じである。生徒たちといっしょに、少しずつおぼえて行くとよいであろう。

以下、「中学校学習指導要領」の別表1に掲げられている語のうちいくつかを選んで、つづりと発音の関係を解説してみよう (語の後ろに示した○は規則的つづり、×は不規則つづりを表す)。

all ○：ball, call, tall, wall, hall, fall, stall など。

already ×：al の部分が×。cf. all. また ea が×。規則では ee と同じ。この ea は '短い e' つまり [e]。

August ○：au の音はきまっている。u は強い音節では [ʌ] または [juː] だが、弱い音節ではあいまい母音の [ə] になる。

aunt ×：au が ×。cf. August. 《米》ならば、'短い a' つまり [æ]。《英》では、'n ＋子音字' (ここでは nt) の前の《米》[æ] は [ɑː] となる。このルールは can't にも適用できる。

black ○：ck は常に [k]. 2 重子音字 (ここでは ck) の前の母音は常に '短い'。'短い' とは a [æ], e [e], i [i], o《米》[ɑ],《英》[ɔ], u [ʌ].

ear ○：ear は《米》[iɚ],《英》[iə] がルール。

early ×：この ear は bird などの ir と同じ。なお、ir＝er＝ur:third, hers, curve.

have ×または○：語末に e があるときその前の母音字は '長い' というルールを適用すると×。ただし、英語には v で終わる語はなく、必ず

veで終わるということを知っていて、eを無視し、また、子音字が後ろに続くときの母音字は'短い'とすれば○。ただし、behaveなどの関係もあるので×としておいたほうがいいかもしれない。

love．×：この語もvで終わる語はなく必ずveで終わることを説明できる。ただし、oの発音は×。このoは'短いu'つまり[ʌ]と同じ。

look ×または○：ooのつづりは[uː]がルールとすれば×。ただしookでは必ず[uk]となるというルールをたてれば○：book, shook, brook, cook, nook, crook, hook, rook, took など。

most ×：oのあとに子音字があるので'短いo'となるはずだが、このoは'長い'つまり[ou]。'長い'とはa [ei], e [iː], i [ai], o [ou], u [juː]で、結局、これらの文字の名前と同じ発音。

warm ○：arはcar, parkなどのようにふつうの発音はきまっているが、wのあとに続くときは《米》[ɔɚ],《英》[ɔː]となる。なお、orもforty, morningのようにきまっているが、workのようにwのあとに続くと《米》[ɚː],《英》[əː]となる。

ここには○と×をおよそ半々に示したが、全体としては○が圧倒的に多いのである。

(『英語教育』1980年8月号)

アルファベットが覚えられない生徒

アルファベットを覚えることのむずかしさ

　アルファベットが覚えられないと言っても、その形にはいくつかある。たとえば——

(1)　AからZまで順序をまちがえずに言えない。
(2)　Fの前がEで、後がGであるというようなことがすぐにはわからない。
(3)　文字を見てもその名前がすぐには出てこない。
(4)　文字名を言われても文字の形がすぐには思い浮かばない。
(5)　文字を混同する。たとえばpとqが区別できない。
(6)　文字の形をまちがえる。たとえばNをИと書く。
(7)　大文字と小文字の区別がはっきりしない。

やや程度が高くなると、文字と発音の関係がわからないという問題も起こる。たとえば、Kは[k], Sは[s]だが、Cには[k]も[s]もあるとか、Hの名前は[eitʃ]なのになぜ発音は[h]なのか、といったたぐいのことである。母音字の場合は子音字よりもっと複雑で生徒を悩ませる。
　アルファベットを覚えることは、実はそうたやすいことではない。我々はすでに覚えてしまったから何でもないことのように思いがちだが、たとえばギリシア語の $ABΓΔE\ldots$ を初めて教えられたとして、これがたちまちマスターできるかどうかを考えてみればわかる。Pの前が何であるかどころか、順序正しく言うことさえおぼつかないであろう。私がかつて高等専門学校で教えていたころ、新入生に英語アルファベットの大文字と小文

字を書かせたところ、完全に書けたものはひとりもいなかったという事実がある。まず全員がQでひっかかった。文字が基本線の上にあるか下まで突き出るかについても非常にあやふやであった。筆順となるとさらに惨憺たるありさまであった。どうやらアルファベットの指導は一般に安易に考えられすぎているようだ。ことによると生徒の英語学習におけるつまずきの始まりは、このあたりにあるかもしれない。

アルファベット指導の問題点——各論

(1) について

幸い英語には「ABCの歌」がある。日本の「いろはにほへと」や「とりなくこゑすゆめさませ」ほどスマートではないが、アルファベットの文字の順序を覚えるにはこれに勝るものはない。初めのうちは「エービーシーディーイーエフジー」でもかまわない。徐々に [éː biː síː diː íː ef dʒíː] に持って行くようにする。

(2) について

これは特に辞書を引く段階にはいるとどうしても必要なことである。PとSとどちらが先なのかが一瞬のうちにわからなければ、ＡＢＣＤ...と初めから唱えなければならず、これでは辞書を引く速さが極端に落ちる。これはゲームの要素を加えて訓練するしかあるまい。26文字のカードを作らせる。そのうち任意の数枚を取り出し、アルファベット順に並べる速さを競わせる。たとえば、ＣＤＧＯＱのように。初めは大文字のみ、小文字のみとし、慣れてきたら大文字小文字とりまぜて並べてみるのもよいであろう。

(3) について

この能力は現実の言語活動ではあまり重要ではない。せいぜい、人に語のつづりを教えるときくらいしか用いられない。

ＡＢＣ...を順番に書くことをやっと覚えた生徒は、突然Ｍを見せられても、初めからＡＢＣＤＥ...と書いていかないとＭの名前が出てこない。以前ほどではないが、教室で教師が生徒に語のつづりを言わせること

がある。たとえば [muːn] は M-O-O-N と言わせる。こういうときこの能力の弱い生徒は立往生することになる。

　もちろん、文字名とその文字の表わす音とは関係がある。M は [em] から [e] を除いた [m] を表わすということはある。しかし、少なくとも A B C... を導入したとたんにめくじらを立ててこの能力のなさを責める必要はない。気を長く持ったほうがよい。

(4) について

　これも現実の言語活動ではあまり大きな役割を果たすことはない。人から語のつづり──たとえば人の名前のつづりを教わるときに J-O-H-N と言われてもすぐには書き取れないということがある。教室でも教師が生徒に口頭で語のつづりを教えるときに困るけれども、少なくとも初期の段階ではこういうことはあまりしないほうがよいであろう。文字名を言われてその文字がすぐに浮かんだり書けたりしたほうがよいことはわかっている。しかし、この能力をせっかちに要求する必要はないであろう。

(5) について

　この問題については別稿「文字の導入でつまずく生徒」で取り上げられると思うので、ここでは詳論は避けるが、従来のアルファベット指導では一般にこの点について非常に不親切であったということは指摘しておきたい。p は [piː] で q は [kjuː]、b は [biː]、d は [diː] だ、そのまま覚えておけといった程度のことしかやっていない。(7) とも関連するが、P が p になるのはわかっても Q が q になることはなかなか理解できないのである。そこから混乱が生ずる。D が d になるなどはもっともわかりにくい。G と g もそうだ。R と r の関係も、A と a の関係もやはりわかりにくい。こういうことについては、書体の歴史を調べればすぐわかることなので、教室でもせめてこのぐらいはていねいに話を聞かせてやるべきである。

　日本の文字を書いても、シとツの区別がはっきりしない生徒が多いのである（シとツを書くとどちらがどちらだかわからない字を書くおとなも多い）。まして目標はローマ字である。ていねいに教えて悪いはずがない。

　これについてはもうひとつ、私のもっとも問題にしたいことがある。それは生徒に文字を書かせるときの書体の問題である。多くの教室ではまず

マニュスクリプト体と呼ばれる書体を教え、夏休み前後にいわゆる「筆記体」を指導する。なぜこういう無駄をしなければならないのであろうか。生徒にとっては書体は1つでたくさんである。いくつもの書体を覚えたい生徒もいるであろう。そういう生徒はそれこそクラブ活動に吸収すればよい。ローマ字書道クラブといったものがあってもよいであろう。書体変遷史を見ると、マニュスクリプト体や「筆記体」どころか、もっと美しい書体、興味ある書体がたくさんある。

　さらに言えば、なぜ英語の教室ではマニュスクリプト体や「筆記体」を教えるのだろうか。なぜ、aをa, gをgと書かせなければならないのであろうか。「筆記体」ではrはrになってしまう。こんな理不尽なことがあろうか。生徒の学習負担はそれでなくとも大きいのに、こういうくだらないところで妙な形で負担を大きくしてしまっている。この負担に耐えたところで結局たいした収穫はないのだから話にならない。aはaでよい、gはgでよいではないか。それでも脱落する生徒が出てくるのである。無益なところで脱落者をふやす必要はまったくない。

(6) について

　これは普通は、「筆記体」のIとlとをまちがえるという点で問題になることが多い。筆順が右回りか左回りかの差だが、この差はきびしく指導しておかないといつまでもそのままになる。大学生の中にもかなりいる。──ただし「筆記体」を使わなければこの問題は起こらない。最初に例示したNとИのようなことはそれほど多くはない。小学校の低学年ではひらがなやかたかなを覚える段階でこういうことが非常に多く起こる。「し」の尾の部分を左に曲げたり、「ち」が「さ」のようになってみたりする。これまた書体との関連が出てくるが、Fのマニュスクリプト体と「筆記体」は、右向きか左向きかについては全く意地悪としか言えないくらいちょうど逆になっている。だから私はこの2つを教えることに賛成できないのである。活字のとおりでいっこうさしつかえない。

(7) について

　これについては(5)でも述べた。もし大文字と小文字の区別をはっきりさせようと思ったら、Aとa, Dとd, Gとgなどの関係をわかりやすく説

明しておく必要がある。

　いつぞや、私がテレビ番組を担当していたとき、ゲストとして招いた教養あるイギリス人に、模範例文を直筆で書いてもらいこれを画面に出そうとしたところ、大文字と小文字の使い方がでたらめで、あわててこれをやめたことがある。Eとe, Kとk, Lとlなどがめちゃめちゃで、おまけにiの点は点ではなく小さい丸を書いてしまう。もちろんeはEではなくEと小さく書くのだが、日本では残念ながら通用するはずがないというのでおことわりした。——この問題はいまなお私の中でしこりとして残っている。日本は少しきびしすぎるかもしれないと思ったりする。やはりKとkは区別できたほうが「教養がある」ことになるのかとも思う。どっちでもいいではないかと考えたりもする。どうしたものだろうか。アルファベットの指導をどうするかは、まだ決着がついていないと思う。

(『英語教育』1974 年 8 月増刊号)

文字にはいろいろな字体があることについて

「準公文書」の説述

　文字とはわれわれ人間にとって何であるか、などという大それた議論をするつもりはない。私が論じたいのは、中学校英語週3時間などという未曾有の事態になりながら、英語のどういう文字を教えるかについての議論がなかなか起こらないことについて、それは、英語教育にたずさわる人々の中に、英語の文字に関する基本的な認識が、たとえば大学における英語教員養成課程のなかでも、まったく、あるいはほとんど、的確な形で与えられていないということである。

　ひとつの例だが、そしてこれは非常に重要な例なのだが、昭和52年版中学校学習指導要領の「文字」に関する指示「アルファベットの活字体及び筆記体の大文字及び小文字」について、「中学校指導書外国語編」(文部省、昭和53年) は次のように述べている。

> 　言語活動の中には、文字を読み、文字を書くことによるものが多い。アルファベットの活字体に慣れさせるとともに、筆記体にも慣れさせることが大切である。
> 　書体については、流派によって多少の違いはあるが、外国語として初めて英語を学習する者にとっては、一般的に用いられている平明なものを指導することが望ましい。
> 　また、ブロック体と言われるものが普通の活字体と似ており、しかも書きやすいために、活字体を読む段階から筆記体に移るための橋渡しとして利用される場合があるが、このブロック体を指導する場合にも、それとは別に、「活字体及び筆記体の大文字及び小文字」を第1学年から

指導することになる。

私がこれをなぜ「重要な例」として示すかというと、これがほとんどわけがわからない文章であり、しかも、これが「準公文書」とも言うべき「指導書」に掲げられているからである。

「わけがわかる」文章とするためには、かなめとなる用語の定義が定まっていなければならない。たとえば「筆記体」を例にとりあげてみよう。『日本国語大辞典』（小学館）は次のように説明している。

① 活字の字体に対して、書字される字体をいう。手書き文字。
② アルファベットなどの書字や活字で、手書き文字に似せた字体をいう。スクリプト。

「指導書」の言う「筆記体」は、上の2つのうちどちらを指しているのであろうか。

「活字体」についての同辞典の定義も引用しておこう。

① 活字の字体。明朝体、清朝体、宋朝体、ゴシック体、アンチック体などがある。
② アルファベットなどの表記で、一般的には印刷に用いる字体。

さきほどの「指導書」の説明を、上の「筆記体」、「活字体」の定義それぞれ2つを組み合わせ、4通りに読み直してみればすぐわかることだが、冒頭に述べたとおり、この文章は何を言っているのかさっぱりわからない文章なのである。

もうひとつ、「指導書」が「ブロック体と言われるもの」としているものを、仮にblock letterの翻訳と考えたうえで、その定義を調べてみよう。*The Random House Dictionary of the English Language* (1966) は次のように言っている。

Print. a sans-serif type face or letter, usually compressed and having tight curves.

Webster's Third New International Dictionary (1966) では次のとおりである。

a letter of the alphabet written or printed in sans-serif; *also*: sans-serif type or lettering.

上の *Webster* の説明によれば、ブロック体というのは (仮に「ブロック体」イコール block letter として)、手書きにも印刷にも用いる字体である。したがって、「指導書」が「ブロック体と言われるものが普通の活字体と似ており」と述べていること自体ナンセンスになってしまう。*Random House* の定義を用いると、事態はもっとひどくなって、「ブロック体」というのは「活字体」そのものだから、「普通の活字体と似て」いるというときの「普通」とは何か、そこから定義しなおさなければならなくなってしまう。

生徒から教えられて

私自身が、英語の文字というものに関心を持ち始めたのは、昭和 30 年に東京都の公立中学校の教師になったころからであった。私は、何の予備知識もなく、当然のこととして、中学校 1 年生に (そのころの 1 年生は、もう 40 歳近くになっている) ブロック体から教え始めた。もちろん (?)、できるだけ早く、俗にいうところの「筆記体」に移行するつもりであった。しかし、結果的には、その俗にいうところの「筆記体」に移行させるきっかけを失ってしまったのである。3 年生になるころまでには、その俗にいう「筆記体」を使うようになっていたと思うが、いつ、どのように移行したのかについては確たる記憶がない。

昭和 33 年 3 月にその 3 年生を送り出して、4 月からまた 1 年生を教えることになった。どういうわけかわからないのだが、その 1 年生には、最初から、俗にいう「筆記体」を教えた。おそらく、ブロック体から俗にいう「筆記体」に移行するなどという面倒な手続きを踏むよりは、最初から「筆記体」を押しつけたほうが手っとり早いと考えたのであろう。そして、その年の夏だったと思うが、その 3 月に送り出して高校生になっていた生徒のひとりから、衝撃的な発言を聞いたのである。

「ぼくは、あれ以来ずっと、ブロック体で字を書いているんですが、けっ

こう、きれいに早く書けるもんですね。」これはよほど衝撃的だったらしく、いまでも、この生徒の名前も顔もはっきりおぼえている。ブロック体できれいに早く書けるということは、まさに、この生徒に教えられたのであった。

　私が、英語の文字の字体について本格的に勉強し始めたのはこのころであった。そしてやがて、たとえば、英語の文字には筆順がないことを知るようになった。小文字が、大文字から作られたことも知るようになった。こういうことについて、基本的な知識を与えてくれたのは、「語学的指導の基礎（中）」（『英語科ハンドブックス』、研究社、1959）に収められていた、寿岳文章氏の「英習字」という論文であった。この論文は、いまでも、この論文ひとつを抜き出すという形でもいいから出版してもらいたいと思うほどである。Alfred Fairbank というイギリスの書家の名前もこの論文で知った。

指導書全面点検の必要

　「指導書」を読んでいると、あちこちにイライラすることばが並んでいる。「流派によって多少の違いはあるが、...一般的に用いられている平明なものを...」もそのひとつである。

　この文章は、印刷された文字について言っているのであろうか。もしそうならばある程度はわかる。「一般的に用いられている」のは「ローマン体」系列の文字だからである。教科書の本体の大部分は「ローマン体」で印刷され、その中に「イタリック体」、「ゴシック体」などが混ざっているのが普通である。しかし、この文章は、前後関係からすると、どうやら、手書文字のことを言っているらしい。そうなると、「一般的に用いられている平明なもの」とはいったい何であるのかがわからなくなってしまう。「一般的」とは何か。「平明」とは何か。

　「指導書」の文章をさらに読み進むと、「ブロック体」と「筆記体」とは別物と解しているらしいことがわかる。このことについてはすでに述べたが、これこそまさに噴飯物で、「準公文書」とも言うべき「指導書」が、なにゆえにこれほどの無知をさらけ出して平然としていられるのか、これを機会に、「指導書」の内容を全面的に再点検する必要があるのではないかと思わせるほどである。個人攻撃はしたくないのだが、「指導書」の作成協力

者として名前を連ねておられる 16 名の方々におたずねしたい。どなたが直接筆をとられたのかは知らないが、これだけの錚々たる人々がいながら、なにゆえに、こういう単純な事がらについて相互チェックが行われなかったのであろうか。それとも、一方的に文部省に責任を転嫁するつもりなのか。

私説「英語文字論」

　私はまず、「活字体」、「筆記体」の定義から始める。

　「活字体」とは、「活字として用いられる字体」である。私の手元にあるのは少々古い文献だが、活字体のうち「ローマン体」に属するものだけでも、Century Old Style, Century Old Style Italic, Century Bold, Century Bold Italic, Goudy Bold, Goudy Bold Italic, Venice Light, Cheltenham Bold Condensed, Bodni Book, Baskerville, 等々、十指に余る字体がある。手書き文字(スクリプト)系列にも、Prince Script, Brush Script, Ballpen Script Medium などの字体があって、これらはすべて「活字体」である。

　「筆記体」とは何か。それは「手書きに用いられる字体」である。それは、ローマン体系のものもあり、イタリック体系のものもあり、ゴシック体系のものもある。これらを組み合わせた字体もある。また、1831 年に鉄製のペン先が発明されてから発達した「円字体 (Round Hand)」系列の字体もある。

　現在、普通に「筆記体」と呼ばれているもの、そしてそれは「指導書」のいう「筆記体」でもあるらしいのだが、それは、19 世紀にヨーロッパで発達した「円字体」系列の文字である。これは、柔軟なペン先を巧みに用いて、曲線を組み合わせて文字を作るもので、これは、幕末から明治にかけて日本にも輸入され、現在に至っている。私はこれを、「俗にいう筆記体」と呼ぶことにしている。そして、私がもっとも忌避するのは、この「円字体」系列の文字である。なぜなら、それは、文字を書くことを趣味とする、特殊な階級の人々の文字だからである。

　この「円字体」系列の文字は、くり返し言うが、趣味の文字である。それは、けっして「一般的」でもなければ「平明」でもない。もし、仮に「一般的」で「平明」であるとしても、それは、現在英語教師となっている人々

にとってのみ「一般的」で「平明」であるにすぎない。

　私は、ここで、私自身の結論を言う義務がある。現在の日本における英語教育でどのような字体を教えるべきか。——私の結論は、鉛筆またはボールペンによるブロック体系列、ないし、イタリック体系列の文字を、手書き用文字として与えることが、もっとも労少なく功多いものと考えている、ということである。

「指導書」が代表している偏見と無知

　長い間、——私としては長い間、英語を初めて学ぶ中学生に接することを続けてきて（こういうことを言うと、大学教師のお前に何がわかるか、という声が聞こえてくるのだが、これは説明すると長くなるので無視するとして）、われわれ英語教師が「一般的」と思い、「平明」と思っていることが、中学生たちにとってはけっして平明でも一般的でもないことを思い知らされている。英語教師が一般的と思っていることは「特殊的」であり、平明と思っていることは「難解」なのである。要するに、われわれ英語教師が「特殊的」なのである。

　Dに対する「俗にいう筆記体」を考えてほしい。なにゆえにあれほどクネクネと曲らなければならないのであろうか。EもFもGもHも、なにもかもクネクネである。われわれ英語教師は、そのクネクネを克服した「特殊的」な種族なのであることを自覚すべきである。それは「一般的」ではないのだ。

　お互いに、「思い上がり」はやめようではないか。なぜならば、われわれは「教師」なのだから。われわれは、子どもたちに教えたい、と思っている。わかってもらいたいと思っている。それならば、わかってもらうようにしようではないか。

　最近、世の中がだんだんと変わってきて、理屈抜きでおとなの理屈を子どもたちに押しつける傾向が強くなってきている。われわれ英語教師が、たとえばDに対するクネクネの「筆記体」を押しつけることを続けることは、英語の文字をわからなくさせることにつながると、私は考えている。わからなくさせることによって、国民を盲目にするのである。

　英語の文字の基礎は、いまから2,000年前に作り上げられた。おそるべ

きことに、この 2,000 年前の字体は、あらゆる偏見から解放された単純かつ美しい文字であった。そして、おそるべきことに、2,000 年後のいま、英語の文字そのものが、英語を学ぼうとしている日本の子どもたちに、英語を学ぶことをさまたげる道具になっているのである。その原因を作っているのは、われわれ英語教師の、文字に対する偏見と無知であり、おそるべきことは、それを、「指導書」が代表しているという事実なのである。

(『英語教育ジャーナル』1981 年 7 月号)

辞書指導の視点

1. 学習指導要領における辞書指導

　新しい中学校学習指導要領が発表されたとき、この内容についてさまざまの不満が表明されたが、私にとっての不満のひとつに辞書指導に関する記述があった。[第2学年]で「内容の(1)のイに関連して、英和辞書の引き方を指導してもよい」とあるのがこれである。この記述を旧指導要領の場合と比べると、次の3点で著しい後退が見られる。

(1) 第1学年から第2学年に移したこと。
(2) 英和辞書の指導を「読むこと」としか結びつけていないこと。旧指導要領では「読むことと書くことにある程度慣れさせた後、英語辞書のひきかたを指導する」となっていた。新指導要領で「内容の(1)のイ」と言っているのは「読むこと」である。
(3) 英和辞書の引き方の指導は、しなくともよいことになったこと。これは「指導書」に明記してある。

　少々補足すると、まず(1)については、ドイツ語とフランス語の場合は、第1学年から独和・仏和辞書を使わせることになっているという不統一がある。(2)については、高校の「英語A」「英語B」でも同じく「書くこと」との結びつきは欠落している。この欠落は、中学校国語の場合も同じなのだが、一方、小学校国語を見ると、第4学年から第6学年まで辞書と「読むこと」「書くこと」との関連が綿密に記述されているという矛盾がある。私自身は、小学校国語のような考え方で辞書をとらえている。(3)については、高校の「初級英語」「英語会話」では辞書についての言及が全くな

い。私は、「英語会話」でも辞書が必要であるという立場をとる。指導要領では一般に「聞くこと」や「話すこと」と辞書との関連は無視されている。これは不満である。高校の「英語A」「英語B」では、「読むこと」と関連して英和辞書の引き方を指導することになっている。してもしなくともよいとはしていない。明らかに辞書の重要性を認めている。

　学習指導要領は教育のすべてを決定するものではない。まして、辞書指導の領域まで規制するものでもないし、また、そうあっては困る。しかし、やはり教育現場での議論には学習指導要領が引用されることが多いから、どうしてもその内容を整理しておくことが必要だということで、以上のようなまとめをしてみたのである。

2. 能動的な学習と辞書

　英語学習における辞書の問題は、能動的な学習ということと切り離して論ずることはできない。辞書というものは、自分自身が自らあることをしようと思ったとき必要になるものだからである。卑近な例で言えば、私がこの原稿を書こうと思ったとき、私はたちまち国語辞書を必要とするのである。生徒がある単語の意味を知ろうとしたとき、彼には英和辞書が必要になる。もちろん、英和辞書が必要でないときもある。それは、その単語の意味を教師に教えてもらえるときである。逆に言えば、意味にせよ用法にせよ発音にせよ、教師に教えてもらえることが続くかぎり、生徒は辞書を必要としない状態が続く。

　拙稿「指導手順を変えることについて」(本誌1月号)で、私はこういう状態を全部ひっくるめて「過保護」と呼んだ。「過保護」は spoon-feeding に象徴される。spoon-feeding が続けば、生徒はいつまでたっても自ら餌をついばむことをしないであろう。spoon-feeding をやめると餓死してしまう。あるいは、少し気の利いた生徒ならば、spoon-feed されることにあきあきするであろう。そして、たちまち英語そのものがいやになってしまう。

　英和辞書指導というものは、単に辞書の引き方を指導するという視点から見るべきではないと考える。生徒たちはいずれひとり立ちをしなければならない、そのときは辞書の引き方くらい知らないと困るだろう、だから今のうちに少しずつ教えておくのだ、といった論を聞くことがあるが、私

の考え方から言えば、非常にいいかげんな話である。学習指導要領の考え方も、およそこんなところにあるのではなかろうかと疑っているわけで、そうでなかったら、辞書指導はやってもやらなくともよいとか、2年生からでよいとかの結論が出てくるはずがない。それとも、中学1年の生徒に高価な辞書を買わせるのはかわいそうだとでも言うのだろうか。それならば教科書並みに無償にしてくれればよいだろう（無償の代償として検定をするとなってはたまったものではないが）。

　もっとも、辞書の引き方の指導というものは、それだけでもかなり手間のかかるものである。特に普通の英和辞書は、普通の国語辞典に比べてもいろいろな約束ごとが多いということがある。かつて高専生を相手に辞書の引き方を教えたことがあるが、毎週30分くらいずつで結局半年以上もかかってしまった。かなり要領をくふうしたつもりだったが、4年間くり返して所要時間は変わらなかった。

　こういうようなことはあるけれども、辞書指導の根幹はやはりここにはない。問題は、端的に言えば、英語の学習を辞書を使って行なわせるのかそうでないのか、というところにある。何から何まで教えようというのか、それとも自分で調べることを教えようというのか——のように言いかえてもよい。能動的な学習か受動的な学習か、とも言える。

　幸いに、ここ数年来、現場では「発見学習」とか「主体的学習」ということが問題として取り上げられてきている。この件については村上芳夫「現代教育の動向と学び方学習」（『英語教育』1972年12月号、大修館）などを参照願いたい。「発見」という言い方は、妙にものものしい感じを与えるけれども、要は、今まで知らなかったことを自分の力で知り、これを自分の知識体系の中に組み込むということであろう。「自分の力で」とは言っても、おのずと限度があるかもしれない。あまりに多く試行錯誤を重ねさせるのも効果的とは言えない。そこにはどうしても教師の指導力・指導技術が必要になってくる。しかし、この場合の指導技術というものは、いかにうまく spoon-feeding をするかというようなものではなくなるはずである。案内をし、見守り、突き放すといったような指導技術となるであろう。そして、見守り、突き放す段階で、英語学習では英和辞書がどうしても必要になってくるはずである。英語の教師や独学者から辞書をとりあげたら何もできなくなるのと同じ理屈である。

3.「書くこと」と辞書

　指導要領の内容のまとめのところで、「書くこと」と辞書との関連に触れた。こんな笑い話があった。がちょうが2羽ほしいという手紙を書いた。はじめ two gooses としたか何かまちがっているような気がして two geeses と直した。これもおかしいと思って、まず one goose ほしいと書き、P.S. としてもう one goose ほしいと書いた。笑い話としては他愛なくおかしい話だし、goose を知っていて geese を知らないときはどううまく逃げるかといった、一種の生活の知恵を与えてくれるものだろうが、いつまでも笑ったり感心したりしてはいられない。私はこれを辞書を使うこと（辞書の使い方ではない）を知らなかった子供の話と解する。catch の過去形を catched と書いた生徒をとがめることはやさしい。しかし、ほんとうはその前に辞書で確認したかどうかをこそとがめるべきであろう。ことはこういう単語のレベルだけではない。

　辞書は単語をたよりに引くものだが、この見出し語は、実は引き出しの取っ手のようなもので、利用すべきものはその引き出しの中にある。多くの英和辞書に見られる例文とか文法的な解説とか、あるいは語とか言い回しのニュアンスの差の説明などは、生徒たちにもっと積極的に利用される必要がある。現状は、まだまだ発音・品詞・語義程度しか生徒の関心を呼んでいない。教師の指導が一般にこれ以上に出ていないのであろう。そこで大学の教室に単語集を平然と持ち込む者が出てくる始末である。私は、これは、案内し、見守り、突き放すといった指導により、容易に望ましい方向へ導いてゆくことができると考える。例文とか文法とかニュアンスの差を教師が与えることも必要だが、いつまでも得々と弁じ立てることはないということである。辞書では得られない知識・技能の分野はいくらでもある。

　「話すこと」との関連については詳しく述べられなくなったが、要するに私は、「話すこと」を「読むこと」や「書くこと」の上に置く立場をとっている。少なくとも中学校の段階では、書いたことを朗読するというような形で「話すこと」の訓練が行なわれるべきであると考える。このことから「話すこと」と辞書の関連を考えたい。「聞くこと」の指導はおそらく少々複雑になるであろう。

4. 入試と辞書

　最後に私の夢をひとつ聞いていただきたい。それは、テストや試験に辞書を使わせるということである。高校や大学の入学試験に辞書を使うことを認める。平たく言えばカンニングを公認してしまうのである。こうすることにはいくつかの利点がある。いわく、(1) 入試問題のあり方が改善される　(2) 詰め込み主義的学習がなくなる　(3) よい辞書が作られるようになる。——今のところ私には欠点が思いあたらない。現在、私自身は自分の授業で辞書を使ってのテストをしているのだが...。

(『現代英語教育』1973 年 3 月号)

文法用語の日本語は学習を妨げる

はじめに

「Tom is sleeping. の is sleeping は《進行形》という」という説明をしたところ、ある生徒が(中学校1年生である)「先生、眠っているんなら、なにも進行してないじゃないか」と質問した。この話は、すでに20年以上も前に、その質問を受けた教師本人から聞いた。「どうしましょうか」と彼は言った。私の答えは次のとおりであった：《進行形》などというわけのわからん用語は使わないことだ。

この私の考えは、今でも変わっていない。なぜなら、英語(だけではないが)の文法用語というのは、しろうとにはわからないものが多いのである。そして、重要なのは、われわれ英語教師は、専門家を教えているのではないということである。中学生・高校生というしろうとを教えている。であるから、しろうとが理解できないことば(文法用語)を使ってしろうとを脅す、これは、教育ではないと考える。

これは、大学生を教える場合にも言える。大学生はこれから専門家になる(はずの)立場にいる。であるから、当然、専門家ではない。専門家に育てるために教えている。その育て方は、これまた当然ながら、中学生・高校生の場合とは違う。専門用語は教えなければならない。専門分野でのものの考え方とか判断の仕方を会得してもらわなければならない。であるから、過去数百年に及ぶ「英文法」の世界に登場した数千に及ぶ「文法用語」は知ってもらわなければ困る(ただし、その専門用語を教育現場でそのまま使っていいということにはならないが)。

重要なのは、そういった「文法用語」の習得は、英語の学習・習得とは、ほとんどまったく関係がないことである。それどころか「文法用語」は学

習を助けない、むしろ妨げる。という立場から、以下の論を進める。

わけのわからない「文法用語」

　わけのわからない「文法用語」が多すぎる。たとえば《関係代名詞》。これは relative pronoun の直訳であろうが、何が「関係」なのかがわからない。who, which, what, that などは、ついこの間まで、たとえば、「だれ」「どちら」「なに」「あれ」と教わったばかりなのに、あるとき、突然《関係代名詞》に化けるのである。こんなことが、どうして、しろうとである生徒たちに理解されようか。わかるはずがないのである。私は、高校生のとき、辞書で relative を引いた。そして、「親戚」という意味があるのを知った。で、relative pronoun は「親戚代名詞」なのかな、と思ったが、再び、その「親戚代名詞」の意味がわからなかった。
　《不定詞》というわけのわからない用語もあった。「不定」という言い方は、私の日本語には「住所不定」のような言い方でしか存在しなかったから、なにがなにやらわからない。私の受けた《不定詞》の説明がひどかった。まず《to＋動詞の原形》を《不定詞》という、と教わった。だが、そのあとがいけない。《to 不定詞》が出てきて、そうか、これは〈to to 原形〉なのだなと思ったら違った。次には《to のない不定詞》、さらには《はだか不定詞 (bare infinitive)》が出てくるしまつである。「不定詞から to がなくなれば原形じゃないのか」と思ったが、よくわからない。さらに《原形不定詞》が出てくるに及んで完全に混乱した。《原形》との違いがわからない。
　さて、こういうことを連日経験すると、このあとはどうなるであろう。結果は目に見えているし、また、その結果は、現実に存在している。何年英語を学んでも英語が使えない、この現実である。
　文法用語は全面的に廃絶すべし。これは、私の基本的な姿勢である。この姿勢に基づいて、以下、論を進める。

不可思議な「文法用語」

　以下、わけのわからない「文法用語」を掲げる。全体から見ればほんのわずかしか取り上げられないことを、あらかじめ断っておく。

冠詞：なぜ「カンムリ」なのであろう。an, a, the はどういう意味で「カンムリ」なのか。an apple の an は apple に対して少しも、あるいはまったく「カンムリ」の役割を果たしていない。apple の右側（リンゴ本人から見て）に置いてあるだけである。恐らく、これを「一つのりんご」と訳して縦書きにしたときには「一つの」は「リンゴ」の上に来るからであろう。推測だが、こういう訳をしたのは中国語である。ある English-Chinese dictionary を見たら、an old castle は「一座古城堡」と訳してある。縦書きにすれば（この辞書は横書きだが）確かに「一座」は「古城堡」の「カンムリ」の位置に来る。しかし、英語は横書きであるし、日本語も横書きが多くなった。《冠詞》という用語は適切さに欠ける。

主語：This is my hat. の this は、専門用語では《主語》と呼ばれることになっているが、そもそも「主」とは何か、「主である語」とは何かが説明されていない。「この this を主語という」といった程度の説明しかしていないのである。ほんとうに《主語》は「主たる語」であるか。そうではないであろう。たとえば That window was broken by Tom. の文でもっとも言いたいのは by Tom（こわしたのはトムなんだ）である。こちらのほうを「主たる語句」と呼びたくなる。that window は speaker と listener の間で了解ずみの「話題」にすぎない。

目的語：これが、また、しろうとには理解不能。「かくかくしかじかの目的があって」とか「こういった目的で」という言い方が日本語にはあるが、こういった表現から《目的語》ということばの意味を理解することはほとんど不可能である。

　object を中国語で「目的」と訳すことがあることからこうなったのであろうが、意味がわからないのは、やはり困る。かつて C. C. Fries は《主語＋述語動詞＋目的語》の構造のことを actor-action-goal construction と呼んだが、このほうがよほどわかりやすいではないか。

分詞：もとの英語は participle。participate と関係がある用語だが、なぜこれが《分詞》と訳されたのか、その経緯はわからない。おそらく、こう訳したのは中国であろう。現在の中国語でもこれは《分詞》と言っている。本来

「もともとは動詞であるが形容詞の役割を分担する詞」を徹底的に縮めたものだが、こういう縮め方は中国語が得意とするもので、たとえば「美国」。これは、アメリカ合衆国のことだが、「美 (メイ) という発音で始まる国 (クオ)」という片付け方をしている。文法用語のかなりの部分は、中国語による翻訳ではなかろうか。中国語での、専門用語の略した訳し方がそのまま日本に伝えられたのではなかろうか。

《現在分詞》とか《過去分詞》といった用語も、何も説明しない用語である。なぜ「現在」なのか、なぜ「過去」なのかがわからない。最近は (特に中学校で)《ing形》と呼ぶことが多くなって、《現在分詞》という妙な用語から解放され始めたが、《過去分詞》はまだ生き残っている。かつて、構造主義言語学の盛んなりし頃に《en形》という言い方が提唱されたが、これを復活させてはどうであろう。beaten, eaten, fallen, driven, frozen, given などに代表される。

人称：「Tom is a student. という文では、主語の Tom は 3 人称で単数だから be 動詞は is になっている」といった、まさにややこしい説明が相変わらずはびこっているらしい。《be動詞》という言い方も問題だが、それはさておくとして、ある生徒が「Tom は 1 人なのに英語では 3 人なんですか」と質問したという話を聞いたことがある。

「人称」は person の訳である。語源辞典を引けばすぐわかることだが、person はもともとはラテン語の persona が語源で、これは human being, individual; originally, character in a drama, actor, mask worn by an actor, possibly borrowed from Etruscan *phersu* mask (*The Barnhart Dictionary of Etymology*) ということだが、だからといって「第1役」「第3役」とか「第1面」「第3面」と訳せばよかったなどと言うつもりはない。

かんじんなことは、英語の名詞・代名詞群に所属する語は、I, you, we を除けばすべていわゆる《3人称》であることである。とすれば、なにもこれに特別な名称を与える必要はなく、ただ「I, you, we という 3 語だけは特別なのだ (ほんとうは I と単数の you だけなのだが)」と説明すればすべてすんでしまうのである。要は、《人称》という得体の知れない不気味な用語は早速追放せよ、ということである。

ことのついでに悲劇的な話を紹介しておく。ある塾で「I-my-me-minemyself」と教わってきた生徒がいた。しかもこれを《1人称単数》と覚えたから、My sister（　）a good pianist. の（　）の中には am を入れなければならないのではないかと、その生徒は悩んだのである。まったくひどい。そういえば、いつぞや mine は《1人称単数》であると思い込んでいる英語教師に出会ったことがある。

疑問文： ある中学校 1 年生の質問である：なぜ文法では「疑問文」っていうのですか。「質問文」ではないのですか。私はぜったいに疑問しません。質問します。

　生徒からこの質問を受けた教師からこの話を聞いて以来、私は「質問文」と言うことにした。そして、何十年もの間このことに気づかなかったことを恥じた。

　ことのついでに《平叙文》。これもよくわからない用語である。昔の日本人には理解できた日本語であろうが、現在では「平叙」は死語である。授業でこの話をして、学生たちに「《平叙文》ってどういう意味か説明を受けたことがあるか」と尋ねたところ、半数は《平叙文》という言い方を知ってはいるが、それがどういう意味なのかの説明は受けたことがない、と答えたのは予期したとおりであったが、残りの半数は、《平叙文》という言い方は教わったことがない、というのであった。これには驚いて「では、どういうことばで説明されたのか」と尋ねたところ「なにも説明がなかった (つまり名前がなかった)」が約半数、残りは「普通の文と教わった」であった。「普通の文」とはなにごとであろう。「普通の」の反対は「普通でない」つまり「異常な」であろう。英語という言語を教える教師たちが、これほどまでにことばに対して鈍感であるというのは、いったいどういうことなのであろう (そう言っている私自身が「疑問文」に何の疑問も持たなかったのではあるが)。

譲歩： これは、私自身が高校生のときに悩んだ用語の一つである。ある国語辞典を引くと「(人に道をゆずる意から) 自分の主張の一部または全部をまげて、相手の意見と折り合いをつけること」(『辞林 21』、三省堂) とある。こういう意味であることは高校生の私も知っていた。しかし、たとえば Though he had a bad cold, he went to work. の though で始まる《節》(これも

よくわからない言葉であるが)が《譲歩節》であるというのがどうにも納得できなかった。何を「譲歩」しているのかがわからない。「ひどい風邪を押して出勤した」のであるから、譲歩するどころか「がんばっている」のではないか。

もともとは concessive (clause) の訳である。動詞は concede なのでこれを調べてみると、ある英語辞典には admit something is true, admit defeat, give something as a right, give something unwillingly といった意味が示されている (LDCE)。最後の give something unwillingly には確かに「譲歩」はあるが、それ以前にはないではないか。先ほど示した例文の場合であれば admit something is true を適用すべきで、つまり「自分が大風邪を引いていることは承知の上で出勤した」のである。

まとめ

要するに文法用語はわからないのである。わかりにくい。日本語であるはずであるのに、日本語で理解しようとするとわからなくなる、そういうものがあまりにも多い。多すぎる。《現在完了》の《継続用法》については、今までにもあちこちで話したり書いたりしたから、改めて言うことは避けるが、やはり「終わっているのに続いている」というのは気味が悪いであろう。

《分詞構文》のような、わけのわからない用語もある。《未来完了進行形》などというとんでもない用語もある。「まだ来ていないのに終わっている、終わっているのにまだ続いている」というのだ。こんな用語は専門家が適当に使って遊んでいればいいのであって、しかし、英語教育の現場では絶対に使ってはならないものなのである。われわれは、英語の世界に入って行こうとする「しろうと」の生徒たちを相手にしているからである。

「学問」ということばがある。小学校を初めとして大学に至る教育は、その「学問」を授けようとしているのか。私は「否」と言う。英語教師は、英語を実際に使える弟子を育てるべきであろう。

(『現代英語教育』1996年10月号)

文法事項の指導順序をどう考えるか

はじめに

　財団法人・語学教育研究所の研究部は、本誌の 1990 年 4 月号から 2 年間にわたって「文型・文法事項等指導順序再検討」を連載した。私自身、その研究部の研究活動に直接かかわってきた。そして以下、「文法事項の指導順序をどう考えるか」というテーマについて、私なりの意見を述べるが、その多くは、研究所研究部における研究・討議を踏まえたものであることを断っておきたい。

「文法」とは何なのか

　「英語が不得意なのですが、やはり、英語の文法の基礎からやりなおしたほうがいいのでしょうか」とか「文法こそが大事なのだ」といった言葉は、英語の習得に悩んでいる人々や、英語を教えている人たちから、散々に聞かされたセリフである。しかし、私は、こういった発言において「文法」とは何かについての根本的な議論が全くないことを問題にしたい。「文法」とは何か。それがよくわかっていない。「お前はわかっているのか」と問われれば「本当はよくわからないのだ」と言うしかないが、文法とか語法とか意味とかその他いろいろをゴチャマゼにして、そのいろいろをひっくるめて「文法」と名づけてきたのは一体何なのだ、という疑問は持っている。「文法」の定義がどうもはっきりしない。世にはびこる数多くの英文法参考書を見れば、このことは明瞭である。
　たとえば文法事項には「未来時制」というものがある（らしい）。文法学者が「未来時制」を設定するのは、それは学者の世界であるから自由であ

ろう。そして『学習指導要領』でも「時制のうち未来形その他」を指導することを指示している。であるから、学習英文法にも、やはり、「未来時制」といった文法カテゴリーがあるのであろう。しかし、多くの場合、この時制はwillを用いた表現として教えられる。次いでbe going toを用いた言い方も指導される。一般には、このあたりまでが「未来時制」ととらえられているらしいのだが、しかし、英語では「未来」について述べる言い方はこのほかにもある。Tomorrow is Sunday.はwillやbe going toを用いてはいないが明らかに「未来」について述べている。I am planning to go to Britain.も同様である。そもそもwillやbe going toは「文法事項」なのであろうか。それはwillやbe going toという語や句の意味・用法にすぎないのではないか。もしそうであるのならば、willやbe going toの意味・用法を教えればいいのであって、これをわざわざ「未来時制」などという特別な文法事項として指導する必要はない。

　もう一例。whenという語がある。この語は「疑問詞」になったり「関係詞」になったり「接続詞」になったりする。when to startといった句になると、このwhenの正体がわからなくなるということもある。しかし、この語が「どんな時」という意味を基本的に持っていることを理解しさえすれば、そのすべての用法を習得するのは困難ではない。わざわざ「疑問詞」「関係詞」「接続詞」、さらに正体のわからないものといったカテゴリーに分類して教える必要もない。

文法事項の整理

　上で言いたかったことは、文法事項の指導順序をどう考えるかを考えるには、まず「文法事項」の整理が行われなければならない、ということである。言い替えれば、指導しなければならない（必須の）文法概念にはどのようなものがあるかを整理することである。そして、この整理が完結すれば、おそらく、英語教室で現在教えられている文法事項の大半は文法事項ではなくなって姿を消すであろう、と私は考えている。

　前節と同じようなことを言うことになるが、たとえばisである。

（1）　Tom is a college student.

(2) Tom is in the library now.
(3) Tom is sleeping.

　現在の文法では、この3つの is は所属する文法カテゴリーが異なることになっている。(1)では「不完全自動詞」、(2)では「完全動詞」、(3)では「助動詞」であるらしい。しかし、これら3つの文の is の後の語句、a college student, in the library, sleeping をすべて「補語」(この用語が適切であるかどうかは別として)ととらえることはできないのであろうか。できる。英語を母語とする人たちが、この3つを、互いに別物と意識しながら使用しているとは考えられない。is はあくまでも「存在する」という意味の「動詞」(この用語が適切であるかどうかは別として)であるにすぎない。

　現在の英語教室ではこの3つを別物として扱っていて、(3)の文についてはわざわざ「現在進行形」という名称まで与えている。しかし(3)の文は sleeping という「ing 形」の意味・用法がわかればいいのであって、わざわざ is sleeping をまとめる必要はないのである。いや、むしろ、is sleeping をまとめることによって、the dog sleeping in the dog house の sleeping の意味や働きをわからなくさせている。(1)と(2)についても、is の意味・用法の差異を無理に言い立てる必要もない。むしろ余計なことを教えるから the children in the library の in the library の意味や働きがわからなくなる。

　基本的には、言語の習得には「文法用語」は不要である。そして、一方、文法は教えなければならぬ。要は、文法用語の指導と文法の指導とは別物であることについての一般的理解を、まず成立させる必要がある。

　蛇足になるが、「疑問文」について一言述べておく。このことについては、かつて宮田幸一先生が論じておられたと記憶するが、Is this your bicycle? のような文を「疑問文」と呼ぶのは本当はおかしいのである。なぜならば、これは質問している文であるからである。もし名前が必要であるのならば、それはせめて「質問文」でなければならない。「疑問」という日本語は、「英語の指導において、はたしてこういった文法用語が必要かどうか、疑問に思う」といった言い方で用いられる。この場合「質問に思う」とは言わない。実は、英語の文法用語には、この「疑問文」のように、日常用いられている日本語から見て妙なものが少なからずある。「冠詞」がなぜ「冠」なのかわからない、「現在完了の継続用法」と言われてもなぜ完了

したものが継続しているのかわからない、Tom is in the library. の Tom は「3人称」というが1人なのになぜ「3人」なのかが不思議である、「3人称単数現在形」略して「3単現」という非常にわかりにくい概念が強制されている、といった具合で、指導すべき文法事項の整理にあたっては、こういったわかりにくい（あるいは、概念把握を誤らせる）用語を再検討する必要もある。

「be動詞」と「一般動詞」

　困ったことに、この「be動詞」とか「一般動詞」という用語も非常にわかりにくいのである。「一般」と言うのならば、これに対するものは「特別」動詞とでも呼ぶべきであろう。しかし、現在の英文法には「特別動詞」はない（かつてはあった時代があった、という意味も含めて）。「be動詞」も困ったもので「ナントカ動詞」と呼ばれるのはこれしかない。is, am, are, was, were のどこを見ても be がない。そして一方、be, been, being には be がある。このことも何とか解決しなければならない。

　さて、問題は、「be動詞」と「一般動詞」とは、どちらを先に指導すべきか、である。この問題は、あからさまに言えば、いまだかつて、英語教育界でまともに議論されたことがない。にもかかわらず、現在の中学校では be から始めるのが主流である（この体制に抵抗している中学校用英語教科書もあるが）。この体制は、いつ、どのようにして作られたのか。私は、この体制の確立に多大の貢献をしたのは、1949（昭和24）年度から中学校で使用された英語教科書 *Jack and Betty*（開隆堂）であると考えている。すでに半世紀近くなる。この教科書の、太平洋戦争後のわが国の中学校英語教育において果たした役割は、いまさら論ずる必要もないほど大きいものであった。そして、この教科書が「be動詞」から始めたのは、それなりの principle であったと思われる（Harold E. Palmer の影響も見逃せない、と私は考えている）。

　問題は、その後である。「be動詞」が主流になった。*Jack and Betty* で英語を学び英語教師となった人たちが、これを自然な、あるいは、合理的な方法であると思い込んだ、というのも当然であろう。1962（昭和37）年度から使用された教科書に *Junior Crown English Course*（三省堂）があって、これは「一般動詞」（と言っても have）から始めたが、主流にはならなかった。

以上は、「be動詞」対「一般動詞」問題の極めて簡単な経緯であるが、ここで私の言いたいことは、繰り返しになるが、この問題は、*Jack and Betty*以来、一度たりとも英語教育学、あるいは、英語授業学が、まともな形で議論・検討したことがない、ということである。にもかかわらず、主流は相変わらず「be動詞」である。そして、語学教育研究所研究部での議論・検討において、「be動詞」が先か「一般動詞」が先かは要するに「どうでもよいこと」であって、このことよりも優先すべきは、英語における動詞の働きについて明確な認識を持たせるべきである、という結論を得たことを記録しておかなければならない。英語における「動詞」の位置づけは重要である。

　本節で述べたことは、あるいは、奇異な発言ととらえられるかもしれない。どうでもよいことならば、どうでもよいではないか、という発言が聞こえそうである。私の意見をまとめておきたい。どうでもよいであろう。しかし、その「どうでもよい」ことが本当に「どうでもよい」ことであって、しかし一方「もっと大切なことがある」という結論を得るためには、その「どうでもよい」ことをまともに議論する必要があるのである。自分はかつて「be動詞」から教わった、それで何の障害もなかった、したがって「be動詞」から教えればいいのだ、といった単純な発想では困る。

文法事項の指導順序

　本稿のテーマに戻らなければならぬ。「文法事項の指導順序」である。この議論を進めるには、いままで述べた、指導すべき文法用語とか文法事項の整理が行われていなければならないのだが、仮にその作業がおよそ完了したとして、結論的に言えば、ある文法事項Aと別の文法事項Bについて、一方を他方よりも先に扱うべきであると決定するような一般的な法則はない、と私は断言する。たとえば、『学習指導要領』では「仮定法」（こういう名称の文法事項が実際に存在するかどうかは別として）は高等学校段階で指導することになっている。つまり、中学校では「直説法」（再び、こういう名称の文法事項が存在するかどうかは別に検討されなければならないが）である。ここには、明らかに「直説法」の後に「仮定法」を指導するという、「順序」に関する原則が働いている。しかし、この原則には何らの理論的・実

践的な根拠はない。1952年版『学習指導要領』までは、「現在形」は中学校1年で、「過去形」は2年でと定められていた。これにも何らの理論的・実践的根拠はなかったのである。

おわりに

しかし、とは言うものの、文法事項の指導については、どうしても考慮しなければならないことがある。それは「関連する事項は、関連づける」である。このことは、残念ながら、多くの英語教師に理解されていない。さきに掲げた when はその典型的な例である。同じものが別物として教えられる。これでは、わかるはずの学習者もわからなくなる。

たとえば文型である。『学習指導要領』も一般英語教育界も、相も変わらず「5文型」という1904年の C.T. Onions 以来の考え方に固執している。「5文型」の不合理さについてさまざまな議論が繰り返されたにもかかわらずである。

私が「5文型」の考え方から逃れたのは、江川泰一郎『英文法の基礎』(研究社、1956) を読んでからであった。35年以上になる。江川先生は、英語の文の構造を次のようにまとめられた。

> 主語 ＋ 動詞 ＋ 説明語

当時、中学校で英語を教えていた私にとって、「補語」だの「目的語」だの「副詞」だのといった、どうにも説明の難しい文法用語から解放してくれる、すばらしい発想転換のきっかけとなった。私の授業から、徐々にわかりにくい文法用語が消えていった。そして、生徒たちが中学校を卒業して高校に入学、そして、彼らは高校の英語の授業で、訳のわからない文法用語に悩まされることになった。卒業の年の夏休みに、生徒たちが私のところにやってきた。「文法をもっと教えてくれればよかったのに」と彼らは言った。私は答えた。「じゃあ、君たちは、英語はわからないのかな」「いや」と彼らは言った。「英語はわかるけど文法用語がわからない」「英語がわかるのなら、それでいいじゃないか」ということで話は終わったが、「まったく、高校は実につまらないことをやってくれる。英語がわかればいいはずだ」というのが、私の感慨であった。　　（『英語教育』1992年6月号）

「四技能」のバランスということ

四技能のバランス？

　はじめから結論を言うことになってしまうのだが、四技能のバランスをとるとか、オールラウンドな何とかとか、こういうことはそもそも夢物語のような気がする。生徒に何かを要求する前に、自分自身のことを考えてみるといい。たとえば私は、苦心惨憺すれば何とか聞いたり話したりできる。おそらく冷汗の流しっぱなしである。文章を書くとなったら辞書なしではお手上げである。本を読むにしても同じ。以上４つのうち、どれが一番楽かと言われれば、こっそりと辞書を引きながら本を読むことであろう。部屋じゅう辞書だらけにして、牛歩に似た読書をする。とにかく、H・S・R・Wの４つがバランスを保っているなどとは、逆立ちしても言えたものではない。――だから生徒にバランスを要求するなど、とてもできない、と言ってはいけないのであろうか。

　ここで、やや理屈っぽいことを言うと、一体「四技能」とは何なのかという疑問が私にはつきまとっているのである。H・S・R・Wの４つが、現実の世界に具体的に存在しているのかどうか、ということである。たとえば文章を書くときに辞典を使わないことが考えられるかどうか。私は日本文を書くときさえ、国語辞典を手元から離したことがない。辞書を引けばそれはRであろう。つまり、R抜きのWなどというものは、私には、日本文のときでさえ考えられないのである。純粋のHやRは考えられる。しかし、Sとなると、草稿とまでは行かないにしても、準備をしないSなど、要するに冷汗三斗のSになってしまう。

「四技能＝元素」説

　授業の運営においてまず聞かせ (H)、まねをさせ (S)、それを文字に書いたものを読ませ (R)、応用して書かせる (W)、という手順は (内容的にはもう少し幅があるが) 私の考え方からすると、結局何もやらなかったことと同じである。まして、テストをペーパーテストだけで片づけているとすれば、生徒の関心は後半に移ってしまう。前半は、しかたがないからつきあっている、程度のことになってしまうであろう。Sの表題のもとに、いくらレペティションやパタンプラクティスやコントロールド・カンバセーションをやっても、結局は生徒はつきあっているにすぎない。能力の高い生徒は、そこからRやWに通ずるものを感得し、さらに学力を高めることができるかもしれないが、それはひとつかみの生徒にすぎないであろう。オーラルワークをやればやるほど脱落者を生産することになってしまう。

　私は、オーラルワークを否定しているのではない。まして「文法訳読主義」に戻れと言っているのではない。言語に関する技能を分析すればH・S・R・Wの4つの要素が抽出されるのは確かである。しかしこの4つはそれぞれ元素のようなもので、元素が元素としてそのままで存在することは稀であると言っているのである。水を元素に分ければ「水素」と「酸素」になるだろう。しかし、水素と酸素をいいかげんに混ぜても水にはならない。おまけに、われわれの飲用水には雑多な成分が溶け込んでいる。蒸溜水など飲めたものではない。

　三原色という考え方がある。カラーテレビの画面は、この三原色で作られているのだそうだ。三原色の割合いをいろいろに変えて重ね合わせると、さまざまな色が画面に出てくる。H・S・R・Wを、この三原色になぞらえてもいいだろう。四技能のそれぞれの大きさをいろいろに変えて重ね合わせたとき、はじめて真実 (に近い) と思われるものが出てくると考えるのである。

「モノワカリのいい人」

　例としてはあまり適当でないかもしれないが、算数の話を引用する。「男の人が3人います。そこへ女の子が2人来ました。全部で何人になったで

しょう」という問題があったとする。「5人」と、パッと答えてしまうのは「モノワカリのいい人」だそうである。そこで、男の人と女の子を足すとはどういうことなのだろうかと、グズグズ考えていると、これは「バカ」というレッテルがはられてしまう。そして、この「モノワカリのいい人」は、ほんとうは困るのだそうだ (この件については、森毅・竹内啓『数学の世界』(中央公論社 1973) をごらんいただきたい)。こういう話を聞くと、どうも英語という教科は、「モノワカリのいい人」を大量生産しようとして、しかも、大量生産に失敗を重ねてきているという判断をしたくなってしまう。

　世に「言えるけれど書けない」という言い方がある。"I have an apple." と言いながら (発音はかなりまずいけれど)、書かせると I hab a apl. となってしまうような生徒がたくさんいる。こうしたことが重なると、いくらオーラルワークをやっても書けないのだから、オーラルワークなどやめてしまえ、という議論になる。実は、S (この場合は模倣にすぎないのだが) と W の間には、雑多な成分の混入という、手順の上での要素が多くあることを忘れているのである。ここに「四技能」という考え方の危険性がある。S をやれば H もできる、R も、W もできるはずだという迷信を導き出している、その元凶が「四技能」という考え方である。学習指導要領などは、「三領域」などという珍妙な考え方を導き出して、事態をますます混迷におとしいれてしまった。

「内容」と知識の獲得

　いくらパタンプラクティスをやっても、話すべき内容がなければしゃべることはできない。そのパタンプラクティスは形骸をなぞっているにすぎない。そして「内容」というものは、四技能という「元素」には含みようがないものなのである。現実には、四技能の訓練の名のもとに、生徒自身が持っている「内容」が圧殺されていると思われる。ある中学1年生が書いた文章がある。"I like *sumo* very much. My friend (これは具体的に名前を書いていた) likes *sumo*, too. We *sumo* every day." 確かこんな文章だった。sumo (相撲) を名詞と動詞に使っているところなどまったく天才的というべきだが、これが5段階評価で3か2の生徒だというのだから驚く。評価とは一体何なのだろうかと、おそろしくさえなる。この生徒には表現すべき「内

容」があった。しかし、この「内容」は教室で学んだものではなかった。ここに一つの問題がある。それに、この生徒が手放しで上の文章が言えたかどうか。もし話させたらこの生徒は黙り込んでしまったかもしれない。そしてさらに、もしこの生徒に上の文章を読ませたら、たどたどしく皆の前で発表したかもしれない。彼は、文字を奪われたら何も言えないのである。逆に言えば、文字があれば何とか発表できるのである。これはまったく推測にすぎない。しかし、現実の問題として十分に考えられることである。

　こう書いてくると、私が R を基礎とした W を中心に置くことを主張しているように聞こえるかもしれないが、そうではない。中心が H か S か R か W かという問題ではない。授業の運営に原則は必要だが、このレベルにとどまっていていくら原則を論じても、もはや妥当な結論は得られないだろう。バランスということを考えるのならば、検討の対象は「四技能」ではなく、現実にことばはどのような形態で用いられているかということである——この問題については、拙稿「『言語活動』の基本形態」（本誌1972年2月号［注・本書にも収録］）でその概念を論じた。これにさらに重ね合わせなければならないものに、学習者は通例どのようにして知識を獲得するか、ということがある。中学1年生でさえ、すでに「口移し」で知識を与えられるなどということはほとんどないはずである。知りたいことを自分で調べたり、人に尋ねたりする能力は持っている。あれこれと理屈をこねる力もある。

脱「線的思考」

　教科書というものは、まったく不便なものだ。1ページの次に2ページがあり、その次に3ページがある。1ページが終わらないと2ページへ進めない。あるいは、進めないような錯覚を持たせるようにできている。つまり物ごとには順序があって、この順序はやたらなことでは崩してはいけないと思い込ませる。H → S → R → W という順序もそうだ。ここには、この順序が絶対だと思わせる魔力がある。like の発音を [l], [ai], [k] とやって、この3つをつなぐと [laik] となると考えるのも同じ発想である。I like English. という言い方が出てきたら、教科書のあちらこちらをひっくりか

えして、I like＿＿．の言い方を捜してみるといった考え方はなかなか出て
こない。教科書を離れて I like *sumo*. のような冒険をする度胸もなかなか出
てこない。教科書のページを追い、順序立った発音練習をやり、H で始
まってペーパーテストで終わり、ということをくり返しているうちに、生
徒は物ごとの順序にあきあきしてくる。物ごとの順序からはみ出るとそれ
は「バカ」ということになるから、少数の「モノワカリのいい人」だけの
天下になってしまう。

　結論は次のようになる。四技能のバランスという考え方は否定する。言
語活動 (指導要領のそれではなく、前掲拙論で提案したものを基礎とする) のバラ
ンスを中心に考える。このときは「順序」もあると思われるが、これは今
のところわからない。進度は言語活動が決定する教科書のページや
H→S→R→W では決定できない。蛇足だが、現在の指導要領は廃止す
るか、さもなければ早急な改定が必要である。

(『英語教育』1973 年 7 月号)

「言語活動」の基本形態

言語活動基本形態の設定

　「言語活動」についてはわからないことが多くて、おそらくまだ議論をする段階に来ていないのではないかと思う。しかし、あと数か月のうちには、中学校では「言語活動」を行なわなければならなくなる。また、私は「言語活動」をまったく無視することは、将来何年かのうちに行なわれるであろう学習指導要領改訂の際に、授業時数を5～6時間確保するためにも、あまり得策ではないと考える。すくなくとも中学校においては、現在すでに英語の授業が姿を消すかどうかの瀬戸ぎわに来ているという危機感に、私自身おびえているので、ここで腰を据え直して中学校英語教育のあり方を真剣に考えなければならないと考えている。そして「言語活動」は文部省が与えてくれた、いくつかの拠点の一つになりうると考えている。

　「言語活動」について、最近私は正四面体のようなものであろうという提案をした（本誌「遠めがね」欄、1972年1月号）。この考え方はいまなお不安定で、絶対にこれだと言い切る自信はないけれども、これをとりあえず検討することにしたい。これが何らかの意味で踏み石の役割を果たせれば幸いである。

　この正四面体は、hearing, speaking, reading, writing の四つの面から成る。正四面体の面上または内部に任意の1点を設定すると、この任意の1点の性格は次のようなものになる。

(1)　任意の1点がいずれかの面上にある場合。このときは、その1点は他の面の性格に影響されないとする。

(2)　任意の1点がいずれかの稜の上にある場合。このときは、その1点

はその稜を作る二つの面の性格に影響されるとする。
(3) 任意の1点がいずれかの頂点にある場合。このときは、その1点はその頂点を作る三つの面の性格に影響されるとする。
(4) 任意の1点がこの立体の内部にある場合。このときは、その1点がすべての面の性格によって影響されるとする。

以上 (1)〜(4) の場合を計算すると $_4C_1 + {}_4C_2 + {}_4C_3 + {}_4C_4 = 15$ となって、全部で15通りの組みあわせ——言語活動の基本形態があることになる。ただ、これはあくまでも基本形態にすぎないので、個々の基本形態をさらに詳細に検討すれば相当数の言語活動が存在することになるはずである。この件については部分的に拙稿「聞くことの目標設定」(東京学芸大学紀要第22集、昭和46年2月) において不完全なものながら考察したが、hearing の面を底面として考えただけでも、1,024通りの言語活動形態を引き出してしまった。そして現在のところその64分の1にあたる16通りについて検討を終わったにすぎない。気の遠くなるような数だが、とにもかくにもこれは進めなければならないと考えている。

本稿では、これらをすべてとりあげる余裕はないし、私自身まだ検討の過程の中にあるので、上に述べた15通りの基本形態について、その構想を示すにとどめる。ただこれについてもなお暗中模索の最中なので、歯切れの悪い点はご容赦いただきたい。

言語活動基本形態各論

1. 一つの技能に関する言語活動
1.1. 「聞くこと」の言語活動

「聞くこと」だけであって、話したり書いたりすることはしない。たとえばラジオを聞く。ただし、ラジオの英語講座をテキストを見ながら聞くような場合は含まれない。この場合には読むことが加わるからである。人の話を聞きながらメモをとる場合も含まれない。書くことが加わるからである。とにかく「聞くこと」のみの言語活動である。講演を聞くとき、講師が地図とか図表を使って話をするような場合は含めてよいと思われる。地図・図表は「文字」ではないからである。しかしこれも少々あやしい点が

ある。地図・図表を読むことは「読むこと」にはいらないかどうか、議論があるかもしれない。地図に the Pacific Ocean などの文字がはいっているとますますあやしくなろう。

「聞くこと」において最も注意を要するのは、話し手の姿が見えるか見えないかという点である。原則的には話し手の姿が見えたほうが、見えないときよりはるかに聞くことが容易になる。面と向かって会話をするのと電話で話をする場合とを比べても、これは歴然としている。電話では聞く音が電気的に加工されていることも加わって、聞くことはかなり困難度が高くなる。

最近、視聴覚的方法がかなり普及して、英語の教室ではレコードやテープがかなり利用されるようになった。しかし、レコードやテープはけっして万能ではないことを知るべきである。とくに「聞くこと」において、この単一の技能のみに関する言語活動を考えた場合、初級段階から話し手の姿の見えないレコード、テープによる音声を聞かせることは、生徒に無理を強要するに等しい。VTRにすべきである。英米人を教室へつれてきて話してもらうべきである。もちろん、VTRや native speakers を利用するだけの金はない。とすればテープ、レコードを使うよりほかない。仕方がないのであるけれども、仕方がないでほうっておくわけにもいかないのである。

しからば、話し手の姿を絵で示すのはどうか。スライドやオーバーヘッドプロジェクター、あるいは紙芝居のような形で見せる。ないよりははるかにましである。しかし、やはりVTRや実際の人間には遠く及ばない。話し手の姿が見えるか見えないかについては、VTR/実際の人間→絵(still picture)→テープ/レコードの手順を踏むべきである。language lab のような、生徒ひとりひとりを隔離して、ブースという特殊な箱に閉じ込め、そこで「聞くこと」の訓練をするなどは、先のそのまた先の話であって、初級段階では絶対に避けるべきであるというのが私の意見である。もちろんlanguage lab にはこれとは別の利用法がある。そしてそれは効果的である。ここでは、単一の「聞くこと」に関しての意見である。

「聞くこと」に関して、最も手近な解決法は、教師自身が英語を聞かせることである。生徒たちの目の前で英語を話す。身振りあり表情あり。これにまさるものはない。ただし、教師自身がかなり正しい英語を話さなければならないという大問題は、相変わらず残る。そのとき、テープやレコー

ドは、教師の自己研修のためのよい道具となるであろう。

1.2. 「話すこと」の言語活動

「話すこと」だけであって、聞いたり書いたりすることとは組み合わせない。読むことも含めないから、演説や講演をするときのように草稿やメモを用意することもしない。ひたすらに話すという言語活動である。

学習指導要領では「聞くこと・話すこと」と一つにまとめられているが、これはきわめて論理的でない。あとで触れるように「聞くこと・話すこと」という言語活動基本形態はある。だからと言って「話すこと」がいつも「聞くこと」といっしょでなければならないことにはならない。この点については、『聞き・話す領域の指導』(石井正之助編、「講座・英語教授法」第4巻、研究社、昭和45年) に詳しく論じてあるのでご参照いただきたい。

大ざっぱな言い方だが、「話すこと」専一という状態は日常生活ではあまり起こらない。これに対して「聞くこと」専一ということはありうる。「聞くこと」と「話すこと」の関係は一般に考えられているほど単純ではなさそうである。

1.3. 「読むこと」の言語活動

「読むこと」だけであって、話すことや書くことは含めない。朗読は声を出すから話すことに一脈通ずるところがあり、したがってこの **1.3.** の領域にはいらない。

わき道へそれるが、草稿を用意しておいてこれを見ながら (ときたま見るだけでもよい) 演説をするのは、いったいどういう言語活動であろうか。「話すこと」か「読むこと」か。草稿を書く段階では「書くこと」であろう。草稿を作りあげるためにいろいろな参考書を読めば「読むこと」であろう。つまり、ある行動をとらえて、これを四技能のいずれかに分類してしまうのは、多くの場合非常にむずかしいということである。

さて、「読むこと」専一は、辞書をひきながら読むことも含めてよいであろう。われわれの日常生活では、わからない語句や言いまわしは、辞書をひいて調べることが許されている。実際のところ辞書がひけないのは、試験のときとかたまたま辞書が手元にないときくらいであろう。試験に辞書を使わないという伝統 (因襲?) はあまりにも歴史が長すぎてわれわれの常

識になっているけれども、はたしてまったく妥当であるかどうか、そろそろ議論されてもよいのではないであろうか。もっとも100語の文章を読むのに辞書を100回開くというのも困る。しかし要は、限られた時間内に要領よく辞書を利用して、結果はよく読めていればよいのであって、中学校ではこの程度は辞書をひかなくてもすむようにしておこうというような、そういう基準をわれわれが作ればよいのである。あるいは辞書をひくにしても、ノロノロひくよりサッとひいたほうがよいのだから、どの程度の速さでひければよいかを考えるのもよいであろう。入学試験では、よくいくつかの語句について訳や解説を与えていることがある。つまり、訳や解説を与えているものは知らなくともよいが、他は絶対に知っていなければならぬと判断するからであろう。だがわれわれには度忘れということがある。試験においては度忘れは許すべからざるものであろうか。度忘れしたものを辞書で確かめることは悪なのであろうか。やはり、あまりりくつに合わないような気がする。「読むこと」においては、さし絵とか参考資料が理解を助ける。

1.4. 「書くこと」の言語活動

　「書くこと」だけであって、読むことや話すことは含まない。辞書をひいたり、参考書を見て人のことばを引用したりすることもできない。人のことばを引用するならばおぼえているものに限る。まさに学習指導要領の条項のように「行なったことや考えたことを」書くのである。
　ついでながら、指導要領によると「考えたこと」は第3学年に至って初めて書くことになる。第1学年では「身近なこと」、第2学年では「行なったこと」である。I have a pretty dress. というのは「考えたこと」にならないのであろうか。pretty という判断は、他人が大したことないと思おうが趣味が悪いと思おうが関係のないことであって、あくまでも自分が pretty と思っていればよいのである。I have a pretty dress. を「身近なこと」に分類してしまうことは、英語教育における一種の思考停止になるのではなかろうか。Tom is the best student in his class. にしても同じである。Tom を best と判断したのはこの文を言った (書いた) 人なのであって、これが他に通用するかどうか。No. Dick is the best. のような反論は当然起こる。とにかく、こういうたぐいの条項は、学習指導要領に盛り込むには不適当なも

のと言わざるをえない。
　さて、「書くこと」においても辞書や参考書が問題になる。この点は「読むこと」と同じである。何から何まで辞書と首っ引きでなければ書けないのも困るかもしれないが、辞書があっても書けないというよりは、はるかにすぐれている。——ただしこの問題は、「読むこと・書くこと」の言語活動の問題である。
　「書くこと」専一の言語活動は、日常生活においてはあまり起こりうるとは思えない。英語の場合だと、われわれには英作文など夢のような話で、大体は「英借文」をしているのだからなおさらである。

2. 二つの技能に関する言語活動
2.1. 「聞くこと・話すこと」の言語活動
　この典型的なものは会話である。ただし、たとえば小説などを読みながら複数の人が意見をかわすような場合は含まない。読むことが加わるからである。また会話をしながら、相手の話の要点をメモにとることも含まない。書くことが加わるからである。こうしてみると、会話とは言ってもかなり限られたものになりそうである。
　もう数年も前になるが、小川芳男先生から「お茶を飲むまでの会話」の話をうかがってがく然としたことがある。人を訪問する。こんにちは——やあいらっしゃい、お元気ですか——おかげさまで——さあどうぞおはいりください——失礼いたします——このところいい天気続きで、どこかへいらっしゃいましたか——いや、貧乏ひまなしというところですな——とんでもない——そこへその家の奥様がお茶を運んでくる。奥様とも似たような会話をして、「さて」と要件にはいろうとしたら、とたんにことばがギクシャクするか、さもなければ片ことになるか、最悪の場合は無言になってしまう。つまり、「こんにちは」から「とんでもない」がお茶を飲むまでの会話である。重要なのは「要件」のほうであって、お茶を飲むまでの会話はいわばツマミにすぎない。そしてこのツマミ会話は書類を見ながらやるわけにはいかない。私の解釈によれば、一般に言う会話は、お茶を飲むまでの会話のようなものを主たる目標としていると思われる。「日常慣用のあいさつ」といい、道案内といい、I must apologize といい、辞書をひきながらやるわけにはいかない会話に重点がある。しかし、われわれが外国人

として英語を使うときは、むしろ「読むこと」や「書くこと」とのかかわりの中で「聞くこと・話すこと」をすることが多い。一つの仮定だが、英語指導過程のなかでは「聞くこと・話すこと」の言語活動は、副次的扱いとするか、さもなければかなり後期に扱ってもいいのではないかと考える。

2.2. 「聞くこと・読むこと」の言語活動

この言語活動は、「聞くこと」が主であるか「読むこと」が主であるかによって形態が変わる。両者が同程度に重要である場合もあるかもしれない。

「聞くこと」が主であるのは、たとえば、講演のときその講演内容と関係のある参考書をときどき見ながら聞くような場合である。「読むこと」が主であるのは、たとえば、小説などを読みながらときどきその内容についての解説を聞くような場合である。ラジオを聞きながら本を読むというような「ナガラ族」態度はまったく別問題とする。**2.2.** の言語活動は日常生活にもかなりしばしばあると思われる。

2.3. 「聞くこと・書くこと」の言語活動

教室でよく行なわれるものとしては「書きとり」がある。しかし書きとりを何のために行なうかとなると、いろいろと議論がわかれる。無用論有用論もある。こういう議論は別としても、よく行なわれる書きとりの方法——第1回はよく聞く、第2回にゆっくり読まれる文などを書きとる、第3回に確認する——これはあまり意味があるとは思えない。言語の日常にはこういうことはほとんど起こらないからである。むしろ、聞いたことをメモにとるということはよくある。むしろ技能としてはこのほうがはるかにたいせつである。そして、メモのとり方は書きとりの方法から導き出すことはできない。さらにメモを土台にして文章などを大まかに再現することもたいせつかもしれない。「聞くこと・書くこと」にかかわる言語活動としてはメモをとることを是非含めたい。むしろ主流としたい。

2.4. 「話すこと・読むこと」の言語活動

話すために読むのは、たとえばすでに述べた演説のような場合である。スピーチコンテストなどでは、スピーカーは草稿を用意するけれども、これにはほとんど目を向けないということがよく行なわれる。草稿はほとん

ど飾り物にすぎない。スピーカーは全文章を暗記している。あたかも、暗記力がなければコンテストには参加できないかのごとき観を呈する。しかし、草稿を飾り物にするくらいでなければスピーチとはならないのかどうか、大いに疑問である。アメリカの大統領が議会で演説をするのに草稿を丸暗記しなければならないかどうか。丸暗記の能力がなければ大統領の資格もないし演説とも言えないのかどうか。もちろん、草稿を見てもよいからと言って、いわゆる eye-mouth reading になってはよくない。そもそも、人に話しかけるのに相手の顔をまったく見ないのはよくない。「話すために読む」においては、どの程度文字から目が離れなければならないか、その最低限度を設定する必要があろう。人に本を読んで聞かせる場合には、目はかなり本に吸いつけられる。ときどき聞き手を見るという程度のときもある。こういう場合も考慮に入れて最低限度およびそのための訓練法を考えなければならない。

　「話すこと・読むこと」では、読むために話す場合も考えられる。たとえば、初めて見る文章を声を出して読む、などである。教室ではしばしば「読んで訳して」という作業が行なわれる。この方法はけっしてよい方法ではないが現実には存在する。このとき予習をしていなかった生徒は話すために読むことになる。正しい朗読は正しい読解の上に立たなければならないが、現実には逆立ちした行動が存在している。

2.5.「話すこと・書くこと」の言語活動

　話すために書く場合、この二つを時間的に離してしまうと演説の草稿準備となるが、これはここでは含めないことにする。話すことと書くことが同時に行なわれるのは、たとえば、教師が板書しながら説明する場合が最も典型的であろう。NHKテレビのニュース解説はしばしばこの方法を使う。聞き手には非常にわかりやすいものになる。説明する場合には、あらかじめ準備された、たとえば商品カタログなどを示しながら行なうこともあるが、これは「話すこと・読むこと」に含めることになろう。人にものを教えるときは「話すこと・書くこと」は非常に頻繁に起こる。書くことを主体としてこれを補充するために話すこともあれば、逆に、話すことを主体として書くことが補助となることもある。この領域についても、どういう程度・種類の具体的言語活動が必要かを詳細に検討しなければならな

いであろう。

2.6. 「読むこと・書くこと」の言語活動

　読むために書くよりも、書くために読むことのほうが多いと思われる。これについてはすでに辞書・参考書の利用と関連して述べたので詳論は避ける。読むために書くのは、たとえば読みながらメモをとる場合であろう。メモはさらに深い読解を助けるからである。いずれにしても、けして無視できない言語活動である。

3. 三つの技能に関する言語活動
3.1. 「聞くこと・話すこと・読むこと」の言語活動

　論文や文学作品を読みながら議論する場合などがその一例である。
　この言語活動と関連して一つ問題にしておきたいことがある。英語教室では、読み方教材の内容理解度確認のために、しばしば英問英答が行なわれる。そしてこのとき、ほとんどきまったように Close your book. という命令が発せられる。内容のところどころを忘れてしまった生徒は、顔面蒼白(?)になる。忘れたところについて質問されたら絶体絶命だからである。——私はこれを教師の「強迫」と呼ぶことにしている。内容が理解できているかどうかが確認できればいいのであって、内容をそっくりおぼえているかどうかは問題にならないはずである。もちろん、おぼえていたほうがいいにきまっている。しかし、おぼえていなくても、そこを開けばよくわかっているということで十分であるはずである、おぼえていることを要求するのは十二分に要求しているのである。尋ねられた内容についてわからなかったら、辞書とかノートを瞬時に開いて答えられるということであってよい。むしろこういう技能は天才的かもしれない。とにかく英問英答では教科書を開かせておいてよいのである。このほうが確認はより確かになる。そしてこういう形態の言語活動はきわめて日常的である。生徒どうしが問答するようになることがさらに求められる。

3.2. 「聞くこと・話すこと・書くこと」の言語活動

　討論や意見交換などをしながら書く場合がこれにあたる。これも非常に日常的な言語活動である。相手の発言のなかに貴重なものがあれば、もう

一度くり返してもらって書きとりをするような場合もあろう。こういう技能は、四技能について **1.** に述べたような形でばらばらに訓練して、あとは生徒自身が勝手に総合して作りあげるというわけにはいかないのである。きちんとした指導計画がどうしても必要であること、**3.1.** の場合と同じである。

3.3. 「聞くこと・読むこと・書くこと」の言語活動

　参考書を見ながら人の話を聞き、必要に応じてメモをとる場合などである。学校ではこの形は最も多く行なわれているし、日常性もある。ただし英語の教室では聞く内容が日本語が大部分だったりして思うようになっていない。これも、指導計画が必要であり、また重要な言語活動として見逃すことはできない。

3.4. 「話すこと・読むこと・書くこと」の言語活動

　個人面接指導などで、その場で出された文章を読みながら説明をしてやり、同時に説明のために文字を使う場合が考えられるが、こういう特殊な場合のほか、ちょっと思い当たらない。思いもかけぬところにこの形態が存在していて、非常に重要なものとされるかもしれないが、自信がない。機械的に引き出した15通りの言語活動基本形態の中では重要度はかなり低いものになると思う。

4. 四つの技能に関する言語活動
4.1. 「聞くこと・話すこと・読むこと・書くこと」の言語活動

　文章を読みながら意見をかわしメモをとるという形態である。冒頭に述べた正四面体の構想からも推量できることだが、四技能すべてにかかわる言語活動は、組合わせはこれひとつしかないにもかかわらず、その内容は非常に多い。上述の **1.～3.** では **1.** が面、**2.** が線、**3.** が点で表わされていたが、これは別にその質的差異を示すものではなかった。むしろ、私の考えでは、点で表わされる三技能に関する言語活動のほうが優先順位は上である。しかし、立体で表わされる **4.** は、これも私見によれば、もっとも重要視されてしかるべきものである。また、その内容を書き出せば、おそらく相当の数の言語活動が導き出されてくるはずである。今回は紙数の制限

もあるのでこれは割愛せざるをえない。

ただひとつ、**1.〜3.** で述べた基本形態は、むしろこの **4.** からいずれかの要素を除いたものであるということである。たとえば草稿を用意した演説は、**4.** から hearing と writing を（演説するという時点では）除いたものにすぎない。加えるものありとすれば、それは演説の仕方の要領といったものであろう。

「四技能」と英語教育

従来 multi-sense approach が有効であると言われ続けてきたし、これは現在でも真実であろう。にもかかわらず英語教育においては、四技能という考え方にしばられて、すべての指導過程の各分節をこのいずれかに分類してしまおうという傾向があった。四技能は元素の分類にすぎなかったし、われわれに必要なのは、現実に存在する諸物質の構造を知ることであった。この意味では「四技能」という考え方は大きな害毒を流したと言える。あるいはわれわれの利用の仕方がまずかったのであろう。──あらためて機会を得て「聞くこと・話すこと・読むこと・書くこと」の言語活動基本形態を分析し、これから逆に **1.〜3.** の基本形態の位置づけをこころみたいと思っている。

（『英語教育』1972 年 2 月号）

Sam have three brother.
──「正しい」とは何か

　「単語を並べるだけでも何とか通じさせることはできる」と、海外旅行の経験者はよく言う。「学校で習った英語は、文法をひねくりまわすだけで、物の役にたたない」と言われる。昔から何度もくり返されたことばだが、英語を教える立場にいる者として、「そんなばかな」と、堂々と立ち向かう論拠もなし、さればといって、「まさにそのとおり」と引っ込むこともならず、いつも話としてうやむやのうちにすませてしまうのがおちである。しかし、いつまでもほうっておくわけにはいかない。──どうするか。
　言語の習得過程は「不完全なものから、より完全なものへ」の過程であることを考える必要がありはしないか。たどたどしいまちがいだらけの英語を、より流暢なまちがいのない英語へと導くのが指導というものではないか、ということである。Sam have three brother と生徒が言ったとする。これを、必要な時間をかけて Sam has three brothers へ引き上げることが指導であって、「have ではなく has, 複数の -s を落とすな」ときめつけることではないと考える。
　いったいに、テストというものは、三単現だとか複数形だとか、日本人にとってもっとも不得意とするところを叩くように作られる傾向が強い。だから Sam have three brother などと書くと、けっして点は与えられない。指導にあたっても、このテストの傾向にまともに影響されて、生徒は「勉強が足らぬ」とこきおろされてしまう。こきおろされていい気持になる者はいない。つまるところ生徒は自己嫌悪と英語嫌悪におちいってしまう。何とかしてもっとおおらかになれないものであろうか。
　──ということを、最近私は、自分の過去をふりかえって、強く反省するに至った。その日の授業の指導目標を定める。指導の手順を考えて授業にのぞむ。必死になって教える。何とか覚えてくれた。そして翌日、生徒

の大多数は忘れてしまっている。躍起になって復習させる。次の指導目標を扱う時間がなくなる。絶望する。こういうことのくり返しだったように思う。もしあのとき、Sam have three brother に 8 点（10 点満点で）くらい与える気持があったら、あれほど躍起にはならなかったろうし、生徒もゆったりした気分で学習したであろうに、と思うのである。ある生徒は Sam has three brothers に到達するのに 1 か月かかるかもしれない。ある者は 1 年かかるかもしれない。5 年かかって、はっと気づく者もいるかもしれない。だが、われわれにとって大切なのは、現在ただいまこの場で気づくことを強制することではなくて、いつか気づくであろうということを期待して、資料を十分に与え続けることであろう。

　要は、生徒の口を封じたり、耳をおおわせたり、手をまひさせたりしない配慮が必要だということである。言いたいことを言い、書きたいことが書ける、そういう教室にしたいということである。言ったり書いたりしたことのところどころに教師の朱がはいる。けっして、修正のペンが紙面を真赤にするようなことはしない。特に発音などはあまりうるさく言わないほうがよい。[s] と [θ]、[l] と [r] の区別など、いくらうるさく言ってもなかなかできるものではない。Sam has three brothers とせっかく言ったのだが、[s, θ; z, ð] の区別がよくないというので零点にされてしまっては、もう二度と言う気はなくなるではないか。

　「そんなことを言っても、生徒の目前にはテストがある。入試が改善されないかぎりお前の言うことは夢物語にすぎない」と言われるであろう。そのとおりである。だが、このとき、回れ右をして——つまり入試の現実にうちひしがれて指導法を「きめつけ主義」に戻してしまうのでは、いつまでたっても進歩しない。重く厚い壁だが、入試のほうこそ変えなければならない。Sam have three brother に 8 点くらいくれるような入試にしなければならない。そうしないと、5 年たってから気づくようなのんびりした生徒は、その途中で切り捨てられることになる。Sam have three brother はまちがった文である。だが、「どの程度まちがっているか」についての基準はわかっていない。Three brother Sam have とはどのくらいちがいがあるかもわかっていない。どうやら「正しい」とは何かを調べる必要がありそうである。

（『英語教育』1971 年 4 月号）

テストと文法指導
——「コミュニカティブ」な評価基準設定の提案

文法・訳読式授業

　いつのころからか、コミュニカティブな英語指導が必要であると言われ始め——本当は、「いつのころからか」ではなく、百年以上も前から、学習することばはコミュニカティブな機能を持っていなければならないことはわかっていたのであるが——何とかしてコミュニカティブな英語指導をしなければならないと考える英語教師の数も増えてきているのだが、さて、いざ、テストをするとなると、コミュニカティブなどは消し飛んでしまって、「文法に関するテスト」が主流である。

　文法は教えなければならない。しかし、文法は目的ではない。いや、この言い方はかなり不正確である。「文法は身につけてもらわなければならない」と言うべきであろう。重要なのは「身につける」ということであって、いつまでも「文法的操作」や「文法用語習得」に身をやつしていたのでは、これは、身につけたことにはならない。

　話がいささか抽象的なので具体例を示す。Can I be of service to you? という文があった。ある高校生はこの of service がわからなかった。「service はわかるでしょ。だから、service になるというような、そういう気持ちなんだから...。」と説明した。その高校生が突然叫んだ。「ああ〈前置詞プラス抽象名詞〉は形容詞なんだ！」

　これではこの高校生は救われないと思った。彼は〈前置詞＋抽象名詞〉という抽象的文法用語操作を覚えているだけなのであった。その〈前置詞＋抽象名詞〉が、英語ということばの中でどういう働きをするかについては全く無知であった。そして、これはその高校生の責任ではない。この高校生を教えた高校英語教師の責任である。

文法テストの種類

　ここで、文法的テストにはどのような種類があるかを整理しておくことにする。

(1) 文法的分類に関するもの
　　eg 〈to＋原形〉の分類を問う
　　eg 「現在完了形の用法」の区別を問う
(2) 文法的適否に関するもの
　　eg Tom is {taller, tallest} than me.
　　eg Tom {goes, went} there yesterday.
　　eg Be {kind, kindness} to him.
　　eg I know that boy {who, which} is . . .
　　eg Is Tom a teacher? — Yes, ＿＿ ＿＿.
(3) 文法的・語法的書き換えに関するもの
　　eg He lives in London.
　　　　⇨ Where does he live?
　　eg He will come here.
　　　　⇨ He ＿＿ ＿＿ come here.
　　eg The man killed the bear.
　　　　⇨ The bear ＿＿ by the man.
　　eg He said, "I will go there."
　　　　⇨ He said that ＿＿ ＿＿ go there.
　　eg 関係詞を用いて2文を結合させる
　　eg 分詞を用いて複文を単文に書き直させる
(4) 文法的照応関係に関するもの
　　eg 「下線部の it は何を指すか。本文中の英語2語を用いて答えよ。」

　(2)の第5例で、何も書かなかった中学生がいた。彼は「何も入れなくたっていいじゃないか」と言った。しかし点はもらえなかった。
　(3)の第1例の指示は「下線部を尋ねる文を書け」である。ある生徒がDoes he live in Tokyo? と書いて零点をもらった。

(3) の第 2 例は、will と be going to が同じ意味であることを教えるテストであるが、異なるものを同じと思え、ということだから、これはまったく困ったことである。

　言いたいことは、上の例すべてについてあるのだが、省略する。

　このほか、発音に関するテスト (と言っても、例外的つづりを示し、その一部分のつづりの表す発音を問うものが圧倒的に多く、しかも、正しく発音できるかどうかの保証のないものばかり) とか、文章の内容理解についてのテスト (と言っても、そのほとんどは、文法がらみのもの) もあるが、これを見ると日本の英語教育において、いかに抽象的文法操作教育が主流であるかがわかるであろう。

「コミュニカティブ」の前提

　「コミュニカティブ」ということを踏まえてのテストのあり方の検討に移りたい。

　私が好んで使う例だが、たとえば、X 先生は、

　I go to school at eight in the morning.

という文を指導するとき、これを板書して、「文を言うときには、大切な単語を強く言わなければならない ―― つまり大切ではない単語は弱く言う ―― ので次のようになるのだ。」といったような説明をして、たとえば、強勢を次のように示す。

　I gó to schóol at éight in the mórning.

「大切な単語」に下線を引くこともある。

　I go to school at eight in the morning.

時には、強い強勢を受けない語を消して、

　　gó　schóol　éight　　mórning

のように示し、「この消した単語はほとんど聞こえないくらい弱いのだ。」と言う。「聞くときには、消した単語は無視してもいい。この 4 つの単語さえ聞き取れれば、相手が何を言ったかがわかる。」とも言う。

　さて、上の文の読み方 (言い方) を徹底的に練習させた後、テストで次のような問題を出す。

> 次の(　)に、必要な語を1語ずつ入れよ。
> I go (　) school (　) eight (　) the morning.
> 「私は朝8時に学校に行きます。」

　生徒は完全にハメラレタことになる。X先生の言うことを真面目に信じた生徒は零点をもらう。私はこれをX先生の裏切り行為と呼ぶ。
　X先生の授業中の説明は、少しも間違っていない。むしろ正しい。

(1)　この文を「聞く」ときにも、およそ同じことが言える。つまり、下線の部分を聞き取ることが大切で、その他の部分に注意を払い過ぎることがあってはならない。
(2)　I <u>go</u> to <u>school</u> at <u>eight</u> in the <u>morning</u>.
　　の文を言う(「話す」)ときには、確かに下線の部分を強く(正しくは、それ以外の部分を弱く)発音しなければならない。
(3)　この文を「読む」ときにも、ほぼ同じことが言える。go school が読み取れれば、「学校に行く」ことはわかる。

　以上のとおりである。ただしX先生は「書く」ときのことについては説明しなかった。「書く」ときにしても、I go school eight the morning. でもまったく通じないというわけではない。しかしX先生は「書く」ときには I go school eight the morning. では具合が悪いと考えているらしいが、そのことを説明しなかった。
　授業では(1)〜(3)を強調し練習を行ったから、生徒はそのとおり必死になって覚えてきた。次のような問題であれば満点をとったかもしれない。

> 次の(　)に、必要な語を1語ずつ入れよ。
> I (　) to (　) at (　) in the (　).
> 「私は朝8時に学校に行きます。」

　ところが、テストではその覚えたことがテストされなかった。X先生の考えていたことと生徒たちが了解したこととは食い違ってしまった。そして、テストの出題者はX先生である。これは、まさに treachery であろう。

英語教室でしばしば英語教師が発することばに「間違ってもいいから言いなさい。」ということがある。「間違いを恐れていては、英語は上達しない。」とも言う。それにもかかわらず、テストでは「間違い」は必ず減点される。得点できない。教師は、「発表」に関しては間違いを恐れるな、と言っているつもりである。それならば、「話す」「書く」に関するテストにおける間違いは許されるべきであろう。しかし、許されない。
　「コミュニカティブ」ということを踏まえてのテストのあり方を考えるにあたっては、以上に述べたことが要点となる――ほんとうは、これはテスト一般について言えることなのであるが。すなわち、

> テストを行うにあたっては、教師のテストについての考え方を、あらかじめ授業中に生徒に百パーセント確実に理解させること

である。両者の了解が食い違っていては、悲劇は一方的に生徒の側に起こる。
　「コミュニカティブ」な立場からのテスト問題の作成にあたっては、前掲の (1)～(3) を確認し、さらに「書く」場合を加えて、次のように考えなければならない。

(1) 「聞く」ときには、重要な情報を提供する語句を聞き取り (すなわち、その他の部分には注意を払い過ぎず)、また、語順に注意を払いながら、聞く。
(2) 「話す」ときには、重要な情報を提供する語句がはっきり聞こえるように (すなわち、それ以外の部分は弱く)、また、正しい語順で、話す。
(3) 「読む」ときには、重要な情報を提供する語句を読み取り (すなわち、それ以外の部分はほとんど無視)、また、語順に注意を払いながら、読む。
(4) 「書く」ときには、重要な情報を提供する語句を間違いなく、また、正しい語順で、書く。

評価基準の設定

以上に述べたことから言えるのは、テスト問題の信頼性や妥当性もさることながら、評価基準にも目を向けなければならないということである。すぐれたテストを作っても、採点の方法が間違っては何にもならない。

以下、「コミュニカティブ」の立場に立って、「発表」の言語活動の評価基準の設定について提案する。

(A)　語順についての評価基準

前節の4項のいずれにも「語順」ということが入っている。これは、たとえば、

He needs something to drink.
He needs to drink something.

この2つは、下線部の「語順」が異なるために意味が異なる、というようなことである。

文法の中でも「語順」は特に重要である。Tom loves May. と May loves Tom. は区別しなければならない。ただし、語順のすべてが常に重要であるとは言えない。Is he a teacher? に対する He is a teacher? をどう評価するかは、一概には決められない。評価の基準をどう設定するかによる。

つまり、設定された評価基準によっては、学習のある段階では、He is a teacher? も認められるはずである、ということである。そして、当然、複数の評価基準が必要になる。

(B)　語形についての評価基準

これは、たとえば Tom have three brother. のような文を (「話す」にせよ「書く」にせよ) どのように評価するかということである。こういう文を書くと、多くの場合は零点をもらうのであるが、これはおかしい。ただ has の s を ve と書き間違え、brothers の s をウッカリ落としてしまったにすぎない。「語順」は正しい。文の意味はよくわかる。「トムに兄弟が3人いる」ことは疑いようがない。したがって「コミュニカティブ」の観点からは完璧である。

こういうことであるから、語形についての評価基準は、どうしても設定

しておく必要がある。基準設定の対象となるのは次のようなものである。

(1) 名詞
- **eg** brothers, dishes ⇔ brother, dish ⇒ brotheres, dishs
- **eg** foxes, boots ⇒ foxen (cf. oxen) / beet (cf. feet)
- **eg** feet, children ⇒ foots, childs
- **eg** uncle's ⇔ uncles' ⇔ uncles

(2) 動詞
- **eg** has, makes ⇔ have, make
- **eg** liked, got ⇔ like, get
- **eg** took, taught ⇔ tade (cf. made), teached (cf. reached)
- **eg** taken, stolen ⇔ token (cf. woken), stealt (cf. dealt)
- **eg** taking, singing ⇔ take, sing

(3) 形容詞・副詞
- **eg** faster, better ⇔ fast, good
- **eg** more famous ⇔ famouser

要は、これらの「誤り」を、どういう性質の誤りと判断するかということである。悪質の誤りであるならば相当のペナルティを受けても当然であるが、悪質でもないのに致命的なペナルティを与えられてはたまったものではない。

(C) 語についての評価基準

これには、(ア) 品詞の問題、(イ) 類義語の問題、および (ウ) 類似語の問題の3つがある。

(ア) 品詞

これは、Be {kind, kindness} to him. のようなものである。kind と kindness とは意味は同じであるが文法的な働きが違う。上の文では、文法的には kind が正しいが、kindness でまったく意味がわからなくなるわけではない。

- **eg** They took {care, careful} of him.
- **eg** Our train will {depart, departure} at 12:00.
- **eg** She did not {cross, across} the bridge.

(イ) 類義語

これは、{Look, See} before you leap. のようなものである。意味は似ているが、語法上はその使い方を区別しなければならない。文法的な区別ではないから、「文法」的に指導するわけにはいかない。He speaks very {fast, quickly}. のようにどちらでもいいものも絡むからますます厄介で、評価基準を設定するのは相当に困難であろう。初学者と advanced learner との間には、複数の評価段階を設定する必要があろう。

(ウ) 類似語

これは、Tom is short of {stature, statue}. のようなものである。「類似」といっても、つづりの類似、発音の類似、意味の類似の3種類があり、しかもこの3種類が互いに絡み合う。昔から上級学校入学試験対策で話題になってきたもので apart/depart, desk/disk, past/paste, stationery/stationary など、数多くある。stationery/stationary は発音が同じだから「話す」ときには問題ないが、「聞く」「読む」「書く」ときには問題にならざるを得ない。日本語との関係で、think/sink, read/lead, hood/food, hat/hut などの問題も起こる。類似語に関する「誤り」の評価基準も、(イ)と同様、複数の評価段階を設定する必要がある。初学者に対してあまりにも厳しすぎると学習意欲をそぐ恐れがある。

(D) つづりについての評価基準

「書く」言語活動では、つづりの問題が起こる。そして、つづりの誤りもさまざまである。meat のつもりで neat と書いてしまう。rat が rate に、will が well になる。doctor を docter と書く。mouse のつもりが mous になる。等々。

つづりについては、たとえば、laugh を laff とつづった場合、どれほどのペナルティを受ける資格があるかといったような問題もある。quick と kwick, through と thru, さらに flour と flower の関係もからむということもあって、事はそれほど単純ではない。

つづりの誤りをどう評価するかも、極めて難しい問題を提起する。その誤りがどういう種類の誤りであるかを見極める必要があり、その種類およびその程度によって、評価段階を設定しなければならない。

つづりの誤りの評価にあたっては、「フォニックス」を十分に考慮する必

要がある。フォニックス、すなわち「つづりと発音の関係」を的確におさえた指導があらかじめ行われていなければ、つづりの誤りの評価はできない、ということである。現在の日本の英語教育では、フォニックスはまだ主流となっていない。相変わらず「つづりの丸暗記」が主流である。これでは、つづりの誤りを減点の対象とする資格はないのである。

(E) 発音についての評価基準

「話す」言語活動においては、当然「発音」が問題になる。「発音」といっても、事は単純ではない。個々の音（おん）の正しさだけではない。

(ア) 個々の音

s と th とを区別して発音できるというようなことである。sin と thin, red と led は、やはり区別できたほうがいい。しかし、この種の区別ができないとコミュニケーションに重大な支障が生ずるかといえば、必ずしもそうとは言えない。

(イ) 語の発音

たとえば pen を発音するには p, e, n の発音が滑らかに連結しなければならない。

(ウ) 語強勢

radio は rádio であって、radió では困る、といったようなことである。しかし、radió ではまったく通じないかというとそうでもない、という問題がある。

(エ) 文強勢

たとえば、This is not a cat. Thát is a cat. といったようなことである。

(オ) 文のリズム

たとえば、Í go tó school át eight in thé morning. と言うわけにはいかない。これではほとんど通じない、というようなことである。重要な情報を提供する語句に強勢を置いて、全体としてリズミカルに発音しなければならないのであるが、しかし、Í gó tó schóol át éight ín thé mórning. では全く通じないかというとそうでもないという問題がある。

(カ) 文のイントネーション

たとえば、Is Tom a (↗) student?, Where are you (↘) going? といったようなことであるが、Is Tom a (↘) student?, Where are you (↗) going? と言っ

ても通じないことはない、それどころか、Is Tom a (↘) student? や Where are you (↗) going? のほうが適切である場合もある、という問題がある。

以上の (ア)〜(カ) は、それぞれ独立して起こるものであると同時に、互いに絡み合って起こることもある。

「受容」の観点

上の (A)〜(E) は、主として「発表」の観点からの問題提起であったが、このそれぞれを裏返せば「聞く」「読む」という「受容」の観点からの問題になる。

それは「聞きちがい」「読みちがい」である。「聞きちがい」「読みちがい」をどこまで容認するか (しないか) ということである。

(A) 語順： 語順の「聞きちがい」「読みちがい」をどう評価するか。
(B) 語形： 語形の「聞きちがい」「読みちがい」をどう評価するか。
(C) 語： ―
  （ア） 品詞： 品詞の「聞きちがい」「読みちがい」をどう評価するか。
  （イ） 類義語： 類義語の「聞きちがい」「読みちがい」をどう評価するか。
  （ウ） 類似語： 類似語の「聞きちがい」「読みちがい」をどう評価するか。
(D) つづりの「読みちがい」をどう評価するか。
(E) 発音： ―
  （ア） 個々の音： 個々の音の「聞きちがい」をどう評価するか。
  （イ） 語の発音： 語の発音の「聞きちがい」をどう評価するか。
  （ウ） 語強勢： 語強勢の「聞きちがい」をどう評価するか。
  （エ） 文強勢： 文強勢の「聞きちがい」をどう評価するか。
  （オ） 文のリズム： （これは「聞きちがい」「読みちがい」とは直接には関係ない。）
  （カ） 文のイントネーション： 文のイントネーションの「聞きちがい」をどう評価するか。

まとめ

以上をまとめると、次の表のようになる。少なくとも、表の 34 に及ぶ ✓ の部分のそれぞれについて、学習者の学習段階に応じて、複数の評価基準を設定する必要があるということである。

		聞く	話す	読む	書く
語　順	―	✓	✓	✓	✓
語　形	―	✓	✓	✓	✓
語	品　詞	✓	✓	✓	✓
語	類義語	✓	✓	✓	✓
語	類似語	✓	✓	✓	✓
つづり	―			✓	✓
発　音	音	✓	✓		
発　音	語の発音	✓	✓		
発　音	語強勢	✓	✓		
発　音	文強勢	✓	✓		
発　音	リズム	✓	✓		
発　音	イントネーション	✓	✓		

残された課題は、結局、あまりにも大きくかつ重い。課題はコミュニカティブな英語教育の立場からの「評価基準の設定」である。これは、私の提言であると同時に、当然、私自身に対する課題ともなる。

ここでは、その「評価基準」をどのようなスケールに基づいて設定するか、について提案することしかできなかった。そして、改めて、言語習得に関する評価法のいい加減さに気がつかされたというのが私の実感である。告白する。

（『英語展望』1989 年春号、No. 92）

テストの季節

　大方の中学校・高等学校の中間試験の季節である（この原稿を書いているのは10月半ば）。試験の季節になると、いろいろと言いたいことがあって、大学の教室でもいろいろとわめいているのだが、今回はそのわめきの一部を（ご迷惑とは承知しながら）述べてみたい。

　まず、なぜ「中間試験」などという制度があるのか。教育法規のどれを見ても「中間試験」をやらなければならないというような規定はない。私は「中間試験」の廃止を提案する。生徒たちの立場に立ってご覧なさい。今の（と言っても相当の昔からだが）学校は私の大嫌いだった「学校行事」のかたまりなのである。学校行事の合間に授業をやっているというのが今の学校である。まともな授業ができるはずがない。そこへもってきて「定期試験」というヤツ。少なくとも年に5回はある。これに「業者テスト」がからむ（「業者テスト」はなくなったことになっているが、要するに地下にもぐった）から、生徒はたまったものではない。学校行事と業者テストと定期試験の合間にささやかな授業を受ける、そういう状態なのである。先生たちに言いたい。こんな状態でまともな教育ができるのですか。できはしないのだ。できると思っている人たちがいて、不思議なことにそういう人たちが学校の中で大きな顔をしている。こういう人たちには、できるだけ早く教師を辞めてもらいたいものだ。

　教師の仕事の中心は「教える」ということなのである。そうではありませんか？　「教える」という仕事によって給料をもらっているのではありませんか？　ああ、そうなのですか、そうではなくて「学校行事」という教育とは何の関係もない事柄に憂き身をやつすことに生きがいを覚え、「業者テスト」という自分に何らの責任もない所にあなたの生徒を放り込むことを当然と考え、なおかつ、「定期試験」で生徒を脅すことによって給料をも

らっているのですか。

　まあ、大体こんなふうにわめいている。いや、その「定期試験」がまともな試験であれば、少しは納得したいのだが、先日、ある高校の中間試験が手に入って、一読して驚いた、というのはウソで、ああまたやっている、と思った。B4判見開き2ページのテストである。大問7つから成る。のだが、その大問にある小問 (item) の一つ一つを見てこれはダメだと思った。それはどういうことかと言うと、この英語教師は英語がわかっていないのである。英語がわからない英語教師に英語を教わるというのは生徒たちの悲劇なのだ。

　例を1つ示す。並べ換えのテストであろうが、指示は Put the words in order. である。これではどういう順序に単語を整理するのかわからない。alphabetical order なのか order of importance か、まさか chronological order ではあるまい（参考：*LDELC*）。おまけに (Add one word which is missing in each sentence.) というどう解釈すべきかわからないオマケまである。問題の1つに (leaving, United, next, she, the, States, is, week) というのがあって、たぶん文を作れということであろうから She is leaving the United States next week. としてみて、さて、何を補ったらよいのかがわからない。問題を作成した教師の求める正解は She is leaving for the United States next week. だそうで、あきれた。

　誤りがあれば正せ、という問題もあって、その中に MY mother is a housewife, looking after her family and the house. がある。変な文だがそれには目をつむるとして MY を My にするのか、と思ったら、これはミスプリントだった。試験場ではミスプリントの訂正はなかったという。人騒がせな！

　一つ一つの item で首をひねらされるのである。生徒たちはこういうおかしなテストに対応するための試験勉強をしなければならない。そして、英語は少しもできるようにならない。

　と、ここまで書いたところへ、ある県の高校の中間試験問題が数通舞い込んできた。私に見てほしいとのことで、少しはマシかと期待してワープロから離れ通読したが、やはりダメ。解答させられる側の生徒の立場が全くと言っていいほど考慮されていない。出るのは再びため息。

（『現代英語教育』1994年1月号）

英語科における観点別評価をどう考えるか

はじめに

　この「観点別評価」の問題については、本誌1992年9月増刊号の「英語教育日誌」で取り上げた。したがって、いまさら何を、という思いがあるのだが、教育問題というのは、何度取り上げても一般にはなかなかわかってもらえないということがあるから、本誌編集部の要請に応えるということもあって、再び議論することにする。
　私は、観点別評価という方法については基本的に賛成である。評価というものは、基本的に観点別でなければならない。であるから、その「観点」の設定について十分な検討をしなければならない。しかし、今回の「観点」は基本的に非常にわかりにくい。

コミュニケーションへの関心・意欲・態度の評価

　これは「コミュニケーションに関心を持ち、積極的にコミュニケーションを図ろうとする」である。
　しかし、私には、これが何故に評価の基準になるのか、やはり、わからない。なぜならば、普通の人間ならば(動物だってそうなのだ)、仲間との間にコミュニケーションを図ろうとしない者はいないはずだからである。
　ひたすら本を読むことが好きな子供がいる。本(あるいはその著者)とのコミュニケーションである。音声言語によるコミュニケーションは面倒極まりない。できることならば人とは話したくない。しかし、本人はコミュニケーションを求めている。本という媒体による積極的なコミュニケーションを実現している。

何かといえば文章を書いて、たとえば、親とか先生に読んでもらいたいということで必死になっている子供がいる。その子供は話すのが下手である。話させると何が言いたいのかわからないほどうろたえる。しかし、その子供の書く文章は、美しい、あるいは、説得力がある。この子供は、書くという言語活動によるコミュニケーションを求めているのである。そして成果を挙げている。
　以上のような子供たちは、今回の観点別評価では、どのような評価を受けることになるのであろうか。私が危惧しているのは、一般に「コミュニケーション」というとどうやら「会話」あるいはスピーチの類のような、音声言語によるコミュニケーションを連想するらしいということである。会話とかスピーチは確かにコミュニケーションであるが、これらはあくまでもコミュニケーションの一つの形態にすぎない。
　結論を言う。この評価の観点は、ほとんど無視したほうがいい。なぜならば、ほとんど全ての子供たちは、コミュニケーションを求めているからである。そして、少なくとも4技能を1つ以上動員して言語活動を積極的に展開する子供には、高得点を与える。

表現の能力の評価

　これは「初歩的な英語を用いて、自分の考えなどを話したり、書いたりする」である。
　まず考えなければならないのは「初歩的」とはどういうことか、ということであるが、実のところ、私にはこれがよくはわからない。当面想像できるのは、「初歩的な文法構造」とか「初歩的な語彙」、あるいは「初歩的な内容」であろうか。
　しかし「初歩的な文法構造」と言われても、どういう文法構造が初歩的なのかがわからない。おそらく、一般的には、中学校で習う文法構造をもって「初歩的」としているのかもしれないが、とすれば、英語の文法構造はすべて初歩的ということになる。なぜならば、中学校で学習する文法構造は、英語の基本的文法構造のほとんどすべてであるからである。高校や大学で教えている英語にしたところで、基準をどこに設けるかによって判断は変わるかもしれないが、所詮は「初歩的」なレベルとは無縁ではない。

「初歩的な語彙」というのもわかりにくいのだが、実は、中学生は（いや、高校生も大学生も）、必要な受容語彙・発表語彙をほとんど指導されていないのである。発表語彙とは何か、ということが問題となろうが、私たちが日常生活を営むにあたって、何のためらいもなく使っている語あるいは語句が、百年以上にわたる英語教育においてまともに教えられていない。たとえば「憲法」とか「内閣」にあたる英語が教えられていない。「国会」さえも知らない人が多い。「地震」がわからない。「面積」に対応する英語がわからない。「体積」も知らない。数式の読み方も教えられない。オリンピック種目の名称も知らない。こんな状態で、一体何が「初歩的な語彙」なのであろうか。

　「初歩的な内容」となると、これは見当もつかない。I do not want war. というのは、非常に簡単な英語に見えるであろうが、内容的には相当に高度な内容であろう。I like baseball. は初歩的なのであろうか、ということにもつながる。

　結論。「初歩的な英語」ということは考えないほうがいい。「英語で」ということだけで十分である。まして、「自分の考えなどを話したり、書いたりする」とわざわざ書いてあるというのは、全く困ったもので、大体「他人の考えなどを話したり、書いたり」しても何の意味もないのである。「話したり、書いたり」するのは「自分の考えなど」に決まっている。とは言え、現実の日本では、確かに、自分の考えをまともに言おうものなら、とんでもない目に合うということもあるから、この指示は、一見間の抜けた指示に見えるが、実は日本の現実を見据えた非常に進歩的な指示であるかもしれない、ということもある。

　さて、評価の基準である。要するに、言いたい放題、書きたい放題、言いまくり、書きまくる、そういう学習者に高得点を与える、というのが、今回の「観点別評価」の基本的な姿勢である、と私は解釈する。ただし、注意しなければならないのは、どのような方法で言いまくり、書きまくるか、である。たとえば「書くこと」の場合でも、さまざまな書く言語活動が考えられる。日記のように、一日の自分の行動を思い起こしながらただひたすら書くこともある。読書感想文のようなものを、読んだ本のページを繰りながら、また、辞書などを引きながら書くこともある。あるテーマについての友人たちの議論を黙って聞きながら、その議論について報告文

をまとめるということもある。新聞の論説などを読んで、これについての反論を書くということもある。そして、これらの言語活動は、個々人によって得意・不得意がある。

「話すこと」の場合も同様である。ある文章を読んで、あるいは人の意見を聞いて、即座に反応できる人もいる。一方、何らかの意見を言うために、長い時間をかけて大量の参考書を読み、推敲を重ねながらメモを用意しなければならない人もいる。このどちらが優れているかは一概には言えない。会話が得意な者もいる。一方、会話は苦手であるが、一方的なスピーチならば堂々たるものであるという者もいる。これも、どちらが優れているかは一概には言えない。結局内容次第であるということになろう。

同じく、上に挙げたような「話すこと」「書くこと」について、「話すこと」は得意だが「書くこと」は不得意な生徒もいるし、当然その逆の生徒もいる。この場合もそのどちらが優れているかは一概には言えない。

以上のようなことであるから、表現の能力の評価にあたっては、生徒個々人の得意・不得意を見極め、長所を見つけ出し、その長所について正当な評価をするということになるであろう。

理解の能力の評価

これは「初歩的な英語を聞いたり、読んだりして、話し手の意向などを理解する」である。

「初歩的な」についてはすでに論じた。「初歩的」は無視しなければならない。「聞くこと」「読むこと」とはどういう言語活動であろうか。これは、一般的には receptive な言語活動であるととらえられていることが多い。いわゆる「受け身」である。しかし、これは改めなければならない。C. C. Fries は productive reading という概念を示している。つまり reading は productive なのである。本を読む。読者は、その本に書かれている内容(つまり、著者)と格闘する。「同情する」「そんなバカな」「そうなのだ、すばらしい」「何をクダラナイ」といった声が、声にならずに「読むこと」が続けられる。だから読書は楽しい。同じことが「聞くこと」についても言える。「聞くこと」は、本来 productive listening である。

さらに、「聞くこと」や「読むこと」の言語活動がどのような形で行われ

るかも考えなければならない。ラジオ講座を「聞く」。多くの場合テキストを読みながら聞くであろう。メモも取るであろう。本を「読む」。メモを取りながら読む人も多い。理解できない表現に出会えば、辞書も引くであろう。電車の中での立ち読みのような場合でなく、机に向かって読書するときに、辞書の使用が禁止されるなどということは想像さえもできない。

　さて、「理解の能力の評価」は難しい。「聞くこと」あるいは「読むこと」において、聞いた結果、あるいは、読んだ結果が、聞いた人あるいは読んだ人に対してどのような影響を及ぼしたかを測定することが非常に困難である。なぜならば、これは学習者の頭（あるいは、脳）の中での活動だからである。ある演説を聞いたとする。その演説の内容を理解したかどうかを確かめるために、たとえばレポートを書かせるとする。しかし、レポートを書くという作業は「書くこと」の言語活動であって、レポートが書けなかったからといって理解度が低いとは言えない。また、たとえば、英語の文章を読ませたのち、これを日本語に訳させたとする。しかし、訳せたから理解度が高く、訳せなかったから理解度が低いとは言えない。英語をそのまま理解した場合は、訳すことはむしろ困難である。

　結局、この「観点」の評価は、学習者の態度を観察することによって行うしかないことになる。英語で吹き込まれたテープを好んで聞く者とか、英語で書かれたものを好んで読む者に高得点を与えるという方法である。「しかない」と書いたが、むしろこの方法のほうが、レポートや感想文や訳文を書かせる、あるいは中途半端なタスクを行わせるといった方法よりも、信頼度が高いと考えるべきであろう。好きなことは必ず達成度も高い。もちろん、天才的なレベルにまで到達するのは容易なことではない。しかし、中学校や高校における教育は、少なくとも外国語教育においては、天才教育ではない。「中等普通教育」である。

言語や文化についての知識・理解の評価

　これは「初歩的な英語の学習を通して、言語とその背景にあるものの考え方や文化などを理解し、知識を身に付けている」である。

　本来、これらのことは、文法教育・語彙教育・発音教育といった、たとえば英語という言語を作り上げている諸要素の教育を通じて、自然に行わ

れるべきものであった。しかし、残念ながら、これはほとんど行われてこなかった。英語という言語やその言語を使用している民族の世界史の中での位置づけなどは、英語教室ではほとんど語られたことがなかった。文法のルールをやみくもに押しつけ、単語はただひたすら暗記せよと言い、発音などはせいぜいペーパー・テストでごまかす、といったところである。これに業をにやした文部省が「言語や文化についての知識・理解の評価」という観点を正面に打ち出したのであろうが、これが、今までの文法や語彙の教育と同じく、「ただひたすら詰め込み」の対象となることを恐れる。最も恐ろしいのは「知識を身につけている」である。これこそペーパー・テストの好対象ではないか。「英語が国際語（私は、英語は国際語でも何でもないと思っているが）になった歴史的経緯を説明しなさい」などといったテストが出され、これに対する模範答案が受験産業界に出回るのではないかと恐れている。こういうことは「雑学」でいい。単に知っていればいい。知らないというのはよくないが、だからといってテストを通じて生徒の頭に押し込むべきものではない。

　要は、英語を教えるという過程の中で、あたり前の常識として伝えられればいいのである。言語に優劣はないこと、言語それぞれに文化があることが伝えられればいい。英語という言語の中に、何十という言語が取り込まれていることが伝えられればいい。日本語も同じであることも伝えなければならぬ。tea がもともと中国語であることが知らされればいい。雑談で、ほかのヨーロッパ言語や日本語などで tea をどう言うかも伝えられればなおいい。しかし、これらはテストの対象としてはならない。

　さて、「言語や文化についての知識・理解の評価」はどうするか。大文字の A と小文字の a の区別、といったようなものはテストの対象になる。will と be going to の使い分けもテストしてよいであろう。しかし「言語や文化についての知識・理解」は評価の対象とはなるが、テストの対象にはならない。

　要するに「好奇心」の問題である、と私は考えている。諸外国・諸民族の言語や文化について知りたいということで、何かと言えば疑問を教師にぶつけてくる生徒、これには高得点を与えたほうがいい。もちろん教師だけが判断の基準ではないから、そういった話題を教室の中で仲間どうしで展開する生徒も同じく高得点の対象となろう。観察するしかない。

（『英語教育』1993 年 4 月号）

「第 3 章　英語授業学の視点」
解　　　説

　若林氏は、様々な意味において、常に生徒に寄り添った人である。生徒の個性を認めようとし、多様性を尊んだ。そして画一性を疎んじた、いや、憎んだといってもよいだろう。

　「観点別評価」が話題となっていた頃、「じっくり物事を考えてから、ことば少なく慎重に発言する子は点数がもらえないんだね」と言われてドキッとしたことがある。学びの型には唯一の「理想型」がある、と浅はかにも思い込んでいる自分に気づかされたからである。迂闊にも「思っていることはハキハキと述べるのがよい学習者である」と信じていたことを恥じた。そして、上の例のような学習者の態度とその学習者の英語力の間には、何の関係もないことを知った。氏のことばは「いろいろな学習スタイルがあり、その優劣はつけがたいし、ましてや1つの型に押し込もうとするのであれば、それはもはや教育ではない」というメッセージとして胸に響いた。

　氏の英語科教育法の授業では「テストは何のためにするのか」という問いが発せられた。「生徒がどれだけ理解しているかが教師にわかるから」という答えも可能だが、氏はむしろ「教師が自分の教え方の十分な箇所と不十分な箇所を知るため。そして、その後の指導に役立てるため」という答えを好んだ。テストの出来の善し悪しを、生徒の不勉強のせいにするのではなく、第一義的には、教師の指導のありかたのせいにすべきだという主張だった。

　テストに関しては、その作問のあり方も問い質す。教育は「規則から例外へ」が原則である。それに従って教師も指導する。そこまではよい。しかし、いったんテストとなると事情が一変する。「基礎（規則）の定着を見ずに、『例外』ばかりを問う出題になっているではないか」と憤るのである（本章所収「テストと文法指導」参照）。テストが生徒の学習を支援するものであればよいが、むしろ学習意欲を削ぐこ

とになっていることを恐れるのである。

　テストといえば、氏の大学における試験は（私の知る限りでは）「すべて持ち込み可」であった。

　なぜ「すべて持ち込み可」であったのか。たとえ試験であっても「実生活における言語使用の場面と同じ状態で取り組ませるべきだ」という考えがあったからである。たとえば、何かの課題（レポートや論文など）に取り組むとき、辞書を使うのも、参考となる図書に目を通すのもダメで、自身の記憶のみに頼って作業しなくてはならない、という状況は考えられない。大切なのは、「具体的な情報をこと細かに暗記していることではなく、必要なとき、どの情報はどこにあるかを知っていて、それを自在に活用できる力」である。そのメッセージが「すべて持ち込み可」の8文字だった。

　その延長線上で、氏はさらに、こう問いかけさえもしている──「度忘れはいけないことなのか」と（「『言語活動』の基本形態」参照）。

　ともすると文法の正否（のみ）を評価基準（採点基準）にしがちな日本の英語教師に向かって、「Sam have three brother.──『正しい』とは何か」では、この文の「正しさ」について、真っ向から議論を投げかけている。

　確かに、たいていの日本の教師であれば、この文の中で使われている動詞と名詞の形を見て減点する。しかし、語順は正しく、発言内容はおそらく100%正確に英語母語話者に伝わる。それでも減点するのか。その教育的意義はどこにあるのか、それは生徒のためになっているのか、仮に減点するとしてもその減点率は正しいのか、と問う。さらに、矛先はTEFL/TESOLの研究者に向かい、間違いの重みを研究する努力はなされているのか、と言う。

　氏が問いかけてから、45年。英語教育学者・応用言語学者はこれにどれほど答えることができているのだろう。

　生徒が混乱を来すこと、言い換えれば、学習に寄与しないことに対して、氏は露骨に怒りを表した。

　たとえば、「文法用語」。「ああいう訳のわからない文法用語を何とも思わなかった人間が英語教師になるから、始末が悪い」という趣旨のことをよく述べた。その典型例として出てくるのは「現在完了の継続用法」あるいは「完了進行形」（「文法用

語の日本語は学習を妨げる」参照)。

　大学の授業でも、氏は学生に向かって、
「完了したのに継続[進行]しているとはどういうこと!?」
と問うた。そして、
「おかしいでしょ!　えっ、おかしくない?!　この異常さに気づかない人は教師にならないでもらいたい」
とさえ言った。

　生徒が理解できるように教えるのが教師の役割。英語力と文法用語の理解力との間には何ら相関がないこと、そして、英語教師が目指すべきは何か、自らの英語学習体験をそのまま次世代に受け渡すことの当否を、独特のレトリックで学生に伝えたのである。

　氏は、現実世界における言語使用の実態と、学校における英語指導との乖離についても、異を唱えた。中学校で行われていた、そしてその後、小学校の「外国語活動」でも頻繁に行われることになる「ごっこ」を氏は嫌った。

　たとえば、「店での買い物ごっこ」。

　曰く、「スーパーで値段を尋ねる必要なんてないじゃない。棚に表示してあるでしょ。洋服のサイズや色を尋ねる?　商品は全部棚に出てるでしょ。全部でいくらですか、なんて訊く必要ないでしょ。レジに数字が出る!　買い物をするのにことばはいらない。そうでしょ?　近所のスーパーに入ってから支払いを済ませて店を出るまでに、店員とことばを交わす人、この中にいる?!」

　(余談になるが、「店での会話」については、「言語教育」としての「英語教育」の観点から、こうも述べていた。「For here or to go?　そんなの学校で教える必要があるの?　現地に行って実際にハンバーガー屋に行けば、一回で覚えられることば。それを、いつ使うかわからないのに、一生懸命教えて、覚えさせて、しかもテストまでして、一体何の意味があるの?」)

　実際の言語使用と指導とが乖離していないか、ということについて、氏は4技能の指導との関連においても注意を怠らない(「『言語活動』の基本形態」参照)。

　「聞くことはリスニングに特化した授業で」「話すことはAETの授業で」「読むことは英文読解の授業で」「書くことは英作文と称される和文英訳の授業で」という、

古いタイプの指導観がある。が、実際の言語生活で行われているのは、各技能の組合せ（2種類、3種類、4種類の組合せ）であることが多く（たとえば、教師の説明を「聞き」ながら、ノートに要点を「書く」など）、その現実を反映した、技能統合的な指導法をすることの必要性を説く。現実にありうる場面を想定した指導の中でこそ、生徒は英語を「ことば」として実感しながら学習できるはずだという思いがあったからだろう。

　そういえば、氏は「次の会話を聞いて、問いに答えなさい」という類いのリスニング問題を「盗聴行為を勧めるつもりか?!」と厳しく批判した。一方的に「聞く」だけで「話す」「読む」「書く」が関わらない活動としては、「メモを取ることなく講演を聞く」といった場面がある。しかし、他人の会話をただひたすら聞くだけでその会話に参加することがない、というのは、確かに諜報活動以外に思いつかない。

　氏は、世間が「当たり前」だと考えていることを疑ってかかる人でもあった（もちろんここでも、学習者にとって何が益となるのか、という考えが根幹にある）。その1つは、文法事項の指導順序についてである。特定の文法項目（たとえば「文法事項の指導順序をどう考えるか」にあるように、「現在形」と「過去形」）について、どちらのほうがより難しいのか、どちらのほうが易しいのか、あるいは、その違いは存在しないのかを、しっかり研究する必要があるのではないか、と提案している。

　研究・調査した結果、客観的に最善だと判明した順序で指導するのならよいが、そうでなく、ただ、「自分もそう教わったし、昔からそうだから」という理由だけで教えているとしたら、それは間違い。より生徒の混乱が少なく、また間違いの少ない指導順序があるのなら、それを探るべきであるし、もし見つかれば、勇気をもってその順序を採用するべきである、という信念であった（もちろん、どちらを先に指導しても構わない、という結論もありえた）。

　実際、筆者はこの考えに刺激を受け、中学1年生に対しては、何年にもわたって、be動詞の現在形を指導したあとには、（一般動詞の現在形に入らず）be動詞の過去形を導入してきた。具体的には、《be＋名詞／形容詞／ing形／前置詞句》を扱い、さらに、《will be＋名詞／形容詞／ing形／前置詞句》まで扱った。この間に生徒の側に混乱はまったくなかっただけでなく、生徒が理解できる表現・自分で使える表現が飛躍的に増えたというメリットがあった。さらにそのあと「一般動詞」を《過去形→will＋原形→現在形》という順序で扱ったが、そのときも混乱はなく、「be動

詞の現在形→一般動詞の現在形」という、広く世間で行われている導入順序には根拠のないことを実感することができた。

　ちなみにこの考えは、若林氏が監修をつとめた NHK ラジオ『基礎英語 1』(1994～1995 年度放送)でも実行に移された。それに関して、聴取者からの反応はどうなのかと尋ねたときの氏の答えは実に興味深いものだった。

　「そんな順序で教えるな、という批判はあるんだけど、それは全部、英語教師を含めた大人から。子供からはまったくないんだよ」

　氏は「新しいもの好き」であった（もちろん「新しいもの＋好き」であって「新しい＋もの好き」ではない）。新任のころには、当時市販されたばかりの(オープンリールの)テープレコーダーを「借金して」買ったし、LL についても、自ら LL 教室の設計をするほどだった。

　しかし、こうした視聴覚的教育機器について、「使うのは人間であって、機械に使われてはならない。そして何よりも、生徒の学習に役立つ使い方をしなくては意味がない」という確信があった。

　だれもがテープを利用して、ネイティブ・スピーカーの音声を生徒に聞かせられることを手放しで喜んでいるころ、教師と異なりスピード調節や臨機応変な対応ができない欠点を見抜いた氏は、こう述べている。「レコードやテープは教師が生徒の前で聴かせる英語を練習するのに使ってはどうか」と（「『言語活動』の基本形態」参照）。鋭い見識である。生徒の前で使うわけではないが、これも生徒の学習に寄与する立派な使い方なのだと気づかされる。

　氏の文章には、ときにイライラ感が溢れ、ときに断定的である。が、これは氏一流のレトリックである。誤ってその挑発にのってしまうと、本質を見失いかねない。このレトリックに騙されず、真意を汲み取ると、そこに「英語教育」をめぐる氏の哲学が見え、「英語教育」の本質を探る手がかりが見えてくるはずである。

——手 島　　良

● 第4章 ●
ことばの教科書を求めて

ことばの教科書を求めて

1. 何のための教科書論か

　この第2部で、私が展開しようと考えているのは「中学校英語教科書論」である。
　「教科書論」というと、教科書はどうあるべきかとか、どういう教科書が望ましいかなどを論ずることになるのであろうが、ほんとうのところ、理想的教科書像を描き出すような状態にはなっていないのが現実である。
　英語教育という狭い分野に限ってみても、教科書が教授・学習活動 (teaching-learning activities) においてかなり重要な役割を果たすことはわかっているが、それがなぜ重要であり、どのように重要であり、しからばどのように作られるべきであるか、となると、百人百様の視点から意見が出され、しかも、お互いに重なり合うところが少ない議論になって、結局「すぐれた教科書こそがすぐれているのである」と言うのと同じことになってしまうことが多い。おそらく当分の間、こういう不毛の議論が続くのは避けられないであろうが、ここからいくらかでも脱却するためのきっかけを作りたいということで、いささか気負った気持ちを持ちながら考え出したのが「英語教科書形態論」である。
　「英語教科書形態論」は、将来「英語教科書論」の重要な一部を成すものであると考えている。どういう内容かについては、次の章を見ていただくよりほかないが、手短に言えば、教科書のナカミは一応無視して、そのカタチだけを取り出して論ずるものである。こういう説明をすると、何となく「構造主義言語学」を連想するかもしれない。構造主義は、イミ（つまりナカミ）を度外視しパタン（つまりカタチ）にのみ目を向けようとしたものである。パタンを習得させることによって言語そのものを習得させようとし

たオーラル・アプローチの方法は破綻を来たした、と一般には考えられている。したがって、同じようにカタチを論じようとする「教科書形態論」も、いずれは破綻するかもしれないという危惧が生ずるのである。

　私は、当分の間そうはならないと考えている。いずれは破綻するにせよ、それはナカミに関する議論の方法論が確立されたときであろうと思うからである。現在（あるいは現在までの）英語教科書は、ナカミによってカタチが決められているわけではない。カタチがナカミを決めていると言い切れないにせよ、カタチがナカミに相当の規制を加えているのである。このことから、私の言いたいことをまとめると、ナカミに対するカタチの規制が完全に崩れたとき、「教科書形態論」は「教科書論」そのものの中に完全に吸収されることになるのであろう、となる。

2. 『にほんご』の主張を読む

　ページを繰るうちに、腹の底から震え出すほどの感動を覚えた。それは、安野光雅、大岡信、谷川俊太郎、松居直の四氏による『にほんご』（福音館書店、1979）である。この本の「あとがき」で、谷川氏は次のように書いている。少し長いが、そのまま引用させていただく。

　　(1)　文部省学習指導要領にとらわれない、小学校一年生のための国語教科書を想定しています。ただしこれは、現代日本で行なわれている教育制度、そして教科書をなかだちとする教師と生徒の関係を、無条件に受け入れていることを意味しません。私たちはこの「教科書」が、直接教室で用いられる代りに、一人の教師の心と体にいくばくかの影響を与えることのほうを、むしろ望んでいるかもしれません。
　　(2)　「読み」「書く」ことよりも、「話す」「聞く」ことを、先行させています。「読み書き」を先行させるとき、就学年齢の子どもたちの言語能力は、白紙状態にあると考えがちですが、現実には文字を読めず、書けぬ子どもたちも、すでに複雑な言語経験を血肉化しています。言語の基本である「話し・聞く」行為を重視するとき、未整理のままの、あるいはすぐに偏見にとらえられている子どもたちの言語世界に、ひとつの秩序を発見させ、ことばとは何かを自覚させることが必要になってくる

でしょう。

　(3)　言語を知識としてというよりも、自分と他人との間の関係をつくる行動のひとつとして、まずとらえています。そのためには、ことばの意味、伝達、感情表出のはたらきと同時に、意味や音韻面での遊びの要素も無視できません。ことばの豊かさをまるごととらえること、ことばは口先だけのものでも、文字づらだけのものでもなく、全身心をあげてかかわるものだということを、子どもたちに知ってほしいと思います。

　(4)　ことばには心だけではなく、それと切り離せぬものとして体、つまり文体と呼ばれるものがあるということを、暗誦を想定したさまざまな文例によって示しています。子どもたちを、いま使っていることばが日本語の長い伝統によって支えられていることに、気づかせ、母語への感覚を鋭くしたいと考えます。

　(5)　子どもたちが自分をとりまく世界に目を開いていく上で欠くことのできない昔話、おとぎばなしなどの「お話」の収録は、ページ数をおさえるためもあって最小限にとどめました。数多く市販されている絵本その他によって、子どもたちはすでに十分にお話に親しんでいると思います。それらとのかかわりの上にこの『にほんご』も成立しています。どのような作品を選ぶかについても、私たちは一定の基準を想定しません。むしろ子どもたち自身の内部に、作品を見る眼を育てたいと感じています。

　(6)　いま私たちの使っていることばを、地球上にあるたくさんの言語のひとつ、日本語としてとらえます。また、いわゆる共通語を基本としますが、地域語のもつ共通語にないはたらきにも、子どもたちの関心をうながしたいと思います。自分の使っている言語が唯一絶対のものではないと知ることは、他の民族、他の文化、ひいては他人とのまじわりのむずかしさと同時におもしろさをも、子どもたちに気づかせるでしょう。

　この谷川氏の発言には、英語教育の立場から考えても、つけ加えることは何もない。すべて必要なことが網羅されている。そして、この『にほんご』という本は、この(1)〜(6)に述べられているナカミを、カタチを整えながらすべて含んでいるのである。もし英語教育において、まずこのよ

うなナカミが確実にとらえられ、そのナカミに応じてカタチが整えられるという方法がとられるとすれば、「教科書形態論」などというものは、不要ではないにせよ、片隅に押しやられてもいいものとなるであろう。

『にほんご』の 33 ページに次の文章がある。

　いろんな　ことばを　いろんな　いいかたで
　ろくおんして　きいてみよう。
　たとえば「おおきな　ぞう」って
　ちいさいこえで　はやくちで　いってごらん。
　なんだか　へんだね。
　うれしそうに「かなしい」って　いってごらん。
　うそついてる　みたいだね。
　ろくおんした　こえが　だれの　こえか　あてっこしてみよう。
　こえも　かおと　おなじように　ひとりひとりちがうね。

私は、こういう文章を見ると、思わず声に出して言いたくなる。実際に声に出してみる。そして、自分自身がかつて受けた「国語」や「英語」の授業の中では経験しなかった感動を覚えるのである。

(『英語教育の歩み』1980 年 8 月)

会話形式の教材のこと

　今年度から使用され始めた中学校の英語教科書を見てつくづく思ったのは、英語の教材もいよいよ困った傾向になってきた、ということであった。それはどういうことかと言うと、とにかく「会話」が多すぎるのである。従来も会話形式の教材は少なくはなかった。しかし、会話形式がまさに主流になったというのは明治以来の学校英語で今回が最初であろう。

　もうずいぶん前のことだが、友人のお嬢さんが教科書を抱えてうめいている。中学生であった。どうしたのかと思って尋ねると、ある課を暗記せよという宿題が出たのだが、暗記できなくて困っているという。見せてもらうと「会話形式」のレッスン。おまけに登場人物が3人もいる。誰が誰やら途中でわからなくなって、それで唸っている、と言う。

　そうなのである。私は若いころ盛んに芝居をやっていたからわかるのだが、芝居のセリフを覚えるというのは大変なことなのである。私が受けた指導は、セリフは覚えたら忘れよ、ということであった。セリフというものは演技が引き出してくるものであって、セリフが先にあるのではない。ある人物が他の人物と出会って、そのとき必要な「行動」が起こる。その「行動」が必要に応じて「ことば」を引き出すのである。したがって、もしセリフをきちんと覚えさせようとするのならば、その人物の行動がどうなっているかを十分に理解させ、その行動が的確に演じられるようになっていなければならない。

　芝居においてセリフを言うというのは、他人のことばを言うことである、ということもわかっていなければならない。別にその登場人物になりきる必要はないし、また、そんなことは不可能である。そして、他人のことばが言えるようになるためには特殊な訓練を経なければならない。ということで、大体、会話を暗記するなどということはドダイ無理難題なのである。

さらに、芝居の場合は、脚本が優れているのが普通であるから（駄作もあるであろうが）、登場人物の相互の関係は極めて明確であるし、話には初めがあって終わりがある。内容もそれ相当に味わい深い（はずである）。演じて楽しい。ところが、英語教科書に出てくる会話にはそういった味わい深さなどはカケラもないし、そもそも初めと終わりがない。そんなことを入門期の教科書に要求することはドダイ無理なのである。そういうことで、私は入門期の教科書には「会話」は無理だと言う。

　私が推奨するのは one-way communication である。自分の言いたいこと、言うべきことが一方的にきちんと言える教育をする。それも「好きだ、嫌いだ」とか「私の家族」といったヤワな内容でなく、世界地図が説明できる、天気図が説明できる、楽譜の説明ができる、跳び箱の飛び方が説明できる、ワープロの使い方が説明できる、といったように、客観的に冷静に語ることができるようにするのである。教科書はそのような見本を掲げればいい。

　そもそも会話というものは、自分に言いたいことがなければ成立するはずがないのである。言いたいことがきちんと言えるようになれば、相手の言うこともわかるようになる。そういった学習過程を繰り返して行けば、ほうっておいても会話などできるようになる。前々回に書いたことだが「コンチワ」「サヨナラ」程度の会話は学校で教える必要はないのである。教えてもいいが主流にさせてはならない。学校は会話学校ではないし、またそれほど暇ではない。

　英語は暗記科目であると言う人がいる。私はそうは思っていないが、そういった面はあるにはある。それならば、暗記しやすいような教材を与えるべきであろう。その観点からも会話教材は望ましくない。私は、会話形式の教材は、まずこれを説明形式の文章に書き直してから導入することを奨励したい。暗記させるのならばこれを暗記させる。このほうがよほど合理的であろう。どうしても会話を展開したいのであれば、これが十分暗記できた後でよいであろう（私だったら会話などさせないが）。

　私が言いたかったのは、オーラル・コミュニケーションと聞けば「会話」しか思いつかない、その発想の貧困さが気にいらないということである。

（『現代英語教育』1994 年 2 月号）

「亡き数に入」った教科書

　ふたたび「天」の話みたいだが、If the sky falls we shall have larks. ということわざがある。ところが、昨年、わが英語教育界では『ブルースカイ』がほんとうに落ちてしまった。fall というより vanish into thin air だろうが、さて、ひばりは手にはいったか。冗談じゃない。私には、ひばりの死骸がゴロゴロころがっている姿が目についてしかたがないのだ。比喩ばかり並べてもしかたがない。解説を始めることにする。

　まず、『ブルースカイ』とは何だい、などと言われては困る。それは昨年度まで（ほんの3年間にすぎなかったが）存在した、中学校用英語教科書である。なんだ、中学の教科書か、それが消滅したからって、それがどうだと言うのだ、などと言われては、またまた困るのである。昨年度まで5種類あった——5種類しかなかった——教科書が、今年度から4種類になってしまったのだ。なんだ、たったの2割減か、などと言うなかれ。5が4になったということは、100が99になったことと比較しなければならない。そうしないと、事の重大さがわからない。5が4になり、4が3になり、...と行けば、やがてゼロだ。ゼロは近いのだ。100から始まったとしたら、1年にひとつ消滅してもゼロになるのに100年かかる。断わっておくが、私は『ブルースカイ』の直接関係者ではない。変にかんぐられては困るので念のため。

　『ブルースカイ』がなぜ消滅したか。理由はいろいろあるらしいが、私の推測によれば、それは、売れゆきが悪かったからである。採択部数が非常に少なかった。だから、商売にならなかった。出版社としては、商売にならないものを、損を承知で出版し続けるわけにはいかない、同じ出版社が『ブルースカイ』の前には『ニューアプローチ』という教科書を出していた。これも売れゆきが悪くてやめてしまった。

売れゆきが悪いというのは、その商品がよくないからだろう、よくないものが売れないのはあたりまえ、消滅して当然、なぜお前はそれが事件だと言うのか、というような声が聞こえる。空耳かしらん。
　この世の中は、よくないものは売れない、いいものが売れる、というほど純粋にできてはいない。かつて、K社の『ニューグローブ』が消滅した事件があった。きっかけは検定不合格。もし手元に検定不合格以前のこの本があったら、ちょっと読み返していただきたい。どこが悪いのかさっぱりわからないはずである。このとき『ニューグローブ』擁立の運動は起こらなかった。日本史の家永事件ではあれほど大さわぎをしたくせに、新聞も『ニューグローブ』はほとんど無視した。英語教育界はねずみ一匹出たほどにも騒がなかった。英語教育界は、それほどに冷酷無惨なのである。
　私が恐れているのは、中学英語教科書がついには1種類になってしまうことである。英語教育界はいままっしぐらにその方向へ突っ走っていると見る。ここ10年くらいの、英語教育界の教科書批判の動向をよくよく観察してもらいたい。批判のままに動いていたら、どの教科書も同じになってしまう。右も左も同じような批判を言う。そして、教科書など書いているやつはバカなのさと冷笑する。自らの首を締めていることに気づいていない。1種類になったら、それは「国定教科書」と同じではないか。英語教師諸兄姉は、それでもいいとおっしゃるのですか。最上のものならば1種類でよろしいとおっしゃるのですか。「最上級は1つである」などという文法を教えているんじゃないかしら。だいたい最上のものなんて存在し得ると思っているのだろうか。
　中学用英語教科書の数を、せめて10種類くらいにしませんか。できたら20のほうがいい。もっと多いほうがいい。多いほうが、よりすぐれたものができる。そのためには、多くの英語教師が教科書づくりに参画する必要がある。教科書を書くやつはバカ、などと言わないで参加する。ただ、「義務教育諸学校の教科用図書の無償措置に関する法律施行令」によると、発行者の指定の要件として、「会社にあっては資本の額又は出資の総額が一千万円以上、会社以外の者にあっては文部省令で定める資産の額が一千万円をこえない範囲において文部省令で定める額以上であること」などというのがあるから、ハイソレデハ教科書ヲ作リマショウ、というわけにはいかない。金のことは、皆で知恵を出し合って解決しないといけない。が、

ともかく、多くの英語教師が教科書づくりに参画する運動を起こしませんか。そして、そのそれぞれを育てるために、総選挙じゃないが、全国的に採択のための票割りをする。
　私の考えているのは、〇〇県××町の子どものことを考えた教科書ができたらどんなに楽しいだろう、ということなのだが、これについては、またいずれ。

（『現代英語教育』1975年4月号）

広域採択制とは一体何なのか

「広域採択制」はどういう制度か

　「広域採択制」という用語は教育関係法令のどこにもない。したがって、幻の制度ということになるのかもしれないが、しかし、この制度は実在する。それは「小学校・中学校という義務教育諸学校においては、文部大臣による検定に合格した教科書を使用して教育を行わなければならないが、その検定教科書の採択は、教師個人、あるいは、各学校が、自由に行うことはできず、教科ごとに、法令が定める地区 (これを法律は「採択地区」と呼ぶ) ごとに、法令が定める手続きによって採択される同一の教科書を使用する」という制度である。

　義務教育諸学校の教科書の広域採択制が全面的に実施されたのは 1965 (昭和 40) 年である。1962 (昭和 37) 年に「義務教育諸学校の教科用図書の無償に関する法律」が作られ、これを受けて翌 1963 年に「義務教育諸学校の教科用図書の無償措置に関する法律」(以下「法」という) が成立し、1964 年にその「施行令」「施行規則」がそれぞれ政令・省令として公布され、1965 年に全面実施となった。すでに 30 年近くになる。現在、小学校や中学校で教鞭をとっている教師のほとんどは、この「広域採択制」の体制の中で教育を受けた人たちである。だからであろう、いろいろな研究会などで、「広域採択制」が、たとえば英語教育にどういう影響を与えたのか、といったことは議論されたことがない。つまり、無関心なのである。

教科書を選べない教師

　「広域採択制」のもたらした弊害は大きい。私がその第一に掲げるのは、

小中学校では教師が教科書を選べない、ということである。1947(昭和22)年、太平洋戦争敗戦後2年、この年に、1872(明治5)年に始まった教育制度が大幅に改変され、それまでの教育における複線制度が単線制度に変えられた。そして、その年に文部省が発表した『学習指導要領』(学習指導要領というのは、太平洋戦争終結までは存在しなかった)の文章は見事なものであった。その「序論」の一部を引用する。

　(前略)これまでの教育では、その内容を中央できめると、それをどんなところでも、どんな児童にも一様にあてはめて行こうとした。だからどうしてもいわゆる画一的になって、教育の実際の場での創意や工夫がなされる余地がなかった。このようなことは、教育の実際にいろいろな不合理をもたらし、教育の生気をそぐようなことになった。(中略)しかもそのようなやり方は、教育の現場で指導にあたる教師の立場を、機械的なものにしてしまって、自分の創意や工夫の力を失わせ、ために教育に生き生きした動きを少なくするようなことになり、時には教師の考えを、あてがわれたことを型どおりにおしえておけばよい、といった気持におとしいれ、ほんとうに生きた指導をしようとする心持を失わせるようなこともあったのである。
　もちろん教育に一定の目標があることは事実である。また一つの骨組みに従って行くことを要求されていることも事実である。しかしそういう目標に達するためには、その骨組みに従いながらも、その地域の社会の特性や、学校の施設の実情や、さらに児童の特性に応じて、それぞれの現場でそれらの事情にぴったりした内容を考え、その方法を工夫してこそよく行くのであって、ただあてがわれた型のとおりやるのでは、かえって目的を達するに遠くなるのである。またそういう工夫があってこそ、生きた教師の働きが求められるのであって、型のとおりやるなら教師は機械にすぎない。(後略)

優れた「教師論」である。そして、教科書の「広域採択制」はこの1947年版『学習指導要領』の言いたかったことをほぼ完全に不可能にしてしまった。教師は、けっして教育「機械」であってはならない。なぜならば、児童・生徒・学生は単なる学習「機械」ではないはずだからである。児童・

生徒・学生の無気力が話題になることが多くなった。これは実に困ったことなのだが、これは、おそらく、受験競争の嵐の中で彼らが学習「機械」にさせられた結果であろう。

　もちろん、教科書が教育内容のすべてを決定するというわけではない。いかに教科書が優れていようが、教師が優れていなければ優れた教育効果は得られない。一方、教師がいかに優れていようが、教科書がその教師の教育方法や教育観などに反する内容であれば、やはり、望ましい教育効果は得られない。教科書は『学習指導要領』に基づいて執筆・編集される。『学習指導要領』は1つである。したがって、教科書に何種類あろうともその内容は1つであろう、と考えられては困る。

　さて、「広域採択制」によれば、英語について言えば、公立中学校の英語教師は自らの英語教育理念にできるだけ近い（完全に一致するということはあり得ない）教科書を選ぶことができないのである。都道府県教育委員会が設置する「教科用図書審議会」（法第11条参照）の意見を聞いての都道府県教育委員会の「指導・助言・援助」（これは、法第10条の表現）によって選ばれた教科書を使用しなければならない。なぜなのであろうか。こういう制度が教育にとってどのように有効であり得るのか、その理由を説明してもらえないものか。理由の説明はいまだかつて一度たりともなかった。

　ところで不思議なことがある。それは、高等学校の教師たちは、自らの意志で教科書を選択できることである。同じ大学を卒業したA君とB君がいたとする。A君は中学校教師になった。B君は高校に勤めた。両君の英語教育についての基本的な学力・技術はほぼ同等である。にもかかわらず、A君は自分で教科書を選べず、B君にはそれができる、というのは一体どういうことなのであろう。

教師の主体性を失わせる採択地区制度

　「採択地区」の設定は、法第12条によって定められており、現在、全国に497地区ある。採択地区は都道府県ごとに定められていて、一番少ないのが鳥取県・香川県の3地区、多いのは東京の53地区である。

　採択地区を設け同一地区内では同一の教科書を使用させるという制度の導入にあたっては、学校ごとに教科書が異なると児童・生徒が転校したと

きに困る、という理屈が利用された。だが、この理屈を押し進めると、日本全国で同一の教科書を使用させなければならなくなる。これではかつての「国定教科書」である。事実、ある時期に、採択地区は都道府県単位にするとか、あるいは、北海道、東北州、関東州、といった具合に都道府県を大きくくくる「道州制」を採用し、採択地区を道州単位にするということが提案され議論されたことさえある。

　この採択地区制度は、教師が教科書を選べないこととともに、教師の主体性を否定する制度である。その地区のすべての教師は、あてがわれた教科書によって教育活動をしなければならない。もちろん、採用された教科書が気に入っている教師もいるであろう。しかし、全員が気に入っているという状態はあり得ない。実際に、そのあてがわれた教科書についての不満を授業中に繰り返し生徒たちにぶつけた教師がいる。これはある中学生から聞いた。これでは教育効果が挙がるはずがない。

　「教科書を教える」か「教科書で教える」かの議論が繰り返されている。原則は「教科書で教える」であろう。しかし、その教科書自体が教師自身の教育理念・方法に近いものでなければ、「教科書で教える」こともほぼ不可能になるのである。気に入らない教科書を放り出して、教師自らの作成する教材によって授業を運営することができるというのならば、話は別である。しかし、これは「伝習館高校事件」訴訟において「教科書使用義務」が最高裁において確定している。とすれば(結論を急ぐが)「採択地区」の制度は廃止しなければならぬ。

　採択地区制度の導入については、その当時の教師たちの考え方も1つの動機となったことにも触れておく必要がある。それは、「学校ごとに教科書が違うと、その地区の研究会の運営もうまくいかない」という声が、実際に教師たちからあがっていた、ということである。私自身、当時、中学校の教師をしていて、しばしばそういった声を聞いた記憶がある。そして、私にはなぜそのように考えるのかがわからなかった。中学校で教えるべき内容の大枠は『学習指導要領』で決められているが、その内容をどのように展開するかは教科書ごとに異なる。これの比較・検討は、研究会の重要な研究テーマとなるはずである。当時のことを思い出して、これが「採択地区」制度を引き出す原因の1つとなったことを悔やんでいる。

途中で教科書を変えることができない

「教科書の採択期間」というものがあることは、意外に知られていない。「教科書の採択期間」は、法第14条に定められている。「義務教育諸学校において使用する教科用図書については、政令（「施行令」のことである）で定めるところにより、政令で定める期間、毎年度、種目ごとに同一の教科用図書を採択するものとする」という。そして、具体的には「施行令」の第14条に定められている。1991年4月にその施行令が改正されて、教科書の採択期間は4年となった。それ以前は3年である。

法律の文章というものはとかく面倒で、読む気も起こらないという人が多いが、暇にまかせて読んでみると意外に面白いもので、上の条項は、簡単に解説すれば「ある教科書を採択したら、それが気に入ったか気に入らなかったかは問題ではない。そのまま4年間は使っておれ」ということであり、また「気に入った教科書でも、採択期間が切れたら、翌年度はその改定版かあるいは別の教科書を使え。自分の好みを言うことはまかりならん」ということである。

これも理不尽な規定である。なぜならば、高等学校では、使って気に入らなければ翌年に別の教科書を採択することができるからである。そして、この現在の高校のあり方が正しい。教科書というものは、しばしば、使ってみなければわからないということがあるからである。間違いに気がつけば改めなければならない。1年間という期間でも「過ちを改むるに憚ることなかれ」に対応するには長すぎるということはある。高校ではそれができる。これに対して、小中学校では4年という長い間過ちを改めることができない。こういう事態は、ほんとうに望ましいものなのであろうか。「採択期間」の正当性について、誰か納得できる説明をしてもらえないものであろうか。

「タダほど高いものはない」ことについて

この法律が出来上がるについては、『日本国憲法』第26条第2項が利用された。「義務教育は、これを無償とする」である。そして、不思議なことに、「義務教育諸学校の教科用図書の無償に関する法律」の第1条第1項

は「義務教育諸学校の教科用図書は、無償とする」とした。なぜ不思議かというと、義務教育無償の意味は、本来「授業料は払わなくてもいい」ということであったはずであるからである。公立小学校・中学校では、1947年発足以来、授業料は徴収していない。小学校については、すでに1907 (明治40) 年に小学校6年間の義務教育についてこれを「無償」とすることを定めて以来、授業料は徴収していない (義務教育の中学校の発足は1947年)。

「無償」ということばの響きは、なかなかいいものである。何しろ「タダ」なのだから。金を払う必要がない。タダで自分の子供の教育をしてもらえる。これほどいいものはない。しかし「タダほど高いものはない」のである。小学校・中学校のすべての教科書を無料で小中学校の全児童・生徒に配布 (法律では「給与」という) することにした。このために、その教科書代金は国家予算から支出することになった。税金である。税金は無駄づかいはできない。そして、無償教科書について支出する国家予算はたったの数百億円である。

この結果どういうことが起こったか。端的に言えば、教科書のページ数が減った。なぜそうなったのかというと、教科書1冊の値段が制限されているからである。なぜ制限されるかというと、それは教科書に充てる国家予算が足りないからである。現在使用されている中学校英語教科書1冊の値段は249円である。ただし、この値段は教科書のどこにも表示されていない。奥付を見ると「文部大臣が認可し官報で告示した定価 (上記の定価は、各教科書取次供給所に表示します)」と書いてある。したがって、多くの人々は教科書の値段は知らないし、タダで貰える本の値段などには関心もない。

教科書が薄くなったことについて、いつぞや以上のようなことを話したところ、「週3時間だからそんなに分厚い教科書にはならないだろう」と言われた。この発想は間違っている。教科書のページ数と授業時数とが比例することにはならない (週3時間問題は、また別の重大問題だが)。たとえば、1ページに豊富な挿し絵を掲げ1 sentence ずつ盛り込み、仮に1時間に5 sentences ずつ進むとすれば、年間100時間分は500ページになるであろう。そういう教科書もあっていいではないか。現実には150ページそこそこである。いや、150ページでもいい。それでも内容が優れていれば優れた教育をすることができる。しかし、一方、500ページの優れた教科書があってもいい、ということが言いたい。すべての中学校英語教科書が150

ページ（あるいは、それ以下）でなければ、教科書出版社の営業が成り立たないという状態では困る、ということが言いたい。

教科書の値段についての制限は、また、別の問題を引き起こしている。それは、営業力の強大な出版社の教科書がマーケットを広げているということである。教科によっては、いわゆる「ガリバー型寡占」の状態になっているのである。1 冊の教科書から得られる利益は高がしれている（何しろ単価が週刊誌 1 冊分である）。利益がなければ会社は生きていけない。教科書 1 冊から得られる利益が少なければ、多量に売るしかない。ここで教科書出版社の営業力が問題となる。

かつて、中学校の英語教科書が自由採択であったころには、20 種類以上の教科書が出版されていた。現在は 6 種類である。「寡占」である。全国の英語教育は、たったの 6 種類の考え方で運営されているということである。そして、現在なお自由採択である高等学校については、40 種類に及ぶ教科書がしのぎを削っている。どちらが望ましいのであろうか。

課　　題

私は、現在の英語教育は「死に体」であると考えている。教科書の広域採択制が 1965 年に始まり、中学校英語週 3 時間制が 1981 年に始まり、これでほとんど完全に窒息状態となってしまった。中学校英語週 3 時間制は、1991 年度から徐々に「3＋1 時間制」に変わりつつあるけれども、これはけっして週 4 時間を保障するものにはなっていない。

ただ、そういった状態だからといって、われわれ英語教師は、目の前にいる生徒たちを放り出すわけにはいかないのである。英語を教えなければならない。英語そのものを、あるいは、英語を通じて何かを、教えなければならない。その目標は達成しなければならぬ。そのためには、われわれは何をしなければならないか。提案したい。

それは、「研究会」に関連して述べたことである。現在全国で使用されているすべての（英語）教科書を徹底的に比較・検討することである。そして、このことによって、より望ましい教科書とはどういうものかについて徹底的に意見を交換することである。意見の一致を見ることはないであろう。様々な意見が出てくるであろう。それでいいのである。10 人いれば 10 通

りの意見が出る。このことから、現在、全国の英語教育がたかだか6種類の教科書によって行われていることについての疑問が出てくるはずである。

　私の、ここで言いたいことは、中学校の現場で英語教育に携わっている人たちに、広域採択制という、どうにもしようもない制度における英語教育の現状そのものを考えてもらいたい、ということである。そして、あと何十年後かに広域採択制を消滅させ、生徒たちが「なるほど」と納得するような英語教育が実現することを願っている。

（『現代英語教育』1992 年 7 月号）

優れた英語教科書出現の条件
——検定制度がなくなれば優れた教科書が現れるか

それほど簡単な話ではないこと

　編集部から、「検定制度」がなくなったとすれば、どんな教科書を作りたいと思っているか、と尋ねられたが、ほんとうは、問題はそれほど簡単ではないのである。検定という「制度」だけがなくなったからといって、思い切った構想による教科書が誕生する可能性はほとんどない。

学習指導要領

　まず、「学習指導要領」がなくなる必要がある。なくならないまでも、非常におおざっぱな、大枠だけを示したものになる必要がある。たとえば、動詞の ing 形。現行の学習指導要領は、この ing 形を次のように扱うように指示している。

(1)　進行形で用いるのは中学校 1 年
(2)　名詞用法 (動名詞) のうち動詞の目的語とする使いかたは中学校 2 年
(3)　名詞用法のうち動詞の目的語としての使い方以外の使い方は中学校 3 年
(4)　形容詞用法は中学校 3 年
(5)　知覚動詞の目的語補語としての用法は高校英語 I
(6)　副詞用法 (分詞構文) は高校英語 II

　つまり、ing 形の使い方を 4 年ないし 6 年間にばらまいてしまって、用法相互の関係を見失うように仕組んでいるのである。上記 (1) と (4) とが

2年も離れているなどは、英語の素人の素人的判断によるものとしか思えない。進行形における ing 形は、形容詞用法以外のなにものでもないからである。

　学習指導要領は必要であるという意見もある。この意見に従うとしても、これを作るメンバーは、ほんとうの意味でのプロを集めてもらわなければ困る。アマチュアの趣味で (つまり無知を土台として)、気まぐれに決められた「学習指導要領」が存在する限り、検定制度がなくなったとしても、なにも事態は変りはしないのである。

　それはどういうことかというと、現在の英語教育現場は、少数の例外を除いて、完全に主体性を失っているからである。「学習指導要領」の指示する枠をはみだした教科書は、もちろん作ることはできるであろうが、それが学校に採択される可能性はまったくない。学習指導要領が、「現在形」の扱いを中学校1年に、「過去形」の扱いを中学校2年にしていれば (こういう馬鹿げた指定を現行の学習指導要領は強行しているのである)、中学校1年用の教科書で過去形を扱えば、これは、学習指導要領違反として、この教科書が採用されることはないであろう。

教科書の広域採択制度

　上に述べたことから、必然的に、「教科書無償制度」はどうしても廃止してもらわなければならないという主張が出てくることになる。「無償」そのものは結構だが (私は、結構とは思っていない。ただほど高いものはないのである。金のために魂を売るわけにはいかない、と考えている)、「義務教育諸学校の教科用図書の無償措置に関する法律」に含まれている教科書の「広域採択制度」を廃止しなければ、検定制度をやめても結果はまったく変らないのである。「広域採択制度」下にあっては、教科書採択の実権は、事実上、教科教育にはまったくの素人である「教育委員会」、なかんづく「教育長」が握っている。現在、現場教師が望まない教科書が、教育長あるいは彼を取巻く少数の「実力者」によって採択されている例がいかに多いことか。こういうことは、天下の公器を自称する新聞も一切報道しない。恐らくタブーなのであろう。──余談だが、教育の現実に対する新聞の不誠実さを思うたびに、あの太平洋戦争中の新聞のウソツキ加減を思い出して気が滅入る

のである。なぜマスコミは現実をきちんと見ようとしないのか、いい加減としかいいようがない。

教科書協会の協定

さて、仮に「学習指導要領」がまともになったとしても、それでも問題は解決しない。なぜなら「教科書協会」の協定が存在するからである。一つの例だが、教科書のページ数を決めているのは、教科書出版社の連絡協議体であり、文部省と教科書出版界とのパイプ役をつとめる「教科書協会」なのである。英語の教科書は、現在、200ページそこそこである。英語教育のプロであれば、200ページそこそこの本で何ができるか疑うであろう。しかし、教科書協会の人たちは英語教育のプロではない。ここで最優先するのは、企業としての「利潤」である。これは当り前である。同じ200円の本ならば、ページ数は少なくしたほうが利潤は大きくなる。こんな理屈は理屈でも何でもない。常識である。

「広域採択制度」のおかげで、各教科毎の教科書の価格が文部省で決められることになった。だから、教科書は薄っぺらなほうがいいのである。

天下周知のように、文部省は大蔵省に対しての発言力がもっとも弱い、弱腰の省だから、やっと、教科書代金年間400億円ほどしか獲得していない。400億円などという「ハシタ金」は、自衛隊の戦闘機の3機分にしか過ぎないのである。教科書出版社は、毎年、その3機分の金額の中で利潤を上げようともがいているという、恐るべき情けないありさまなのである。

「教科書無償」は結構なことだ。ただし、予算が気にいらない。一桁違う。少なくとも4,000億、ほんとうは1兆円くらいは要求したい。教育にくちばしをはさむことの好きな政治家や政治屋たちも、教科書は大切だと言っているのである。国家予算から見れば、1兆円などという金額は、雀の（涙とはいかないかもしれないが）糞に過ぎない。

教科書協会は、昭和47年に、英語の教科書から「色」を奪った。私は、これをどうしても許すことができない。それ以前の教科書には「色」があった。2色刷りをしていた。2色刷りは昭和37年から10年間続いたが、これも結局、文部省の400億円の壁に阻まれた。400億円の中で教科書を色刷りしていては、採算が合わないのである。これも理屈である。だから、

「色」に関しても、私は、文部省をどうしても許すことができないのである。その当時、文部省内で英語教育行政を担当していた人たちも、どうしても許すわけにはいかない。

おもしろい話がある。それは、教科書協会の幹部は、教科書の発行部数の多い会社の役員がなる、ということである。すぐれた教科書を作った会社の役員ではない。このばかばかしさ！　このすばらしさ！　教育万歳！ 世の中は、相も変らず「弱肉強食」である。なぜなら、すぐれた教科書というものは、けっして発行部数は多くなれないのである。なぜなら、教科書の採択の実権が、教育の素人に握られているからである。「子供たちの特性を生かす教育」などというスローガンが、単なるスローガンで、つまりは、「弱者切捨て」の体制であることが、このことだけでもよくわかるはずである。

週3時間ではどうにもならないこと

検定制度がなくなったら、という仮定には、まだ注文がある。

いくらすぐれた教科書を作ったとしても「週3時間」ではどうにもならない。私は、「週3時間」は「ゼロ時間」と同じ、どころか「マイナス2時間」であると考えている。数パーセントの例外を除いて、「週3時間」では、勉強すればするほどわからなくなる、そういう体制であると考えている。子供たちは英語がわからなくなる。わからなくなった子供たちをあざけり笑おうとする、「おまえたちは落ちこぼれである」とあざけり笑おうとする体制、それが、週3時間である。「週3時間」は、庶民から英語を奪い取るための謀略であると、私は断言して憚らない。

1クラス40人ではどうにもならないこと

注文はまだある。1クラスが40人などという過密学級では、いくらすぐれた教科書が提供されても、どうにもならない。こういう話になると、「検定制度」がどうのこうのなどということはまったく瑣末的で、残念ながら、どうでもいいことになるのである。「経済大国」を誇る国が、なぜ1クラス40人を教育現場に押付けているのか。外国語教育に限ってみても（本当

は限らなくても）1人の教師が扱える生徒数は、せいぜい20人なのである。40人でいいという理論的根拠を、文部省は示すべきであろう。

　現実には、教育は、おかしくなっているのである。そして、この現実をもたらしたのは、教育行政以外のなにものでもない。それにもかかわらず、政府および文部省は、現場の教師たちにすべての責任を押付けようとしている。

教育は子供たちに奉仕するものであること

　「検定制度」がなくなったらどういう教科書を作るつもりか、という問いに答えなければならない。しかし、問題は「検定制度」だけではない。このことを、いままでくどくどと述べたのである。そして、繰返しておきたいことは、われわれ教師は、けっして、政治や行政に奉仕するために存在しているのではないということを、いま思い起してほしいということである。文部省の役人もわれわれ教師も、子供たちのために奉仕するのであって、われわれが、役人に奉仕する必要は、まったくないのである。

テスト業者

　もうひとつ付け加えておく。現在の学習指導要領は、「テスト業者」のために存在しているとしか考えられない、ということである。いま、英語教育現場は、まさに「テスト業者」に支配されている。言い換えれば、文部省はテスト業者の利益のために行政をしているのである。「共通一次」がいい例である。

　「テスト業者」は「教育者」ではない。それにもかかわらず、全国各都道府県において、彼らは絶対的に教育界を支配している。現在の英語教育には整理したほうがいいことがかなりある。「短縮形」などはその一つで、週3時間という追い詰められた状態の中で、こういう不要不急の事項は指導する暇はないと思うのだが、そういうことを言うと、「そうは言っても、業者テストに出るのだから、教えないわけにはいかない」といった答を何回と聞くはめになるのである。「教育者」を自ら名乗る教師が、なぜ、教育現場からの業者テスト追放を言わないのか、なぜ、自らの手でテスト問題を

作ろうとしないのか。これは、教育界の十大不思議の第一の不思議である。

ここで、ぜひ考えてほしい。英語教師であるあなたにぜひ考えてほしい。あなたの関心は、生徒たちにあるのですか。それとも、生徒たちに関係のない企業をもうけさせることにあるのですか。

私は、ここまで書いて、疲れ果てた。私は、いま、大学の教師である。本当は、大学の教師というものは、中学校や高校の英語教育とは関係がないのである。しかし本当は――ここまでくると、もう、どうしても整理がつかない――関係があるのである。しかし (もう、語法はメチャメチャだ) もうどうでもいいのである。しかしやはり、どうでもよくないのである。――ここで、私は、ただひたすらに頭を抱えこむ。

基本的な問題

「検定制度」がなくなるだけではどうにもならない。以上の各節で述べたことが、すべて実現する必要がある。そのときどういう教科書を作るか。

日本の英語教育は、40年代に「オーラルアプローチ」が崩壊して、チョムスキーに助けを求めたが、チョムスキーからは (当然のことながら) ソデにされ、以来、カオスの状態が続いて現在に至っている。いまや、ただひたすらに、「救世主」を待つばかりになっているのだが、その「救世主」が現れる気配は全くない。

当り前である。日本の英語教育は、パーマーの教授法、フリーズたちのオーラルアプローチ、それから、吉沢美穂氏が日本に導入した Graded Direct Method、少なくとも、日本の英語教育の主流となるはずであったこれら先人たちの努力を、すべてソデにしてきたのである。

一つの例だが、GDM は、関係代名詞を中学校1年生で教えてしまう。ところが、「学習指導要領」がいい例だが、英語教育界の与論は、関係代名詞などという難しいものは、中学校3年がいい、ということで現在に至っている。

一つの例だが、パーマーは、教師と生徒 (たち) の間に言葉が交わされることによって、生徒 (たち) の外国語能力が開発されるはずであるという立場で、その方法論と教材論を展開した。しかし、英語教師は、教師と生徒 (たち) の間に言葉が交わされることを拒否し、教師が一方的に教えること

こそ真の言語教育であると信じて、つまりは、文法中心主義・翻訳中心主義にのめり込んでいるのである。そして、この方法こそが、もっとも優れた省エネタイプの方法である。この方法に従えば、自分が中学生・高校生であったころに習い覚えた知識を利用するだけで、一生、クイッパグレルことがない。

　一つの例だが、フリーズたちによるオーラルアプローチも、悲劇的な結末を迎えた。なぜか。パーマーのオーラルメソッドやGDMにも共通して言えることだが、オーラルアプローチを実践するためには、当該外国語に関する恐るべき実力が要求されたからである。山家保氏は、かつて、オーラルアプローチは英語の素人でも立派な業績を挙げることができる教授法であると言って全国を行脚したが、あれは大変な誤りであった。ピアノがひけない人にどうしてピアノを教えることができるか。

　パーマー、フリーズ、GDMを実践するには、英語教師は死ぬほどの苦しみを味わわなければならなかった。そして、残念ながら日本には、死ぬほどの苦しみをしてもいいという英語教師が、ほんのひとつまみしかいなかった。「教師が死んでは、生徒が救われない」と考える教師が多すぎた。「教師というものは、生徒がいなければ存在価値を失う」という原則を忘れた教師が多すぎた。この状態が続くかぎり、日本の英語教育は、永久に救われないであろう。優れた教科書など出現するはずはないのである。

夢を描くことができない

　優れた教科書とは何かを述べるはずであった。「検定制度」がなくなったらどういう教科書を作りたいと思っているかを述べるはずであった。しかしそれはできなかった。理由は、以上の説明でわかっていただけたと思う。描けない夢を敢えて描けば次のようになる。

(1) 中学校3年間で、少なくとも3000語から5000語の単語を教えたい。
(2) 「叙実法」（変な名前だ）と「仮定法」（本当は「接続法」といったほうがいいのだが）の両方を中学校で教えたい。
(3) 中学校で、つづりと発音の関係を完全に教えたい。

私たちの手元には、例えば GDM には、*English through Pictures* という優れたテキストがある。そして、このテキストは、現在の英語教育の体制の中では、まともな形では利用できないのである。それは、本稿で述べた様々のことがそれを妨害しているからである。

　パーマーの *English through Actions* という本がある。この本の中で展開されている教材も、同じ理由によって、現在の体制下では使うことができない。フリーズの *Foundations for English Teaching* も同じである。これらの方法論・教材論が通用しない現状では、到底「夢」など描けるはずがないのである。

(『英語展望』1984年秋号、No. 82)

「第4章 ことばの教科書を求めて」
解　説

「教わったとおりに教えるな」

　若林氏はいくつかの「名言」を遺したが、これはそのうちの1つである。ともすれば誤解を招きそうな言い回しである。が、いわば挑発的な文言で耳目を集め、読者や聴衆を本題に誘い込むのが得意だった氏の面目躍如の色合いの濃い「名言」と言える。

　その真意は、「今までそうだったからという理由だけで、自分も同じように行うのはやめよう。何を行うにしても、ことの本質を自分で確かめ、その本質を実現するために、日々の指導を行おう」ということである。これはもちろん「過去に縛られることなく、自由に発想しよう」ということと無縁でなく、また「あらゆる種類の自由を確保することが教育には大切である」という考え方にまで敷衍することができる。

　教科書をめぐる文章を集めたこの第4章を一貫して流れているのも、上の「名言」に集約できる英語教育の本質を問う姿勢であり、また、あるべき教育を実現するために必要なのは、何よりも（教師、そして生徒の）自由の確保である、とする姿勢である。加えて、学校教育における英語教育は、決して昨今はやりの「使える英語」ではなく、「ことばの教育（言語教育）の一環であるべし」という強い信念も随所に見られる。

　たとえば、現行の中学校検定教科書を見ると、「印刷された会話教材」（何という矛盾！）の多さが目につく。氏は1994年の時点で、中味の乏しい浅薄な会話ばかりであることを慨嘆する。

　「学校における英語教育は役に立っていない！」という企業の批判を受け、その意を酌んだ文部科学省は「グローバルな人材」を育てるべく、より実用的で即戦力となるコミュニケーション重視の英語教育への転換を図ってきた。が、氏は、その結

果現れることになった会話教材の中身の浅薄さ(というよりも、中身の無さ)に呆れるのである。

かつて氏から、ご自身の師である小川芳男先生が「日本の"英会話"っていうのは、お茶を飲む前と飲んだ後だけだね。大事な話は、お茶を飲みながらなのになぁ」と語るのを聞いて「うまいことをいうもんだ」と思った、と聞いたことがある(第3章「『言語活動』の基本形態」に類似した話が載っている)。

言語教育としての英語教育が行うべきは、「お茶を飲みながら」の会話がちゃんとできるようにし、相手が言ったことが聞き取れるようにするということである。それこそが相互理解・相互尊重につながる英語教育であり、言語教育が本来、追求すべきものだというのである。

氏が、本章所収の「会話形式の教材のこと」で嘆いてから20年以上が経った。事態は改善に向かっているだろうか。

氏は、英語教育は「ことばの教育(言語教育)」の一環であるという姿勢を常に持ち続けていたからこそ、『にほんご』(安野光雅・大岡信・谷川俊太郎・松居直)の根本にある言語教育の思想には強い共感を示した。それは当然すぎるほど当然の反応と言える。

英語の授業では、「音読(reading aloud)」という活動が欠かせない。しかし、時に授業の冒頭で、その日扱う(ということは、まだ意味が理解できていない)教科書本文を音読する授業を、氏は批判した。意味の理解があって初めて音声化が成り立つとの考えに立ち、その意義を問うたのである。

そんな氏が折に触れて音読したのは、同書の〈ろくおん〉である。

　　いろんな　ことばを　いろんな　いいかたで／ろくおんして　きいてみよう。／たとえば「おおきな　ぞう」って／ちいさなこえで　はやくちで　いってごらん。／なんだか　へんだね。／うれしそうに「かなしい」って　いってごらん。／うそついてる　みたいだね。(後略)

『にほんご』を支える言語教育思想を、珍しく、もろ手を挙げて絶賛した氏だが、自身も中学校の検定教科書(特に1977年度以降のNew Crown English Series, 三省堂)の執筆・編集に長く携わった。自身の考えも加味して、自由な発想のもと、理想と考える教科書の実現に努めるのだが、必ずしもすべてが実現したわけではない。それを妨げようとする様々な障壁が待っていたからである。

その1つは、教科書の値段の「安さ」である。義務教育における検定教科書はタダである、というのが世間の常識である。確かに保護者が教科書代を支払う必要はないが、文科省は教科書会社に対して代金を払う。しかし、そのための予算が乏しいことを知っている人は少ない。そして、氏は、その「安さ」が教科書の発展の可能性を阻害し、ひいては（英語）教育の質を落としていると断言する。このことを指摘する（英語）教育者に出会うことは、いまだに稀であると言っていい。「憲法で保障されていることが実現しているのだ。無償である現実に文句はなかろう」というレベルに留まってはいないか。

小学校・中学校で使われる検定教科書の無償化は、検定教科書の広域採択制度と「抱き合わせ」で、1963年から実施された「政策」である。この「広域採択制度」のもたらす諸悪についても、氏の舌鋒は鋭い。氏はかねがね「タダほど高いものはない」と口にしていたが、まさにこれが適例と言える。

この制度は個々の教師に選択権がないだけでなく、広域採択には大きな利権がからむため（一採択地域を制すれば、教科書に付属する様々な教材から、教科書会社は利益を得られる。単価の安い教科書本体からの収益はほとんど見込めないため、なおさら）、採択競争は激化しやすい。2015年末以降報道された、教科書会社による採択をめぐる醜聞は、無償化のリスクが露呈したものと言える。

ちなみに、大学における氏の「英語教育学」の授業では、毎年のように明治35（1902）年12月に摘発された教科書疑獄を描いたNHKのドキュメンタリー番組（1982年5月10日放送）のビデオが流された。この事件は、教科書会社が採択数を増やそうと「営業努力」を重ねた結果、贈収賄へと発展し、その「再発防止」の名の下に、機に乗じた明治政府が（念願の）国定教科書化を推進していく様を描いたものであった。

本章を読むとわかるように、氏は「政治的」である。自身の実感を根拠に「校長に英語教師が少ないのはなぜか」ということもよく口にしていた。さらには「外国語をやると政治的無関心になりやすいのだろうか。○○科や△△科の校長は多いのに」と被害妄想とも本気ともつかない発言をしていたこともある。「英語教師よ、もう少し政治的に明るくならないと、英語教育の未来は暗いぞ。教科書のもつ政治性を、せめてもう少し自覚したほうがよいのでは？」という氏の言葉が聞こえてくるようである。

――手島　良

●第5章●
英語教育の歩み

入 試 英 語

入試英語の発生

「受験英語」というものが、いつどのように発生したかについては、川澄哲夫編『資料日本英学史 2・英語教育論争史』（大修館書店、1978）の pp. 40–45 にぜひ目を通していただきたい。南日恒太郎、山崎貞、小野圭次郎などの懐かしい名前が見える。川澄氏は、受験英語という奇妙なものの存在は、南日恒太郎『難問分類英文詳解』（有朋堂、明治 36 年）に始まるとしている。氏は言う：—

> 『南日』が上級学校受験の参考書として、受験生たちから重宝がられたことのために、その弊害は二重のものとなった。受験英語の性格をゆがめ、病的なものとして、日本の英語教育に計り知れない害毒を流すことになるのである。この意味では、まさに『南日』は画期的な著作であったということができる。　　　　　　　　　　　　（同書、p. 42）

受験英語批判

同書には、受験英語についての識者の意見が紹介されている。そのいくつかを拾ってみる。

> 訳読の稽古として、難句集と云ふ風の書物を用ゐるのは、何うかと思ふ。寧ろ、害あって益なきものでないかと思ふ。それよりも、同じ研究をする気なら、比較的平易な癖の少ない、温なしい文体の書物に就いた方が遥に好い。　　　　（第一高等学校教授・岡田實麿、明治 43 年）

私の見る所では、凡そ此の難句集と云ふもの程無益で、訳の解らぬものはなからうと思ひます。元来、文章といふものは、一部分丈では不完全なもので、全体の意味を解するには、是非共其の前後の関係を明らかにして居なければならぬ。然るに、難句集の難句は、文章のほんの一部分のみを出して、これの解釈を迫るのです。
　　　　　　　　　　　（東京外国語学校教授・平井金三、明治43年）

　従来受験の準備には、一種の迷想とも云ふべき誤解がある。強ち学生間のみに限らず、現に中学校に教鞭を取る人の中にも、この誤れる思想に囚はれるのが少なくない。畢り、此種の人の目に映じた入学試験と云ふものは、何か性質を備へて居るかのやうに見る。だから、其所に出される問題の如きも、英語、数学其他の諸科目を通じて、余程毛色が変って居て、これに応ずるには、普通中学で教へ、又は修めるもの以外に亘り、飛び離れて特殊なことを知って居なければならぬと、斯う堅く信じて居るのである。　　　　（東京高等商業学校教授・髙島捨太、明治43年）

こういう論議を読むたびにいつも思うことだが、われわれ英語教師は、明治以来100年近く、ほとんど同じ文句を繰り返しているのである。少しの進歩もない。次に引用するのは、入試批判であるが、これもまた同じである。

　或官立学校の入学試験に於ける英文翻訳を見る毎に吾人不審無き能はず。彼れは奇句奇語を連ねて英語学の力を検する也。げにや Idiom を解せざるものは国語を解せざるものなるべし。然れども idiom を解せざるもの未だ必ずしも英文に通ぜざるものにあらず。況んや字典を翻せば忽ちにして解し得べき。しかれども prima facie には解し悪き異やうなる字面を試題中に加へて以て学力を検せんとするに至りては吾人其本意を訝り疑ふ。　　　　　　　　　　　　　（坪内逍遥・明治24年）

　従来諸官立学校入学試験の英語問題を見るに英文和訳和文英訳の如きは往々中学卒業程度の学力には迚も解する能はざる程困難なるものあり。否な中学校の英語教員と雖も手に余まる如き難題あり。又英語試験中至

難として世人の許るす文部省の教員検定試験の問題としても恥かしからぬ如き問題あり。(中略) 勿論試験問題は世の中に発表し他日雑誌や書籍に掲載せらるゝゆへ詰らぬ問題を発しては試験官のみならず其学校の面目に関するなどゝ云ふ懸念もあらむか。なれども直接目指す所の者は受験者其人なれば先づ第一に受験者の学力如何を標準に置かざるべからず。

(「中外英字新聞」明治 35 年)

上の 2 つ目の引用文は、大村喜吉・高梨健吉・出来成訓編『英語教育史資料 2』(東京法令、1980) によった。「中外英字新聞」は、国民英学会を創始した磯邊彌一郎が編集した英語雑誌である。彼は、この雑誌でしばしば英語教育論を展開した。「詰らぬ問題を発しては試験官のみならず其学校の面目に関する」というのは興味深い。これと同じことは現在でもある。こういう話はなかなか表に出てこないのだが、「易しい問題を出しては学校のコケン (沽券) にかかわる」といったようなことが、たとえば酒の席などで出る (酒がないとこういう話が出ないというのも悲しい)。10 年以上も前のことだが、ある大学の入試英語問題が相当に難しいので、その大学の教師に、なぜこんなに難しいのか、何点取ると合格するのか、と尋ねたところが、易しくすると、理事長が「コケンにかかわる」と言って怒る、100 点満点で 25 点も取ればほぼ最高点、ということであった。これには開いた口が塞がらなかった。受験生はたまったものではない。

入試英語と教授法

もう 1 つ、紹介しておきたい文章がある。英語教授研究所 (1923 年創設、所長: Harold E. Palmer, 現在の財団法人語学教育研究所) は、1925 (大正 14) 年 11 月 20 日から 22 日まで「第二回英語教授研究大会」を開催、文部大臣の諮問事項「中等学校ニ於ケル英語教授ヲ一層有効ナラシムル方法如何」に対する答申をまとめた。次は、その第 4 項である。

　　更ニ尚緊急ヲ要スルハ高等学校及専門学校入学試験ノ改善ナリトス。従来此等各学校ノ入学試験ニ於テ徒ラニ英文解釈ニ重キヲ置キ英語活用ノ伎倆ニ対シ何等ノ考慮ヲ加ヘサル傾向アリ。是レ中等学校ニ於ケル英

語教授改善ノ前途ヲ塞クー大障碍ニシテ之ヲ除去スルニアラサレハ教授法ノ改善ハ望ムヘカラス。堪能ナル教師モ其ノ手腕ヲ揮フコト能ハスシテ文部当局ノ期待ノ終ニ実現セサルヘキハ実相ヲ知ルモノゝ痛嘆シテ措カサル所ナリトス。故ニ此弊ヲ矯正スルタメ此種各学校入学試験ニハ聴取試験及口頭試験ノ方法ヲ附加スルコト極メテ必要ナリト思惟ス。要スルニ此ノ問題ハ中等学校ニ於ケル英語教授法改善ニ関スル先決問題ナリトス。

引用文は、当時、英語教授研究所が定期的に発行していた *The Bulletin* の New Series No. 19 (1925年11–12月合併号) の p. 20 に掲載されているものからとった。入試とは関係ないが、この「答申」の第5項第1号 (第4号まである) には、「一学級ノ生徒定員ヲ三十名以下ニ限ルコト。但シ其ノ実行困難ナル場合ハ成ルヘク之ニ近キ数ニ減スルコト」と述べられている。1学級の生徒数の多さは、そのころから問題だったのである。

さて、上の引用文が指摘していることの中でもっとも注目すべきは、入学試験のあり方を変えなければ、いくら教授法を工夫しても何にもならない、としている点であろう。

自民党の提案

時代は突然現代になるが、1987 (昭和62) 年10月31日に、自由民主党の「文教合同・大学入試に関するプロジェクトチーム・教育改革に関する特別調査会・高等教育小委員会・合同会議」が公表した『入試制度改革に関する中間まとめ・大学入試制度改革 (試案)』も、同じような提言をしている (これについては、本誌「英語教育日誌」(pp. 88–91) で紹介した)。つまり、わが国における英語教育を効果的に展開するためには、入試の内容・あり方を変えなければならない、というのである。

政治家のほうが苛立っている。それに引き換え、われわれ英語教師の何とノンビリしていることか。大正14年の「答申」の「入学試験ニハ聴取試験及口頭試験ノ方法ヲ附加スルコト極メテ必要ナリ」も全く実現していない。もっとも、何万人もの受験生を抱える大規模大学で「聴取試験及口頭試験」を実施するのは不可能であろう。だからこそ、ではどうするか、

を考えなければならないのである。できないからやらない、というのでは、これは幼児の発想である。

　中学校や高等学校の英語教師採用試験には、そろそろ、「聴取試験及口頭試験」が登場してきている(このことについても、「英語教育日誌」で紹介した)。いよいよ、入試のほうが遅れをとる事態になっているのである。自民党は、「英検」の発展的活用を提案している。これに対して、われわれは、どういう提案をすることができるか。いまのところ、何もない。

何を試験しているか

　話題を変える。

　1979 (昭和 54) 年、「国公立大学共通第一次試験」の制度が始まった。私は、それ以来、毎年のように、この「共通一次」の英語の試験問題を授業で取り上げて、1つ1つの問題について、それが試験問題としてどのように有効かを検討してきた。そして、結論。まるでオハナシにならないのである。

　今年の「共通一次」を検討していた授業で、私にはどうにも正解がわからない、正解が複数ある問題にぶつかった。「ところで、正解はどれだろうか」と私は尋ねた。ある学生が「XX に決まってます」と言った。「なぜ、そうなのか?」と私は尋ねた。「カンです」と、その学生は言った。「こういう問題のときには、正解は必ず XX なんです」と言う。教室中大爆笑となった。どうやら、ほとんどの学生は、彼女の言わんとしたことがわかったらしい。

　私が「あれでもいいし、これでもいいし、こちらでも場合によっては通じるだろう」などと思い悩んでいたことなど、学生たちにはこの上なくバカバカシイことだったのである。「それが受験技術なんですよ」と言ってくれた学生もいた。

　これはいいことを聞いたと思った。要は、「技術」なのである。どうやら、われわれが作る入試問題は、われわれが受験生時代に経験した「技術」の上に乗って作っているのではないか。つまり、教わったようにしか教えていない、テストされたようにしかテストしていない、ということではないか。どうやら、南日、山貞、小野圭が敷いてくれた路線に乗って動いて

いるだけではないのか。だからこそ「予備校」が成立するのではないか。私は、時々、受験生相手の英語番組をラジオやテレビで観賞する。そして、ほとんど絶望する。なぜならば、そこで教授されているのは、確かに「カン」なのである。「カン」だけである。4技能を目の前に据えた、真の「英語力」ではない。

　最後に、ささやかな提案をする。テストは、テストの専門家に任せたほうがいい。英語教育界は、テストの専門家を養成するプロジェクトを組むべきである。今の英語教師のほとんどは、残念ながら、テストの専門家ではない。

(『英語教育』1988年9月増刊号)

「学習指導要領」の変遷

　「学習指導要領」という呼び名は、昭和22年に始まる。この年には、六三制の新教育制度が実施され、新制中学校用英語教科書 *Let's Learn English* 全3巻が文部省の手により編集発行された。
　「学習指導要領」という用語は Course of Study の訳語である (宍戸良平『英語教育関係法規およびコース・オブ・スタディーについて』新英語教育講座、第1巻、研究社、1948年)。そして、学習指導要領は「...教師がそれぞれの教科の学習を指導してゆく場合、教師自身が自分でその指導のことを研究して行く手引き」であると説明されていた (同書)。学習指導要領が「手引き」であるという精神は、たとえば次のような文章にもよく表現されている。

　　この「学習指導要領」は、言語教授の理論と実際にもとづいて、こうした問題を解く助けとなるように作られたものである。けれども学校によっていろいろ事情が違うことであろうから、教師も生徒も、おのおのその個性を発揮して、この「学習指導要領」を十分に活用してもらいたい。
　　　　　　　　　　　　　　　(『学習指導要領・外国語科英語篇』昭和22年)

こういう文章からも十分推察されることだが、「学習指導要領」というものは、戦前の教育に対する謙虚なる反省の上に立って作り出されたものであった。昭和22年版「学習指導要領・一般篇 (試論)」の冒頭に、次のような文章がある。

　　これまでの教育では、その内容を中央できめると、それをどんなところでも、どんな児童にも一様にあてはめて行こうとした。だからどうしてもいわゆる画一的になって、教育の実際の場での創意や工夫がなされ

る余地がなかった。このようなことは、教育の実際にいろいろな不合理をもたらし、教育の生気をそぐようなことになった。たとえば四月のはじめには、どこでも桜の花のことをおしえるようにきめられたために、あるところでは花はとっくに散ってしまったのに、それをおしえなくてはならないし、あるところではまだつぼみのかたい桜の木をながめながら花のことをおしえなくてはならない、といったようなことさえあった。

中央集権的様相のきわめて濃い現在の教育行政に対する批判と全く同じようなことが、かつて文部省の手によって発表されたということは、皮肉でもあり、また感無量でもある。この考え方は、昭和26年の改正版にもそのまま引き継がれている。次に掲げるのは『中学校高等学校学習指導要領・外国語科英語篇(試案)』からの抜粋である (p. 611)。

だいたい日本の戦前の教育はいわゆる「画一教育」であった。中央政府が何をおしえるべきかを決めて、それがそのまま全国のすべての生徒に対して適用された。教育を実情に即応させて、効果的な独創的な方法を用いる余地はほとんどなかった。それは、当局の命令に準拠しておしえなければならないと思うことを、ただおしえるような人によって行なわれた一つの教育形式であった。それは、関心をもつすべての人が援助を与えうるような民主的教育ではなかった。言い換えれば、戦後まで学校をめぐる地域社会は、学校の方針にほとんどなんの影響力をもたず、教育のことはすべてこのような教育機関に任せ、教育機関はまたそれ自身、中央政府の指令を遵奉した。

ところが、やがて教育界は中央政府の指導を遵奉させられる方向に向かって進み始める。昭和30年、「高等学校学習指導要領」の改訂が行なわれ、「(試案)」の文字が消えた。昭和31年、「地方教育行政の組織及び運営に関する法律」が作られ、教育委員会の委員は「地方公共団体の長が、議会の同意を得て任命する」ことになった。また、文部省に教科書調査官が設置され、教科用図書検定審議会令を改定、教科書検定が強化された。そして、昭和33年、従来の「学校教育法施行規則」では「...教育課程は学習指導要領の基準による」となっていたのが「...教育課程の基準として文

部大臣が別に公示する学習指導要領によるものとする」と変わった。文面上はそれほど大きく変わったとは見えないのだが、たとえば、昭和 33 年改訂の「中学校学習指導要領」には、その目次のところに「文部省告示第 81 号・昭和 33 年 10 月 1 日」という文字が現われ、ついには、昭和 44 年になると次のような長文が登場するに至る。

> 文部省告示 199 号学校教育法施行規則 (昭和 22 年文部省令第 11 条) 第 54 条の 2 の規定に基づき、中学校学習指導要領 (昭和 33 年文部省告示第 81 号) の全部を次のように改正し、昭和 47 年 4 月 1 日から施行する。ただし、昭和 45 年 4 月 1 日から昭和 47 年 3 月 31 日までの間において中学校学習指導要領の必要な特例については別に定める。
> 　　　　　　　　　　昭和 44 年 4 月 14 日　文部大臣　坂田道太

学習指導要領の大改訂（昭和 33 年）

昭和 33 年は「学習指導要領」が大変貌をとげた年であった。謙虚な時代は 13 年しか続かなかった。この改訂の理由について、文部省は次のような説明をしている。

> 現在、小・中学校で行なわれている教育は、昭和 26 年に改定された学習指導要領に基づいて実施されています。しかし、十年一昔といわれますが、今日のような日進月歩の時代では、教育も絶えず反省され、改善されなければなりません。現在の教育課程は昭和 26 年に改正されてできたものですが、この現行の教育課程によって行なわれてきた小・中学校の教育の結果には、戦前のそれに比べてたしかによいところ、たとえばこどもの興味に即し生活に結びついた学習が行なわれるようになって、学校内が明るく、こどもの学習態度が積極的になったとかその他いろいろありますが、一方これに対して、いろいろな批判がなされてきたことは、皆さんがよくご承知のとおりです。
> 　　（文部省「新しい教育課程―小・中学校―(*MEJ* 6221)」昭和 33 年 12 月）

そして、その批判として、「道徳教育を徹底する必要」「基礎学力を充実

する必要」「科学技術教育振興の必要」「進路・特性に応じた教育の徹底」を掲げている。英語については、「基礎学力を充実する必要」と「進路・特性に応じた教育の徹底」が主眼とされているようで、たとえば「進路・特性」に関係すると思われる説明は次のようなものがある。

　現在の外国語の時間数は、毎週4時間ないし6時間になっています。ところが、選択教科には、外国語のほかに、職業・家庭というものがあって、この時間数は毎週3時間ないし4時間になっています。そうしますと、生徒のうちで、将来外国語を必要とする者は外国語だけ4時間以上やればよいし、また将来職業・家庭を必要とする者はそれを3時間以上やればよいのですが、外国語と職業・家庭とを両方とも少しずつ必要とする者は、外国語の最低時間数4時間と、職業・家庭の最低時間数3時間とを合わせますと、7時間になってしまって、とうてい両方を学習することができないわけです。

というわけで、外国語の時間数は、1・2年では最低3時間、3年では3時間コースと5時間コースとが生まれることになってしまった。教科についての「進路・特性」という発想法は、このとき始まったわけではない。たとえば、明治24年11月の「小学校教則大綱」を見ると、第15条に次のような文章がある。

　高等小学校ノ教科ニ外国語ヲ加フルハ将来ノ生活上其ノ知識ヲ要スル児童ノ多キ場合ニ限ルモノトシ読方、訳解、習字、書取、会話、文法及作文ヲ授ケ外国語ヲ以テ簡易ナル会話及通信ヲナスコトヲ得シムヘシ

英語授業時間数の移り変わり

　ここで、英語の時間数について、昭和22年の中学校に立ち戻ってみると、各学年年間35〜140（週1〜4）時間で、ただし、校長の裁量で週6時間まで増すことができるということになっていた。ところが、その同じ学習指導要領の英語篇には、次のように述べられている。

> 英語の学習においては、一時に多くを学ぶよりも、少しずつ規則正しく学ぶほうが効果がある。それが毎日1時間1週6時間が英語学習の理想的な時数であり、1週4時間以下では効果はきわめて減る。

この件については、宍戸良平氏もだいぶ不満であったらしく、前掲書の中で「一週一時間ないし四時間、さらに生徒の負担が過重でないと認めるならば、校長の裁量で、六時間まで増すことができる、という規定は、英語科の立場を考慮したというよりは毎週指導時数の全体の立場からきめられたものであって、こんなきめ方では英語科はどうにもならないことを事実によって証明し、将来これを修正してもらわなければならない」と述べ、「少なくとも一週五時間、でき得れば六時間...」と主張している。現在でもこの主張に異を唱える英語教師はほとんどあるまいと思われる。そして、昭和26年には、140〜210 (週4〜6) 時間と改められた。それが、昭和33年の大変貌に際し、前述のように削減を受け、ついには昭和44年、標準時間3時間と定められて、週4時間確保できればまだしもましであるというような状態に落ち込んでしまったのである。明治35年の「中学校教授要目」によれば、1・2年6時間、3・4・5年7時間であった。教育の体制がすっかり変わった今日とは比較にならないかもしれないが、それにしても、このあまりの変わりようは、日本英語教育史では将来どのように評価されるものであろうか。

指導項目の規定

再び昭和33年に戻る。「基礎学力を充実する必要」に関連しては、「どこの中学校で英語をおしえるにも、これだけはどうしても欠くことのできない学習活動だけを選んで、これを実際の授業に含めてもらうことにしました。文型や単語や文法事項などについても、これまでのように例として示すことを改めて、ぜひこれだけはおしえてもらうものにしぼって示しました」とし、その結果、学習単語は 1,100 語 (3年で週3時間の場合) または 1,300 語 (3年で週5時間の場合) と定め、この中に基本的な単語として 520 語を含めることとし、文型も学習能率をあげるため示し、文法も学年別に分けて示し、学習活動についてもその最小限度を示すこととした。——こ

の説明からもわかるように、これ以前の「学習指導要領」には、この種の規定めいたものは全く示されていなかった。あくまでも指導の手引きであったから、その必要はなかったのである。そして、昭和22年版、昭和26年版とも学習指導要領には「(試案)」の文字がついていた。この文字の趣旨は、次の文章によってもうかがい知ることができる。

　これまでもしばしば述べたように、この書は不完全であっても、このようなことについての現場の研究の手びきとなることを志したのであって、その完成は今後全国の教師各位の協力にまたなくてはならない。
　　　　　　　　　　　　　　　　　　(「学習指導要領　一般篇」昭和22年)

　したがって、「(試案)」の文字が消えたことは、学習指導要領が完成したことを意味すると考えざるをえないのだが、英語科だけに限っても、こう断言できる者が現在ありうるとは思えない。「(試案)」が消えて「文部省告示」がはいったことは、まさに象徴的でもある。

　ついでながら、「学習活動」という用語は、昭和44年に至って消滅した。約10年の命であった。そして、これにかわって、「言語活動」という用語が現われた。そして「言語活動」がいったい何を意味するのか、今なお現場は五里霧中で、論議がかまびすしい。ついに文部省の新造語によって教育の現場がキリキリ舞いを演ずる時代が到来した、とこれまた感無量である。

　もうひとつついでながら、文部省の定めた基本単語は昭和33年の520語から、昭和44年には610語にふくれあがった。昭和33年の改定のとき、案としてはじめに示されたのは515語であった。それが何かの都合で520語となった。ラウンドナンバーにするための小手先の操作であろうといううわさが流れた。そして今なお、520語にせよ610語にせよ、その理論的根拠が全く不明であるという非難が絶えない。たとえば、昭和33年には、orangeは520語の中にはいっていなかった。昭和44年にorangeは必修単語となった。しかもこのorangeが「色」のことか「くだもの」のことかはっきりしない。そして、オレンジを食べることなど、我々にはあまりチャンスはないのである。──冗談だけれども、むしろグレープフルーツを加えてはどうか、と言いたくなる。

「学習指導要領」は完成したか

　戦前には「学習指導要領」という言い方はなかった。これにあたるものとしては「教授要目」があった。また、「教授要目」においてさえも、昭和33年以降の学習指導要領のような、文法・文型・語彙などについての細かい規定は示されていなかった。たとえば「英語ヲ授クルニハ習熟ヲ主トスヘシ生徒ノ学力ヲ顧ミスシテ徒ニ課程ヲ進ムルコトアルヘカラス」（『中学校教授要目』明治35年）といった類のものであった。参考までに、同教授要目のいくつかの条項を拾ってみると、たとえば「英語ノ意義ヲ了解セシムルニハ之ヲ訳解シ又ハ実物、絵画等ニ依リ之ヲ直指スヘシ稍々進ミタル生徒ニ対シテハ英語ヲ用イテ説明スルコトアルヘシ」だとか、「文法ヲ授クルニハ生徒ヲシテ煩雑ナル規則ノ記憶ニ陥ラシムルコトナク応用自在ナラシメルコトヲ期スヘシ」などとある。ここには「教授上ノ注意」として、以上3項目を含む10項目が示されているが、おもしろいことに、このどれを取りあげても、いずれも現在ではほとんど常識となっていることばかりで、しかも今なおなかなか行なわれにくいことが列記されている。英語教育のかかえている問題は、これらの条項からみても、まだまだ、量的にも質的にも大して解決されてはいないと言わざるをえない。だから、戦後の「学習指導要領」から「（試案）」の文字が消えたことは、現実に対する傲慢な挑戦であると言うこともできる。

　教育改革に対する、敗戦直後のあの控えめなしかも着実な文部省の熱意は、いつどのようにしてどこへ消えてしまったのか。これは教育の問題であるより、むしろ政治の問題であり、さらに民主主義を我々のものとするかどうかの問題であろう。そして、今日では、大学の一般教養課程の基準を考えようとする動きが、ほのかに見え始めていること、これは、将来の歴史家のために特に記しておきたい。　　　（『英語教育』1971年12月増刊号）

昭和 22 (1947) 年の『学習指導要領』を読む

はじめに

　編集部から、この原稿の依頼を受けて、それをそのまま承諾してこの原稿を書くについては、少々、説明が必要かもしれない。本当を言うと、いまさら昭和 22 (1947) 年の『学習指導要領』を読む意味は何かと思う方々が多いであろうと思う。

　すでに 50 年という長い年月が経過した。1945 (昭和 20) 年 8 月 15 日のあの敗戦 (私は「終戦」とは言わない) の日を覚えている人も、いまや少数派になってしまった (と言っても、そのとき私は中学校 2 年生にすぎなかったのだが)。また、その翌年の 3 月上旬に「アメリカ教育使節団」(英語名: The United States Education Mission to Japan) がやってきて、25 日ほどの「調査研究」(なんのことはない、すでに何年もかけて、その調査研究をやっていたのだ。それにひきかえ、日本の対処の仕方のマズさ、これは、当時の責任者の責任を追及してもいいと思う) の末、3 月 31 日に、その報告書が、日本を占領していた連合軍最高司令官に提出され、その結果、日本の明治以来の教育システムが根こそぎ変えられた (残ったのは、小学校 6 年制のみ) ということになると、気づいている人もほとんどいない。

　翌年の 1947 (昭和 22) 年 4 月には、その『アメリカ教育使節団報告書』に基づいて「新学制」が始まった。始めさせられた、と言ったほうがいいであろう。現在の 6-3-3-4 制 (小中学校は 1947 年から、高等学校は 1948 年から、大学は 1949 年から) である。このシステムは合衆国の教育システムの (全部ではないが) コピーである。いわば、そのときの合衆国の教育システムを押しつけられたのだ、ということは知っておくべきであろう。このシステムが優れているかどうかについては、私にはこれを論ずるだけの資料がない。

よかったのかもしれないし、失敗したのかもしれない。それはわからない。だが、一言だけ言いたいのは、合衆国の真似をしていれば、私たちは幸せになるのか、ということである。私は、少なくとも、このことについては「否」と言う。

構　成

さて、以上のような経緯から現在の日本の教育システムが始まり、そして日本の教育史上初めて『学習指導要領』という名前の文書が、1947年3月、文部省によって「発行」された。その「英語編」の構成は次のとおりであった。

序
第一章　　英語科教育の目標
第二章　　英語に対する生徒の興味
第三章　　英語に対する社会の要求
第四章　　教　材
第五章　　学習指導法
第六章　　学習結果の考査
第七章　　第七学年の英語科指導
第八章　　第八学年の英語科指導
第九章　　第九学年の英語科指導
第十章　　高等学校における英語科指導
附　録　　発音について

［試案］のこと

この1947年版の『学習指導要領』の内容は、いまでは想像もつかないほどに優れたものであった。何が優れているか。次は、その『学習指導要領』の「英語編」の「序」の最後の文言である。

もちろん、この「学習指導要領」は完全なものではないから、実際の

経験にもとづいた意見を、どしどし本省に送ってもらい、それによって、年々書き改めて行って、いいものにしたいのである。

　この『学習指導要領』は、教育現場に教育に関する知恵を求めていた。『学習指導要領』という形で一つの指針を示したが、まだ不十分である、どうか、優れた教育を達成するために、教育現場 (つまり、教師たち) の知恵をお願いしたい、という、そういう謙虚な姿勢であった。
　そういうことから、この『学習指導要領』は [試案] であった (1951 年版の『外国語科英語編』のときは、*Suggested Course of Study in English for Lower and Upper Secondary Schools* という英語名がつけられていた)。[試案] の文字が消えたのは 1955 (昭和 30) 年版の『高等学校学習指導要領』からで、1958 (昭和 33) 年版の『中学校学習指導要領』からあとは、中学校・高等学校ともに「文部省告示」になってしまった。つまり「決定版」である。
　「序」には、次のような文章もある。

　　この「学習指導要領」は、言語教授の理論と実際とにもとづいて、こうした問題を解く助けとなるように作られたものである。けれども、学校によっていろいろ事情が違うことであろうから、教師も生徒も、おのおのその個性を発揮して、この「学習指導要領」を十分に活用してもらいたい。

　私は『学習指導要領』は永遠に [試案] であるべきだと考えている。そして、教育現場におけるさまざまな優れた実践を参考にして、書き換えられなければならない。「年々書き改めて行って、いいものにしたいのである」という態度であるべきである。

選択科目としての英語

　英語は、現在は「選択科目」(「教科」ではない) であるが、これは、1947 年度から一貫してそうであった。ただし、高等学校の場合は、1960 年版 (1963 年度施行) により 3 年間で 9 単位分が「必修」となった。1960 年は、「所得倍増」を標榜した池田勇人内閣が発足した年である。貿易立国のため

に、ものの役に立つ英語教育を期待した。

　ただし、これも 1971 年版 (1973 年度施行) によって全面的に選択科目に戻されてしまった。理由は説明されなかったが、私は、これは、当時の高等学校の英語教師が、ものの役に立つ英語を教えることを拒否あるいは回避したことが原因であると理解している。

　さて、なぜ英語は選択科目なのか。その理由を 1947 年版の「序」は次のように説明している。

　　義務教育の年限が延長されて、中学校の教育も義務教育の一環として行われることとなった。義務教育における教科目は社会の要求と生徒の興味にもとづいて編成されるべきであって、必修科目は社会から求められ受けいれられる公民となるのに必要にして基本的な知識と技能とを与える科目のみに限るべきである。英語については、これを非常に必要とする地方もあるであろうが、またいなかの生徒などで、英語を学ぶことを望まない者もあるかもしれない。それで、英語は選択科目となったのである。

この説明からすると、英語は「社会から求められ受けいれられる公民となるのに必要にして基本的な知識と技能とを与える科目」ではないと判断されたとしか思えない。

　また、このことに関連して、第二章に次のような説明がある。

　　生徒は中学校に入学したら、直ちに英語を選択するかどうかをきめねばならない。生徒は父兄や先輩にも相談するであろうが、最終的な決定は自分でしなければならないのであるから、適当に指導すべきである。
　　かくて、英語学級は英語を選択した者のみで編制する。

現在では「学校選択」という奇妙な方法がまかり通っていて、「選択科目」であるはずの英語が、あたかも必修科目であるかのように取り扱われている。しかも、高等学校や大学の入試においても、多くの場合、必修科目同様の扱いをしている。不思議なことではないか。

　さて、「外国語」を「必修教科」(「外国語」は「教科」である) としない理

由は、その後の『学習指導要領』は一切説明していない。とすれば1947年版に示された理由は、現在でも生きているのであろうか。英語教育界は、外国語が選択教科であるべきか必修教科であるべきかについて、真剣に議論すべきではなかろうか。それにつけても、高等学校の9単位が必修となったとき、私の出会った多くの高校英語教師に「英語はね、必修であろうが選択であろうが、関係ないんですよ。なにしろ主要科目なんですからね」と言われて憤懣やるかたなかったことを思い出すのである。

英語科教育の目標

第一章は「英語科教育の目標」について、次のように説明している。

一．英語で考える習慣を作ること。
　英語を学ぶということは、できるだけ多くの英語の単語を暗記することではなくて、われわれの心を、生まれてこのかた英語を話す人々の心と同じように働かせることである。この習慣(habit)を作ることが英語を学ぶ上の最初にして最後の段階である。
　英語で考えることと翻訳することとを比較してみよう。前者は英語をいかに用いるかということを目的としているが、後者は古語を学ぶときのように、言語材料を覚えることに重点をおいている。前者は聴き方にも、話し方にも、読み方にも、書き方にも注意しながら英語を生きたことばとして学ぶのに反して、後者は書かれた英語の意味をとることにのみとらわれている。ここにおいて、英語で考えることが、英語を学ぶ最も自然な最も効果的な方法であることは明らかである。
二．英語の聴き方と話し方とを学ぶこと。(略)
三．英語の読み方と書き方とを学ぶこと。(略)
四．英語を話す国民について知ること、特に、その風俗習慣および日常生活について知ること。
　聴いたり話したり読んだり書いたりする英語を通じて、われわれは英語を話す国民のことを自然に知ること(information)になるとともに、国際親善を増すことにもなる。

一. では「習慣形成 (habit-formation)」や thinking in English の考え方が見えて、現在では受け入れられないと思う向きもあろうが、少なくとも、英語は英語で教えよ、学べという基本は現在でも十分に通用する。特に注目すべきは「翻訳」の排除である。もっとも、「読み方」のところで「日本語になおしてみる」という指導法を示しているから、全面的な排除ではない。しかし、「英文和訳」や「和文英訳」は主流ではなかった。実のところ、『学習指導要領』では、この 1947 年版から現行 (1989 年) 版に至るまで、翻訳が主流であったことは一度もなかった。例えば、1958 年版の『中学校学習指導要領』でも、「英文和訳」には全く触れておらず、「和文英訳」らしきものについても、第 2 学年と第 3 学年で「既習の文型を用いて日本語の意味を英語で書き表わさせる」(下線は筆者) という気の使いようである。現行版では、これさえも完全に姿を消している。それにもかかわらず、教育現場では「英文和訳」と「和文英訳」が主流であり続けているのはどういう理由であろう。

言語材料のこと

第二章で「英語に対する生徒の興味」を、第三章で「英語に対する社会の要求」を論じたあと、これに基づいて、第四章で「教材」のあり方を示している。

ところで、1947 年版の『英語編 [試案]』には、いまでは考えられない特徴がある (その後の、1951 年版『中学校・高等学校学習指導要領』や 1955 年版『高等学校学習指導要領』にも同じような特徴がある)。それは「言語材料」についての指示がまったくないことである。

この『学習指導要領』は第 7 学年 (現在の中学校 1 年) から第 12 学年 (現在の高校 3 年) までの 6 年間を対象としていた。この 6 年間で英語教育を完成させればよい、といった意識があったのであろう。したがって、言語材料をこと細かに指定するという考えも出てこなかった。

参考までに、教材について述べている第四章を掲げる。「教材は社会の要求と生徒の興味とにもとづいて選んで排列すべきである」と述べたあと、次のような「教材一覧表」を示している。

	聴き方・話し方	読み方	書き方
7年	発音の練習 教科書についての問答 あいさつ	英米学生の生活 身辺のことがら 字びきの引き方	口頭つづり方 習字 書取
8年	学校会話 教科書についての問答	やさしい物語 やさしい伝記 字びきの引き方	書取 短文
9年	学校会話 教科書についての問答	英米の風俗習慣 やさしい詩	複文 やさしい和文英訳
10年	日常会話 朗読	論文 短い小説 伝記	作文・文法総合
11年	日常会話 劇	論文 随筆 詩と劇 小説	作文・文法総合
12年	日常会話 演説 討論	論文 随筆 小説 新聞、雑誌	自由作文 創作

まさにこれだけである。この表から読み取れるのは、「中学校における英語教育は、英語をまず教えなければならない、そして、高校段階では、これをさらに発展させるべきである」という姿勢である。私は、これはいまでも正しいと思っている。

「言語材料」についての指示がうるさくなったのは1958 (昭和33) 年版の『中学校学習指導要領』からである。ただし、この1958年版は、英語教育の基礎は中学校の段階でほぼ完成させるという態度であった。したがって、これを受けて作られた1960年版の『高等学校学習指導要領』における「言語材料」の指定の仕方も、非常におおまかなものであった。

「言語材料」の指定に限ったことではないが、現在の中学校・高等学校の

6年間にわたる英語教育の体制は、相当にまちがっていると言わざるを得ない。それは、たかが英語というひとつの言語の習得に、6年間もかけるということの不思議さである。外国語の習得というものは、それほどに時間がかかるものなのであろうか。私自身について言えば、6年どころか、10年かけても英語がわからなかったし、いまでも「わからない、わからない」と言い続けているというダラシナサである。そういった私を作ってくれたのは、中学校・高等学校の、あのダラダラした、あの目標も何もない、どうしようもない英語教育体制であった、と思う。

今や、この、私が経験した体制は変えなければならないであろう。要は、1947年版が示した「言語材料」の考え方を再評価すべきである、ということである。

英語学級の編成

第五章の「学習指導法」では、まず「英語学級の編制」が説明される。

英語で考える習慣を作るためには、忠実にまねることと、何度もくり返すこととたくさんの応用とが必要である。このために、一学級の生徒数が30名以上になることは望ましくない。

これは、現在でも、ほとんどの学校で夢のような話である。参考までに、1972年に発足した「日本英語教育改善懇談会」は、その第3回大会で採択した「第1回アピール」以来、1学級の生徒数は20名を上限とするよう求め続けている。昨 (1996) 年12月に開かれた第25回大会においても、このことは確認されている。しかし、現実は厳しく、到底実現しそうにない。ただし、第十五期中央教育審議会が昨年7月に文部大臣に提出した「第一次答申」には次のような文章がある (第2部第1章の (2) の [1])。

教員配置については、これまでも計画的な改善が進められてきたところであるが、教員一人当たりの児童生徒数を、例えば欧米諸国と比較してみた場合、今なお、総じて大きなものとなっている。様々な前提条件が異なるため、これらを我が国と単純に比較するのは困難であるが、今

> 後、教員配置の改善を進めるに当たっては、当面、教員一人当たりの児童生徒数を欧米並みの水準に近づけることを目指して改善を行うことを提言したい。(下線は筆者)

少しは希望が持てるかもしれない。それとも、やはり裏切られるか？
この「英語学級の編制」には、次のような勧告も掲げられている。

> 聴き方と話し方とが英語の第一次の技能であるから(第一章参照)、生徒は、特に初期の課程においては、教師の話し方になれなければならない。こう考えて来ると、中学校においては、一人の教師が一学級に少なくとも一年間専属することが望ましい。

これはいまでもほとんど議論の対象にならない話題である。それどころか、多くの私立中学校における英語教育では全く無視されていると言っていい。例えば、ある私立中学校で週6時間の英語の授業があるとしよう。その学校では、3時間を教科書の指導に当て、2時間はワークブックによる練習、残りの1時間は外国人教師による「英会話」とする、といったようなことをやっているのである。そして、担当教員は合計3名。
なんという無駄か、と私は言う。「一人の教師が一学級に少なくとも一年間専属することが望ましい」というこの勧告の意味はほとんど理解されていない。そして、生徒たちの学習負担が大きいばかりで、結局は、学習効果があがっていない、というケースがあまりにも多い。逆に言えば、学習負担を大きくすれば学習効果があがると思っている私学経営者あるいは英語教師が多いということであろう。学習負担は小さいほうがいいのである。中学校や高等学校は大学ではないのである。

授業時数

次に「授業時数」について、第五章は次のように述べる。

> 英語の学習においては、一時に多くを学ぶよりも、少しずつ規則正しく学ぶ方が効果がある。それで毎日一時間一週六時間が英語学習の理想

的な時数であり、一週四時間以下では効果が極めて減る。

　私はこの文章を思い出すたびに、1981 年度に始まったあの忌まわしい「国公立中学校における英語週 3 時間体制」を思い出すのである。この悪しき体制は 1992 年度まで、12 年間もの長い間続けられたのであった。
　授業時数と言えば、1958 年版 (1962 年度施行) の『中学校学習指導要領』では、各学年とも「最低 3 時間」で、しかも、第 1 学年と第 2 学年では週 4 時間以上、第 3 学年では週 5 時間以上授業を行なう道が開かれていた。それが 1969 年版では「標準週 3 時間」になった。「最低」が「標準」に化けたのである。続く 1977 年版 (1981 年度施行) でも「標準週 3 時間」であったから、週 4 時間あるいはそれ以上でもよいはずであったが、公式文書は一切示されないまま「週 3 時間を越えて英語の授業を行なうことはまかりならぬ」ことにされてしまった。
　行政にあたった人たちは、このとき少なくとも、あの 1947 年版の第五章に述べたことはまちがいで、むしろ週 3 時間のほうが優れた効果を挙げることができることを、事実に基づいて説明すべきであったのだ (そんなことは、できるはずもないのだが)。しかし、そういうことは全く行なわれず、有無を言わさぬ行政指導であった。あの 12 年間が英語教育に与えた打撃はあまりにも大きかった。

研　　修

　この第五章では、「英語学級の編制」「教授時数の配当」に続いて「各単元の学習指導法」が述べられているが、もっとも興味深い (と言うのはまちがいで、非常に重要なことなのだが) のは「学習指導法の改善」の項である。次に引用する。

1. 学習指導法は、学習結果の考査にもとづいて改善さるべきである。
2. 教師はときどき集まって、教科目・教科書・教材・学習指導法・学習結果の考査およびこの「学習指導要領」その他の事項について討論することが望ましい。
3. 英語の授業は平常から他の教師がいつ見に行ってもよいことにして

おきたい。
4. また定期に公開授業を行い、率直にして建設的な批評会を開きたい。
5. 教師は他の学校の授業を見るのがよい。
6. 教師も自分の英語、特に発音をみがくべきである。教師の英語は生徒に対して模範とならなければならない。

　1.は何を言っているのか。教師は試験をする(中間試験・期末試験を合わせて年に5回も実施している例が多い)。その試験の結果はどのように利用すべきか。試験の結果は、生徒たちを脅迫するためにあるのではなく、あなたの授業を反省するためにあるのである、ということを言っているのである。「学習指導法は、学習結果の考査にもとづいて改善さるべきである」の意味は、このように解釈しなければならない。
　2.は何か。要するに「勉強せよ」ということなので、当然と言えば当然であるが、この項が示しているのは、「仲間を大事にしなさい」ということである。同じ学校に勤務する教師が、ときどきは集まって、わが学校の英語教育をどう運営しようかといったことについて話し合う。そういうことをおやりなさい、ということである。当たり前のことであろうが、今はこういうことをしている学校はほとんどなくなってしまった。理由はわからない。
　私事にわたるが、私は非常に幸せであった。私は1955(昭和30)年に、東京都文京区立第六中学校の英語教師として赴任したのだが、この職場には、教師がときどき集まって、教科目・教科書・教材・学習指導法・学習結果の考査について討論する、そういう機会が年間を通じてあった。勉強する時間がたっぷりとあった。
　3.についても、同じであった。英語の授業は平常から他の教師がいつ見に行ってもよいことになっていた。あのお蔭で、私は授業を真剣に考えることができるようになった。
　4.はいいことを言っている。「率直にして建設的な批評」、これが、今の英語教育界にはないのである。ほとんどの場合、ある一つの授業に対する「率直にして建設的な批評」がなくなってしまった。これまた、理由がわからない。おそらく、このような「率直にして建設的な批評」を実行しているのは、私が所属する財団法人・語学教育研究所くらいであろう。

5. に述べられていることは、当然であろう。

6. も当然である。「教師も自分の英語、特に発音をみがくべきである。教師の英語は生徒に対して模範とならなければならない」。当たり前である。

私には、まったく理解できないことなのだが、最近、発音などはどうでもいい、という風潮が出てきた。「通じればいい」ということらしい。私に言わせれば、であれば、「英語」といったどうでもいいものを学校教育で教える必要はないのである。しかし、「教師の英語は生徒に対して模範とならなければならない」のである。教室でテープレコーダーを回して、それで、英語教育をやっているつもりの教師など、これは、即刻、退職してもらいたい。

おわりに

おわりに紹介するには、あまりにも大きなものなのだが、この1947年版の学習指導要領の『一般編』の「序論」の一.に述べられている文章を紹介しておきたい。以下のとおりである（第2パラグラフから掲げる）。

　これまでの教育では、その内容を中央できめると、それをどんなところでも、どんな児童にも一様にあてはめて行こうとした。だからどうしてもいわゆる画一的になって、教育の実際の場での創意や工夫がなされる余地がなかった。このようなことは、教育の実際にいろいろな不合理をもたらし、教育の生気をそぐようなことになった。たとえば、四月のはじめには、どこでも桜の花のことをおしえるようにきめられたために、あるところでは花はとっくに散ってしまったのに、それをおしえなくてはならないし、あるところではまだつぼみのかたい桜の木をながめながら花のことをおしえなくてはならない、といったようなことさえあった。また都会の児童も、山の中の児童も、そのまわりの状態のちがいなどにおかまいなく同じことを教えられるといった不合理なこともあった。しかもそのようなやり方は、教育の現場で指導にあたる教師の立場を、機械的なものにしてしまって、自分の創意や工夫の力を失わせ、ために教育に生き生きした動きを少なくするようなことになり、時には教師の考えを、あてがわれたことを型どおりにおしえておけばよい、といった気

持におとしいれ、ほんとうに生きた指導をしようとする心持を失わせるようなこともあったのである。

　もちろん教育に一定の目標があることは事実である。また一つの骨組みに従って行くことを要求されていることも事実である。しかしそういう目標に達するためには、その骨組みに従いながらも、その地域の社会の特性や、学校の施設の実情や、さらに児童の特性に応じて、それぞれの現場でそれらの事情にぴったりした内容を考え、その方法を工夫してこそよく行くのであって、ただあてがわれた型のとおりやるのでは、かえって目的を達するに遠くなるのである。またそういう工夫があってこそ、生きた教師の働きが求められるのであって、型のとおりやるのなら教師は機械にすぎない。そのために熱意が失われがちになるのは当然といわなければならない。これからの教育が、ほんとうに民主的な国民を育てあげて行こうとするならば、まずこのような点から改められなくてはなるまい。このために、直接に児童に接してその育成の任に当たる教師は、よくそれぞれの地域の社会の特性を見てとり、児童を知って、たえず教育の内容についても、方法についても工夫をこらして、これを適切なものにして、教育の目的を達するように努めなくてはなるまい。(以下、略)

しかし、この1947年版の学習指導要領の精神は、いまや、完全に消え失せてしまった。その消滅は1958年版の『中学校学習指導要領』から始まり現在に至っている。

『学習指導要領』の謙虚さは、敗戦後、たったの13年しか持続しなかった。そして、その消滅の理由は今もってわからない。

(『現代英語教育』1997年2月号)

外国語教育改革論の史的変遷
——日本の英語教育を中心として

Viëtor から Palmer まで

「外国語教育改革論」と聞けば、誰もがまず思い起こす、あるいは思い起こすべきものは、1882 年に Wilhelm Viëtor が発表した *Der Sprachunterricht Muss Umkehren!* である。『英語教授法辞典』(三省堂) は、この論文について、外国語教授法の世界に大旋風を巻き起こし、直接教授法 (Direct Method) が誕生する契機となった、と説明している。この論文の主張の要旨は、(1) 発音指導の徹底、(2) 反復音読の重視、(3) 読書材料に即した文法の帰納的指導、(4) 外国語を通じての直読直解の強調、である。要するに、外国語教授方法を論ずるときに現在でもいかにも目新しいかのごとくに言われることの、そのほとんどすべてが Viëtor によってすでに論じられているのである。

1899 年には、Henry Sweet が *The Practical Study of Languages: A Guide for Teachers and Learners* を発表した。1901 年には Otto Jespersen が「語学教授法」を発表、これは 1904 年に英訳されて *How to Teach a Foreign Language* となった。そして、これら疾風怒濤のごとき外国語教育改革論を背景にして、Harold E. Palmer の *The Scientific Study and Teaching of Languages* (1917)、*The Oral Method of Teaching Languages* (1921) が登場する。Palmer は、当時ロンドン大学で物理学を教えていた木下正雄の推薦により、沢柳政太郎 (帝国教育会長) が松方幸次郎 (川崎造船所社長) の資金援助を得て、1922 (大正 11) 年 3 月、日本に招聘され、翌 1923 年 4 月に、英語教授研究所 (現在の財団法人語学教育研究所) が設立され、その初代所長となった。第一次世界大戦直後であった。

Palmer の、日本の英語教育に与えた影響は大きい。彼は、日中戦争が始

まる1937 (昭和12) 年の前年、1936年にイギリスに帰ったが、その滞日15年間の成果は、たとえば、1951 (昭26) 年に文部省が発表した「中学校高等学校学習指導要領・外国語科英語篇」にあまりにもはっきりと表れているのである。ただし、Palmer滞日の15年間が、彼にとってすばらしく華々しい15年間であったかどうかについては、私はかなり懐疑的である。1924 (大正13) 年には、米議会が排日条項を含む新移民法を可決、これは当然のことながら、英語国に対する日本の反感・憎悪をあおることになる。1927 (昭和2) 年には、東京帝国大学教授・藤村作による「英語科廃止の急務」という論文が発表され、これは要するに、英語を教える必要なしという論で、「英語教育改革論」でも何でもないのだが、川澄哲夫編『資料日本英学史2・英語教育論争史』(大修館書店、1978) を見ると、社会のさまざまな階層からの賛否両論が渦巻いたことがわかる。しかし、この論争も、1931 (昭和6) 年9月の満州事変を境に徐々に消えてしまう。その数年後には日中戦争が始まり、日本は、英語国のみならず、日本語以外の言語を使用するほとんどすべてを敵とすることになってしまった。ここで、日本の外国語教育改革論・改善論は消滅する。

現在、Palmerは忘れ去られつつある。それどころか、すでに忘れ去られたとも言える。このことの可否は今は問わない。ここで私が言いたかったのは、日本における英語教育論は、19世紀後半にヨーロッパに始まった「外国語教育改革論」の波を大きくかぶったということ、それから、Palmerに象徴されるように、その改革論の主軸は「方法論」、つまり教授方法の改善の議論であったということである。太平洋戦争後になってアメリカ合衆国から輸入されたthe Oral Approachも同じく方法論であったことは興味深い。

明治期の改革論——外山・Hughes・岡倉

日本における英語教育改革論がPalmerの来日とともに始まったというわけではない。以下、明治時代の論を概観してみる。

外山正一 (東京帝国大学総長) が1897 (明治30) 年に発表した「英語教授法」という論文がある。その「緒言」で、彼は、当時の中学校卒業生の英語の力の乏しい原因として、(1) 語学教員の不完全、(2) 教授法の不良、(3) 不

適当な教科書、の3つを挙げている。そしてそのあとに続く章で、訳読、音読、会話、文法を別々の科目として教え、しかもたとえば、音読のできぬ教師に訳読を受け持たせたり、文章の少しも綴れぬ変則教師に文法を教えさせたりしていることを非難している。教科書については、生徒の学力に比して不相応にむずかしいものを使用し、生徒の学力に比して不相応に多量の日課を授け、生徒が十分わかっていないのにもかまわず、生徒の脳裏に印象のなお不十分であるのもかまわず、あたかもおとなが小児の手をひきながらまっしぐらに馳せ行くごとくに、ざっと訳読をして前へ前へと進んで行くという「弊風」があると指摘している。

　昔のこういう論文を読むたびに痛感することだが、事態は現在でもほとんど変わっていない。英語教育改革論議は同じことの繰り返しである。

　1902(明治35)年に、帝国教育会において、神田乃武と Miss Hughes が講演した。神田はこのとき Wilhelm Viëtor の英語発音掛図と新式教授法に用いる田舎の風景の掛図を示しつつ、ドイツにおける外国語教授法のモデルを説いたと報告されている。

　Miss Hughes の講演では、(1) なぜ英語を教えるか、その目的が定まらなくては方法も定まらないこと、(2) 訳は学生がその外国語によほど上達するまで用いるべきでないこと、(3) 自由作文が重要であること、(4) 教師はできるだけ英語を用いること、(5) 発音を大切にすること、(6) 1クラスの人数は普通の教師の場合は 12〜15 名、特別にすぐれた教師の場合で 15〜20 名とすべきこと、これを越えてはどんな教授法も役に立たないこと、(7) 英語の授業時数は最初の3年間は1日1時間、つまり週6時間とすべきこと、そのあとは時数を減じてもよいこと、(8) 最初の4年間は日本の教師が教え、そのあとは外国人教師に代わらせるのがよいこと、(9) 教科書は比較的大切ではないこと、下手な教師がよい教科書を使ってもすぐれた教師に変身することはあり得ないこと、などが指摘されている。この講演が契機となって、同年、帝国教育会に外国語教育研究部が設置された。その規程を作る会に出席していた人々の中には、磯辺弥一郎、金沢久、村井知至、片山寛、熊本謙二郎、浅田栄次、神田乃武、津田梅子などの名が見える。

　Miss Hughes の講演内容は非常に興味深い。特に (6) のクラスサイズ、(7) の授業時数についての発言は大いに参考になる。(1) の目的論は、生

徒がどういう技能の習得を必要としているかをまず考えよという主張で、これは当然の主張であるが、現在行われている英語教育目的論とは質的に異なる。(2) の翻訳についての論は、現在でもわれわれを驚かせるに十分であろう。そして考慮するに値する発言である。(9) の「下手な教師...」論は痛烈である。英語教育改革論の中心は「教師論」ではないかと思わせる。

たとえば、1906 (明治 39) 年の岡倉由三郎の「本邦の中等教育に於ける外国語の教授についての管見」の中の次の文章も、いわば「教師論」である。(以下部分的に平易に書き改めながら引用する。)

> その教える外国語を実地に正しく発音する技能を有していることはもちろんだが、教師の責任はそれだけではなく、たとえば教員が心理学の一通りを知っていることが当然であり、体育の教師が一通り生理学を知っているのが当然であるように、語学教師たるもの外国語の音韻組織を学問的に一通りわきまえ、一般の発音学的知識を、自分が教える外国語を土台として一通り調べていなければならない。(中略) 教師は発音学の事を知っていることは必要だけれども、その知識をそのまま教室に持込むことには不賛成である。自分の持っている知識を応用して臨機応変に、その音を発するにはこういうふうに口を開くとか、その音には舌をどういうふうに上げるというように、実用の方面から教授するほうが肝要である。

岡倉はのちに『英語教育』という本を 1911 (明治 44) 年に出し、その中で「教師に対する要求」という章を設け、「外国語教師としての修養は、教師としての職務上の修養と、学者としての個人的修養との二方面に分かつことができる。又職務上の修養は更に学力の修養と教授訓練に関する修養に別れる」と述べている。これは注目すべき発言である。

話はわきにそれるが、岡倉は同書の「教授法の過重視を難ず」という章で、「...教師たる者はひたすら教授するの方法にのみ苦心せずに、かえって学習させる方法に着目して考究して見るがよかろうと思う。すなわち、教師が自ら働くばかりでなく、生徒をして盛んに活動せしめる道を講究すべきである」と説いている。私に言わせれば生徒をして活動せしめる方法もまさしく「教授法」であるから、「教授法の過重視を難ず」という題とは

合わない。しかも、このあと岡倉は、「それには是非とも自学自修、多少の苦難と忍耐とをなめさせねばならぬ」と続けているから、現在の学校教育を苦難と忍耐のための教育と受けとめている私には、到底納得がいかなくなってしまう。私のきらいなスローガン「学校とは学び方を学ばせるところだ」をも連想させてくれる。

改革論の総括——夏目漱石

　夏目漱石に「語学養成法」(1911) という論文がある。この論文は、私には、明治期の英語教育改革論の総括、それどころか現在までの論議の総括とうつる。われわれの議論は、もう一度ここからやり直したほうがいい。そうすれば、平泉渉氏が 1974 (昭和 49) 年に発表した「外国語教育の現状と改革の方向」に対してわれわれがどういう姿勢をとるべきかも、おのずときまってくるであろう。

　夏目は、昔は語学力があったが、それは英語を必要としていたのであるから当然であり、現在では日本語で教育できるようになって英語がさほど必要ではなくなったのだから、語学力が衰えたのは当然である、と言う。そして「要するにどう奮発しても、非常な無理をしなければ、英語教授の上に目ざましい効果のありようはずはないと思う」と述べている。

　その「非常な無理」とは何か。それは「時間・教授法・教師」を改良することである。つまりこの 3 つを改良することは非常な無理である、と言うのである。

　時間の改良というのは、時間数が不足しているからそれをふやすということだが、日本の学校教育の本末を転倒してまでふやすことはできるはずがない。

　教授法というのは改良できるであろうが、改良したところでそれを使う教師に力がなければ、結果的には改良したことにならない。

　とすれば、最後の頼みの綱は教師の改良だが、話すこと、書くこと、読むこと、訳すことなどいろいろな技能にわたって一通り力のある人でなければ、すべてのことが一通りできる生徒を養成することはできないわけで、さればといって、現職の教師をそのように改良することはできない。つまり非常な無理である。

結局、3つともだめなわけで、夏目の提案によると、あとは「教員の大学における養成」しかないということになる。――つまりは大まかにまとめると、改革案の中心は「教師論」になるのである。
　夏目の言う英語力の衰えた原因、すなわち、日本が独立国として自国語で教育が行えるようになった当然の原因を裏書きするように、1916 (大正5) 年に大岡育造 (前衆議院議長) が「教育の独立」という論文を発表、中学校より必修外国語科を除却すべしと主張した。これに対して村井知至 (東京外国語学校教授) は英語教育はむしろ拡張すべきで、あらゆる学科をことごとく英語で教授するのがよいと反論した。大岡の再反論、村井の再反論と続いたが、結局は、学校教育目的論論争に終わり、何となく、平泉渉・渡部昇一両氏による論争を連想させる。
　大正期の大岡に始まる論争、昭和期の藤村に始まる論争は、英語教育改革論ではない。それは英語教育廃止論だからである。したがって、これは本稿の対象とはならない。
　さて、それでは、英語教育改革論というのは、いったいどこにあったのであろう。「時間」については、昭和前期まで、あるいは昭和55年までは、一応それなりに確保されていたから、それほど議論されなかった。昭和初年に危機があったが、結局は回避された (このことについては拙稿「英語教育史から何を学ぶか」(本誌1983年3月号) を参照されたい)。「時間」が議論されるようになったのは、ようやくここ数年とみていい。
　「教授法」、これは昔から議論されてきた。現在でも、Silent Way, Community Language Learning, Comprehension Approach, Suggestopedia など、1950年代のOral Approachほどではなくとも、なかなかにぎやかである。教授法論議の体系を作ったのは、すでに述べたPalmerで、以来絶えたことがない。
　「教師」はどうか。これについては明治期の論を紹介した。現代でもあることはある。しかし、その多くは、教師の責任追求という形で行われ、必ずしも「教師論」とはなりきれず、「教師養成論」となるとまったくおぼつかない。
　以上を要するに、「英語教育改革論」は常にバランスを失ったまま、部分部分への提言という形で行われ、総合的な視点が欠落して今に至っていると言える。かろうじてあったと言えるのは明治期後半だけとも言える。見

落としてはならないのは「目的論」だが、岡倉 (1911) によって整理され提起されたこの問題も、常に日本という国自体のあり方とか国際情勢にもまれ続けて、何をどのように議論したらいいか、その方向も定まっていない。
　日本における英語教育改革論の史的変遷の実体は、ついにつかめなかったというのが、本稿の結論である。あえて言えば、それは、日本という国の史的変遷と平行線を描いているという、漠然とした言い方になってしまいそうである。
　蛇足だが、夏目漱石は最後に頼るのは教師の養成であると言ったが、1956 (昭和31) 年、林碧羅 (日本大学教授) は「大学英語教育のあり方」という論文で、「英語教師が英文学部出身者に限られる体制を再検討せねばならぬ」と主張した。これも「教師養成論」である。非常に重要な問題だが、私が今注目しているのは間もなく招集される「教員養成審議会」の動きである。
　なお本稿を書くにあたっては大村・高梨・出来編『英語教育史資料』(東京法令出版、1980) を参考にした。　　　　　　　　　　　　(『英語教育』1983年7月号)

英語教育史から何を学ぶか

未曾有の事件は稀であること

　高梨健吉・大村喜吉『日本の英語教育史』(大修館書店、1975) の 191 ページに、次の引用がある。

　今や我国における英語教育は会員各位御承知の通り容易ならぬ危機に瀕しております。昨年十一月の全国中等学校長会は文部省の学科課程改正諮問案に対して英語教授時数を現在毎週六時間なるを三時間に減じて答申したのであります。もっともこれは校長の自由裁量によって多少時間を増加し得ることになっておりますが、それにしてもとにかく英語教授時数は半減されたのであります。

　これは 1928 (昭和 3) 年 6 月 2 日の東京府中等学校英語教員会総会における、川田正澂(すみ)会長の演説の一部である。今から 50 年以上も前のことである。
　同書は、この川田演説を紹介したあとで、次のように述べている：──しかし時運はいささかも英語教育に幸いすることなく、昭和六年一月文部省は「中学校令施行規則」を改正し、中学校の上級に二種の課程を編成して、授業時数を伸縮することによってこの問題の解決をはかろうとした....
　同書のこの記述が具体的にはどうであったのかを見るには、大村喜吉・高梨健吉・出来成訓編『英語教育史資料』(東京法令出版、1980) の第 1 巻 (全 5 巻) を見るといい。そこに再録されている昭和 6 年 1 月 10 日の「改正中学校施行規則」(文部省令第 2 号) によれば、外国語は英語、ドイツ語、フランス語、または中国語と限られ、週あたりの授業時数は次のようになっている。

		第1学年	第2学年	第3学年	第4学年	第5学年
甲号表	第1種	5	5	6	2〜5	2〜5
	第2種	5	5	6	4〜7	4〜7
乙号表	第1種	5	5	2〜5	2〜5	2〜5
	第2種	5	5	4〜6	4〜7	4〜7

　ちなみに、第1種というのはいわば就職コースで、中学校卒業後実業につく者のためのコースであり、第2種は、卒業後高等学校等へ進学する者のためのコースである。上の表で、就職コースにおいて「2」という数字が示されていることは覚えておいたほうがいい。1971（昭和46）年6月の第9期中央教育審議会（会長・森戸辰男）の答申『今後における学校教育の総合的な拡充整備のための基本的施策について』に添えられた基礎資料（No. I–25）によると、1930（昭和5）年当時の中等教育修了者の比率は、生産年齢人口（15〜64歳）についてみると、男7.12％、女5.06％、計6.10％である。つまり、全人口の数パーセントを対象とした公教育においてさえも、すでに50年前に、外国語教育週あたり2時間案があったのである。

　もっとも、外国語習得の基礎的期間——1年生と2年生——については、1927（昭和2）年の藤村作「英語科廃止の急務」を発火点とする英語教育論争にもかかわらず、週あたり5時間を確保し、甲号表では第3学年で6時間を確保している。現在の、中学校英語週3時間体制と比べれば夢のような体制である。——なお、当時の東京帝国大学教授・藤村作の論は、川澄哲夫編『英語教育論争史』（資料日本英学史2、大修館書店、1978）によって、直接目を通していただきたい。また、この藤村論文の問題点は、若林俊輔・隈部直光『亡国への学校英語』（英潮社新社、1982）で指摘してある。

　私が、本稿において、まず指摘しておきたかったのは、現在の英語教育界がかかえているさまざまの問題の多くは、明治初年以来たかだか100年余りの歴史の中で、くり返し論じられてきた問題であるということである。つまり、われわれが生まれて初めて出会った問題であると思っている問題も、調べてみると未曾有の事件ではないのであるということである。

未来を予見するための英語教育史

　英語教師たらんとする人たち、英語教師である人たちには、どうにかして「英語教育史」——正確に言えば、日本における英語教育史、できることならば日本における外国語教育史——に触れてもらわなければならない。現在の大学における英語教員養成課程には、これがほとんど欠落している。

　歴史は何のために学ぶか。歴史学者はいろいろなことを言うだろうが、私が信じて疑わないのは、それは現在および未来を知るためである、ということである。

　英語教師にとっての「歴史」と言えば、「英語史」とか「英米文学史」がまず思い浮かぶかもしれない。これはこれでけっこうである。英語がどのようにして現在の英語になったかも知らず、イギリス文学とアメリカ文学の関係とかそれぞれの発達の歴史について何ほどの知識も持たずに教壇に立たれては、話にならないであろう。イギリス史とかアメリカ合衆国の歴史も知らなければならない。インド、パキスタン、カナダ、オーストラリア、ニュージーランドとか、英語を主要言語のひとつとして用いている世界の国々の歴史も、同じように知っておいたほうがいい。——残念ながら、こういうことも、現在の英語教員養成課程では、ほとんど欠落しているのである。

　「歴史」は過去を学ぶものである。それはそれでいい。しかし、なにゆえに「過去」を学ぶか。それは、現在を知るためである。そして、できることならば未来を予見するためである。私に言わせれば、極論かもしれないが、未来を予見する力を与えてくれない歴史教育などというものは、一文の価値もないのである。だから、私は、英語教師たらんとする人たち、英語教師である人たちに、たとえば前掲の『英語教育論争史』を座右に置いてほしいと願うのである。われわれが新しがって議論していることが少しも新しい問題ではないことを教えてくれる。そして、うかうかしていると、たとえば、現在という時が、太平洋戦争突入直前のようなへんな状況にあるといったことも教えてくれるであろう。

答えを歴史に求めることについて

　これは「英語教育史」などという大それた問題ではないが、最近少々気になり出したので記すことにする。それは、1960 (昭和 35) 年 10 月に発表された「高等学校学習指導要領」(文部省告示第 94 号) によって、それまで選択教科であった外国語が、原則として 9 単位以上 (ただし 3 単位まで減ずることができる) 必修となったこと、そして、10 年後の 1970 (昭和 45) 年の改訂では、再びこれが選択教科に逆戻りしてしまったこと、この事実が意外に知られていないということである。

　今から数年くらい前までは、中学・高校とも外国語は新学制発足の 1947 (昭和 22) 年以来ずっと必修教科であるとかたく信じている高校英語教師に出会ったりして、何と説明したらよいものやらうろたえたものだが、最近は逆に、ずっと選択教科であったと思い込んでいる人が、私には少々目立ってきた。どうしてそういうふうに思い込んでいるのか理由ははっきりしないが、独断と偏見によって理由をさがすと、現在現実に選択教科だからいままでもそうだったのだ、といったところではないかと思う。世の中がどのように変わってきたかについてまったく無関心と言われてもしかたがない。

　そう言えば、いつぞや、「義務教育諸学校の教科用図書の無償措置に関する法律」(昭 38.12.21, 法 182)、つまり教科書無償と広域採択制度とを抱き合わせにした法律の話をしていて、この法律が施行される前は、まさに教師自身が教科書を選んでいたのだと言ったところ、「へえ、そんな時代があったんですか」とため息をもらした若い中学校英語教師がいて、度肝を抜かれた。まだ教師になって数年しかたっていない人だったから、「知らなくてもしかたがない」とも言える。その人は、大学の英語科教育法で「学習指導要領」の解説を聞いた――しかもそれしか聞かなかったと言って私を再び啞然とさせたのだが――と言っていたが、どうやら教育課程の変遷の歴史とか教科書制度の歴史などはまったく教わらなかったらしい。だから確かに「しかたがない」と言えるが、ほんとうはしかたがなくはないのである。もし、現在の英語教育 (制度) のあり方になにがしかの不満とか疑問を持ったとすれば、まず第一に答えを歴史に求めることになるはずだからである。歴史というものはそういう役割も持っているのであると私は考える。

1960年の「高等学校学習指導要領」で外国語が必修教科になったということを言った。そして1970年に再び選択教科に戻ったと言った。なぜこんなことを言い出したのかというと、その1970年のときに、高校英語教師であった人たちはほとんど反応らしい反応を示さなかったという記憶があるからである。最近、少しずつ英語を必修教科にすべきであるという声が聞こえ始めたが (そして、もちろん、選択教科のままでよいとする声もある)、あの1970年のときに少しも動じなかったという実績は、今後も、必修化の意見や動きに対して、相当にマイナスに働くであろうと思っている。
　1970年のときに英語教育界が騒然としなかった理由はわかる。「必修であろうが選択であろうが、英語の重要性に変わりがあるはずはない」とかたく信じていたからである。1969 (昭和44) 年に中学校英語は週あたり標準3時間となり (あえてつけ加えるがこれは昭和52年の話ではない)、翌年高校英語が選択教科になり、つまり外濠も内濠も埋められてしまって、いまや大阪城はいつでも落城させられる状態になっている。あとは家康が立ち上がるのを手をこまねいて待つよりしかたがないか。

歴史は現在を教えるものであることについて

　『日本の英学100年・大正編』(研究社、1969) の pp. 261–2 に、竹林滋氏は次のように書いている。

　『コンサイス英和』や『英語発音辞典』の出現に伴ない、英語教科書においても発音記号を採用するようになった。たとえば三省堂の *New Crown Readers* の第六版 (大正十二年) は、本文では「ウェブスター式表音法」を用い、巻末の単語のリストにおいては参考として「ジョウンズ式」の表記を示している。ところが大正十五年の *The King's Crown Readers* と改称された第七版では逆に本文中で「ジョウンズ式」の表記法が用いられ、巻末に「ウェブスター式表音法」と「ジョウンズ式」との対応表が記載されている。このあたり、つまり大正末期が新旧発音表記法の交替期と言えよう。

　現在、「ジョウンズ式」の影響をまったく受けないで英語教師となってい

る人がほとんど皆無であることは、この記述を見ればよくわかる。「ジョウンズ式」が普及し始めてすでに60年近くなっているからである。教科書の広域採択制度が始まって20年そこそこであるにもかかわらず、この制度が当然と思い込んでしまう人が多いのだから、60年も経過するとそれこそ「金科玉条」になってしまう。しかたがないかもしれない。しかし、歴史に目を向けて、たとえば「ジョウンズ式」がたかだか60年の歴史しか持っていないことを知れば、ことによると、「これは金科玉条ではないのかもしれない」と気づく人も出てくるであろう。

　どうやら、歴史というものは、現在の自分を何歩か離れたところから眺めなおす機会を与えてくれるもののようだ。私が英語教育史に多少なりとも目を向けるようになったのは、小川芳男編『英語教授法辞典』(三省堂、1964) 巻末の「英語教育史年表」を小川先生の命により作成したときからである。先生からお借りした、桜井 役（まもる）『日本英語教育史稿』(敞文館、1936)——この本の翻刻版が1970年に文化評論出版から出版されている——をたよりにあらすじを作り、その後入手し得るかぎりの本を読みあさって空白をひとつひとつ埋めて行ったという、なつかしい記憶がある。その年表の最初は「1600 (慶長5) 年、オランダ船 Liefde 号の航海長英人 William Adams (1564-1620) 九州に漂着。日本名、三浦按針 (安針)。/ 徳川家康、Adamsに会う」となっている。当時、私も、Adams が日本に来た最初のイギリス人であることは知っていたが、家康が Adams に会ったなど思いもよらず、年表を作りながら相当に興奮したことをおぼえている。——なお、この William Adams については、伊村元道・若林俊輔『英語教育の歩み——変遷と明日への提言』(中教出版、1980) に、詳しい説明がある。

　今から約60年前の発音記号導入と現在とがどのようにつながっているか。発音記号導入を単なる60年前の事実として「暗記」するだけでは、わかるはずもない。家康の Adams 接見も約400年前の事実として「暗記」するだけでは、現在のわれわれとは何のかかわりも生まれてこない。これらの歴史的事実を現在のわれわれに結びつけるためには、現在から400年前へ、あるいは400年前から現在へ、時の流れに沿ってさまざまな事態の変遷を克明に追わなければならない。そして、発音記号を例にとれば、その教科書への導入から現在までの過程を、この60年間に発行された教科書の (ほとんど) すべてに目を通して調べることになるであろう。そしてこれ

が専門的研究につながる。

　英語教師が英語教育史の専門家でなければならないと言っているのではない。ただ、歴史というものをひとつの動物の生涯のように、生きたもの動くものとしてとらえたとき、そこに、さまざまな研究領域が見つかるはずである、ということが言いたいのである。たとえば Oral Introduction というものがある。Oral Introduction がどうあるべきであるかはわからない。しかし、Palmer の Oral Introduction と Fries のそれとはかなり違う。しかも、それはまったく無関係に違ったものではない。いや、実際には無関係であったとも言えるが、歴史の流れの中で見れば、この 2 つをまったく無関係とは言えなくなるはずである。この 2 つと現在自分が行っているOral Introduction を時の流れの中で結び合わせたとき、初めて自分の Oral Introduction の位置づけがはっきりするのである。

　私は、歴史は現在の自分からさかのぼって学ぶべきであると考えている。400 年前から下って、結局自分に到達しない歴史の勉強などほとんど意味がない。せいぜい入試に役立つ程度である。その思いがあったので、私は、『昭和 50 年の英語教育』（大修館書店、1980）の編集を引受けたのであった。

（『英語教育』1983 年 3 月号）

十年、今や、十昔

　ある若い中学校教師に会った。よもやま話のうちに教科書が話題になった。「教科書は広域採択でしょう」と私は言った。「これじゃ現場の先生たちは、やる気をなくしてしまいますよ。なぜ、以前のように自由採択にする運動が起こらないのですかね」
　「以前のように、ってどういうことですか」
と彼は言った。
　「いや、だから、高校は今でも自由採択でしょう」
　「それは知っていますよ」
　「つまり、中学も高校と同じように...」
　「ちょっと待ってください。中学が、高校のように自由採択だったことがあるのですか」
　私は、ここで絶句してしまった。「中学は、小学校と同じように義務教育だから...」と彼は言った。「だから、統一採択、広域採択なのだと...」
　「あ、そう」と私はため息をついた。「でも、あまりよくないでしょう」
　「よくないけど、そういうものだと...」
　彼は若い教師である。若い、しかし、どうしてこういう問答になってしまったのだろう。――実は、彼が教師になったときには、すでに、教科書の広域採択制は実施されていたのだった。彼は、それ以外の形は経験していないのだ。だから、それが正常な形だと思い込んでいた。おかしいけれど、しかたのない制度であると思っていたのだ。このことに気がついたとき、「ああ、十年、今や、十昔」だと思った。
　英語教師たらんとする人たちには、日本の英語教育史を教えなければならない、と思った。森有礼だとか、夏目漱石だとか、藤村作だとかはもちろん、私にとっての「ついこの間」の英語教育界の動向を知らせることが

必要である。これを怠っては、英語教育の連続性が消滅してしまう。先月も使った陳腐な言いまわしだが、vanishing into thin air だ。

現実というものにはおそろしい力がある。たとえ歴史を学んでも、とかく現実に押し流されてしまうであろう。しかし、だからこそ歴史を学ぶ必要があるとも言える。

現実はおそろしい。学習指導要領が「言語活動」を唱えたとたんに、全国津々浦々がこれに唱和したではないか。私の知るかぎりでは、ここ 2, 3 年、各都道府県の研究テーマは「言語活動」だった (私の知らない例外もあるかもしれないので、それは容赦願いたい)。しかも、念の入ったことに、初年度は「聞くこと・話すことの言語活動」、2 年目は「読むことの言語活動」、次は「書くことの言語活動」ときている。指導要領の順序のとおりだから、まったくたまらない。4 年目からあとは、いったいどうするつもりだったのだろう。「2 年生から英和辞書を扱うにはどうするか」とか、「2 年生から発音記号を教えるにはどうするか」とかになるのかもしれない。ことによると、「but を 2 年生に教える方法」にでもなるのかしらん。どうなんでしょう。

たとえば「現在いかにしてグラマートランスレーションメソッドを適用するか」などを研究してみてはいかが。「役に立たない英語を教える方法」などというのもおもしろいではないか。「どうしたら教科書を使わないで授業ができるか」というのもいい。私は、「いかにして英語ゲームを授業にとり入れるか」みたいな発想は大きらいなのである。むしろ「英語ゲームだけで生徒を楽しませ、結局、実力をつける方策」とか、「楽しいことは一切やらずに、しかも、黙々と勉強する方策」とか、そういう発想を好む。

とにかく、指導要領が「ああ」と言えば「ああ」と呼応し、「こう」と言えば「こう」と呼応する。カラスじゃあるまいし。あと何年かして指導要領が「つう」と言ったらどうするのか。「かあ」と言うのか「つう」と言うのか。こんなことに右往左往しないで、むしろ、太平洋戦争前の中等学校における英語教育を調べたほうが、よほど気がきいている。もっと昔の、外山正一あたりの論を読んだほうがよほど気がきいている。もっと手前の H. E. Palmer だっていい。Fries と言えば Fries, Chomsky と言えば Chomsky. Fries や Chomsky は、あと 2, 30 年たってから眺めたほうがいいくらいだ。昔は「十年一昔」だった。今や、十昔、百昔なのだ。明治時代などという

のは、もう千年も昔の話なのだ。忘れないうちに、忘れ去られないうちに、じっくりと眺めようではないか。

　明治以来、英語教師は、目の前にニンジンをぶらさげられた馬みたいに、そのニンジンだけを追いかけてきた。そして最近はついに足元をすくわれようとしている。すくわれてつんのめりながら、なおも走るのだろうか。英語教育界は、ついこの間の、10年前のことさえ忘れようとしている。これが危機ということだ。――興奮して疲れた。

(『現代英語教育』1975年5月号)

「第5章 英語教育の歩み」
解　　　説

　中高の英語教員を対象とするセミナーの講師として引っ張り凧の大学教員が、彼らの「歴史アレルギー」には驚くばかりだとぼやいていたことがある。明日の授業に役立つことを求めて集まってきた受講者たちは、少しでも古い話をしようものなら、にわかに拒否反応を示すのだという。すべての英語教員がそのようなアレルギーを持っているとも思いたくないが、その一般的傾向が否定できるとも思えない。
　若林氏は、そのようなことを認識していたのだろうか、英語教育の歴史を学び歴史に学ぶことの必要を繰り返し訴えた人であった。その歴史観は明確で、次のことばに集約されていると言ってよいだろう。

　　「歴史」は過去を学ぶものである。それはそれでいい。しかし、なにゆえに「過去」を学ぶか。それは、現在を知るためである。そして、できることならば未来を予見するためである。(「英語教育史から何を学ぶか」)

　このような考えがあったからこそ、氏は英語教育の未来についていくつもの提言を残すことができたのだ。もう少し氏のことばを引いてみよう。歴史観だけでなく、歴史を学ぶ方法に関する意見や教員養成に関わる提言も垣間見られて興味深い。

　　歴史は現在の自分からさかのぼって学ぶべきであると考えている。400年前から下って、結局自分に到達しない歴史の勉強などほとんど意味がない。(「英語教育史から何を学ぶか」)
　　英語教師たらんとする人たちには、日本の英語教育史を教えなければならない、と思った。森有礼だとか、夏目漱石だとか、藤村作だとかはもちろん、私にとっての「ついこの間」の英語教育界の動向を知らせることが必要である。これを怠っては、英語教育の連続性が消滅してしまう。(「十年、今や、十昔」)

歴史を現在の自分に引きつけて捉えることの大切さを説き、自分にとっては身近なことであっても世代が変わる中ですぐに歴史的な事実に変わってしまうことに気付かせようとしている。

若林氏が英語教育史に関わりを持ったのは、恩師である小川芳男氏の命を受け『英語教授法辞典』（小川芳男編、三省堂、1964）巻末の「英語教育史年表」を作成したのがきっかけであったという。30歳を過ぎた頃、公立中学校の教員を勤めながらの仕事であった。

広島大学などごく一部の例外を除き、教員養成課程に英語教育史の授業を置く大学は皆無と言えるが、若林氏はこの年表を叩き台として私家版の英語教育史年表を編み、自身の勤務する東京外国語大学で英語教育学を履修する学生に配っていた。また、大学3・4年次のゼミでもA.P.R. Howatt の A History of English Language Teaching (Oxford University Press, 1984) を輪読するなど、英語の教員を志望する者にとって英語教育史は必須のものであることを身をもって示していた。

日本英語教育史学会には1984年の結成（結成時は日本英語教育史研究会）と同時に入会し、2002年に亡くなるまで会員であり続けた。特に1997年に拓殖大学外国語学部に移った後は毎年全国大会に参加し、多くの大学院生を会に誘い入れている。

氏は、英語教員が英語教育史の専門家になることを求めるものではないとする一方で、「歴史というものをひとつの動物の生涯のように、生きたもの動くものとしてとらえたとき、そこに、さまざまな研究領域が見つかるはずである」（「英語教育史から何を学ぶか」）と述べ、自身が興味を持った領域に関し、いくつもの記事を残している。その手法は、大村喜吉・高梨健吉・出来成訓・川澄哲夫といった英学史・英語教育史研究の先達の論考をよりどころとするきわめて正統的なものであった。

まず、入学試験の英語について批判的に論じた記事では、過去の識者の言をいくつも引きながら、受験英語そのものの成り立ちにまでさかのぼろうとしている。現在と過去とを切り離すことなく問題の本質を見極めようとする姿勢は、まさに面目躍如と言ったところである。

この記事では、明治以来の参考書の著者として有名な南日恒太郎・山崎貞・小野圭次郎を「懐かしい名前」と紹介している。純朴な「英学徒」だったであろう往時の若林氏の姿が偲ばれて微笑ましくもあるが、英語教育史に明るくない若い読者にとっては世代差を痛感する部分かもしれない。ここは、先述の通り、氏自身にとっての「ついこの間」をことばにしたものと理解すべきであろう。

また、学習指導要領は氏が一貫して取り上げていた領域だったが、歴史的観点からこれを考察した記事も残している。英語教育の中で学習指導要領を考える際、ともすれば、勤務校のカリキュラムをどのように変更し、自分の授業内容をどのように合わせていけばよいのかといったことを考えがちだが、氏はこの姿勢を正面から批判している。

　氏は、学習指導要領の制度としての変遷をたどるとともに、戦後教育の指針として示された1947（昭和22）年の「学習指導要領（試案）」を丹念に読み直す。そのことを通じて、学習指導要領の根本的な精神を明らかにし、そこに立ち戻ることを呼びかけるのである。学習指導要領の「法的拘束力」に振り回されざるを得ない「現場」の教員は、この呼びかけをどのように受け止めるのであろうか。

　もう一点、若林氏はハロルド・E・パーマーが初代所長を務めた語学教育研究所（設立時は英語教授研究所）に長く関わり、英語の授業のあり方について発言し続けた。そのため、その言説は語学教育研究所の枠組みの中に終始することが多かったように思われがちだが、英語教育史研究の手堅い手法により外国語教育の改革論について史的変遷を整理した記事も残している。

　わが国における外国語教育の改革論が総合的な視点を失い、部分部分への提言に終始してきたという指摘は、今日においてもなお意義深いものと言えるだろう。そして、その史的変遷が「日本という国の史的変遷と平行線を描いている（「外国語教育改革論の史的変遷」）との認識が、氏の予見した未来、つまり現在の私たちの置かれている状況においても当てはまるとするならば、今日の私たちを取り巻く改革論とは英語教育の連続性の中でどのような意味を持つものなのだろうか。

　若林氏のことばを今一度引いてみよう。

　　現実というものにはおそろしい力がある。たとえ歴史を学んでも、とかく現実に押し流されてしまうであろう、しかし、だからこそ歴史を学ぶ必要があるとも言える。（「十年、今や、十昔」）

　歴史を学ぶことは、氏が願ったように私たちが現実に押し流されないための力となるのであろうか。その視点で本章の記事を読み直してみたい。——**河村　和也**

第6章
英語教育にロマンを

知的好奇心に応える英語教育

英語についての「素朴な疑問」のこと

　私は最近『英語の素朴な疑問に答える36章』(ジャパンタイムズ、1990)という題の本を出した。この本を書くに至った動機はさまざまであるが、主として、学校や塾で英語を学んでいる中学生から提供された「素朴な疑問」が軸になっている。

　「素朴な疑問」とは、たとえば「This is a pen. の This と is の順序を入れ換えて Is this a pen? とするとなぜ疑問文になるのか」といったようなものである。英語の教師は「This と is を入れ換えると疑問文になる」とか「疑問文を作るには This と is とを入れ換えればよい」などのようにしか言わない。しかし、これでは答えになっていないのである。質問は「なぜ入れ換えると疑問文なのか」である。

　「疑問文」という言い方に疑問を持った中学生もいる。このことは扱わなかったが、その中学生は「これはペンですか」というのは「質問」であって「疑問」ではないのではないか、と考えたのである。「私は『これはペンですか』と（　　）した」の（　　）の中には、「質問」は入るが「疑問」は入らない。「私はそれがペンかどうか（　　）を持った」の（　　）の中には「疑問」は入るが「質問」は入らない。そもそも「質問」と「疑問」とではまるで意味が異なるのではないか、というのがその中学生の抱いた疑問であった。教師に質問したところ、「英文法では昔からそう呼ぶことになっているのだ」ということでおしまいだったという。この「昔からそうなっている」の類の言い方は、かなり多くの教師に好まれているらしい。「疑問文」という用語は廃止したほうがいい。「質問文」にすべきであろう。

　ショックを受けたのは「英語では終わっていても続くのですね」という

中学校3年生の質問である。これは「現在完了の継続用法」というラベルに対しての疑問であった。「完了」は「終わり」である。したがって「続く」はずがない。にもかかわらず「完了の継続(用法)」という。これはことばの理屈に合わない。英語はことばである。ことばを教えている者が、こういったことばの理屈に合わない言い方を平然と百年間も使い続けてきたというのは、実に恥ずかしい。ついでながら、この「完了」という文法用語の成立過程については、及川賢氏が、若林俊輔教授還暦記念論文集編集委員会編『英語授業学の視点』(三省堂、1991) の中で詳細に論じている。

　思わず吹きだしたのは「a pen とか a book と言うが、egg や apple のように母音で始まるときは、a egg とか a apple は発音しにくいので an egg や an apple とするのである」と説明したところ、授業が終わってから「先生、a egg はちっとも発音しにくくないんだけど」とある生徒が言ったというのである。教師は「日本人には言い易くても英米人には言いにくいんだよ」と逃げたそうである。この話はその教師本人から聞いた。とんでもない嘘を言ったものだが、「an pen が a pen になった、と説明したほうがいい」という私のアドヴァイスによって、その後は生徒を混乱させないでいるという報告を受けた。

　要は、不可解な説明で生徒を混乱に陥れないことを心がけなければならないということである。「現在完了の継続用法」のようなわけのわからない説明をしてはならないのである。こういったことが積み重なると、生徒たちは英語をことばとして受け入れることをやめてしまう。ことばの理屈に合わない無限とも思えることがらを、ただひたすらに暗記することになる。

　生徒の質問には、われわれ教師の思いもよらないものがある。たとえば、大文字のAの上のとんがったところの角度は何度ですか、という質問がある。文を書くとき単語と単語の間は何ミリあければいいのですか、というのもある (正解は、およそ小文字のnの幅、である)。take に ing をつけるときには e を除いて ing をつけるのだ、と説明すると、「先生、その e はどこに置いておくのですか」と心配する生徒がいる。o'clock を教えると、o'clock は「〜時」だけど What time? の代わりに What o'clock? と言ってはいけませんか、と質問する。「What time の what は『何』で、time は『時 (ジ)』でしょ」と言う。とにかく彼らは知りたがっている。知的好奇心が旺盛なのである。しかし、やがて、この知的好奇心が満たされないことがわかり、

脱落していく。

知的好奇心を大切にすることについて

　中学校 (高校についても同じだが) での英語の授業について不思議に思う事がある。それは、私の経験でもあるのだが、小学生のときに算数で習ったmやgやcm^2などに英語の授業では触れられないことである。小学生も、これは一体何だろうと思っている。先生にdl (deciliter) とかha (hectare) と書けと言われるから仕方なく書いているが、頭の隅では「なぜだろう」と思っている。これを私は知的好奇心と呼ぶ。

　私は小学校5年生のときにccを習った。それまではcm^3と書いていたのだが、先生によればこれはccと書いても意味は同じであるという。そしてcm^3は「立方センチ」と読むが、ccは「シーシー」と読むという。これは私にはまったく訳がわからなかった。この謎が解けたのは大学生になってからで、cm^3をcubic centimeter(s)と読むことを知った。知ってみればcubic centimeter(s)をccと略すこともできると理解するのは易しい。そのときに思ったことは、なぜこういった単純なことを中学校の数学の先生や英語の先生は説明してくれなかったのか、ということであった (英語を教えていない小学校の段階に要求するのは無理である)。cubicを「立方」、centimetersを「センチ (メートル)」と訳したのだくらいは教えてくれてもいいではないか (もっとも、教えるとテストしなければならない、と思っているのかもしれないが)。

　中学生のとき、数学の授業で$\sqrt{}$の頭の部分はrの変形である、したがって「ルート」と読むのである、と教わったのは大変な収穫であった。ただし、その先生は「根」のことを英語ではrootと言うということには触れられなかったから、この説明も中途半端であった。せめて「平方根」はもともとsquare rootの翻訳である、くらいは言ってもらいたかった。

　温度の単位である「摂氏」や「華氏」のことをCelsius, Fahrenheitと言うことは英語の授業で習った。しかし、なぜCelsius, Fahrenheitが摂氏、華氏となるのかについての説明はなかった。これではただ覚えるしかないのである。

　角柱 (prism)、円柱 (cylinder)、角錐 (pyramid)、円錐 (cone) のことを知った

のは、ずいぶん後になってからである。私にとっては prism は分光器である「プリズム」でしかなく、pyramid はエジプトの「ピラミッド」でしかなかった。ここには、数学・理科・英語の教師たちの協力がなければならないであろう。各教科で、それぞれに勝手に授業を進められては、学習者はただ覚えなければならないことが増えた、としか受け取らない。負担は増えるばかりである。先日、大学で Edgar Dale の「経験の円錐」の話をしてレポートを提出させたところ、the Cone of Experience を the Corn of... とした者が数人出てきて慌てた。アイスクリーム・コーンはトウモロコシで作られていると思っているらしい。

英語はすべての教科にかかわることについて

　小学校ならばよいが、中学校以上では教科担任制であるから、各教科間の協力というのは簡単には実現しないかもしれない。とすれば、各教科に登場する英語にかかわる部分というのは、英語の教師が手をつけなければならないであろう。

　こういう私の提案に対しては、しばしば、われわれは「英語」を教えているのであって、他の教科にまで手を伸ばす余裕はない、という反論が返ってくることがある。

　では、さて、英語（という「ことば」）を教えるとはどういう作業なのであろう。なるほど、英語の文法とか発音とか文字といった部分は、たしかに英語「独特」のものである。しかし、その文法・発音・文字を教えるためには「中身」がなければならない。中身のない文法・発音・文字を教えることは不可能であろう。たとえば place といった語を使わなければ発音や文字を教えることはできない。そして place は「場所」という意味であるということも教えなければならない。私は、そのときに、諸君が小学校1年生のときに算数でならった「一の位」というのは ones place,「十の位」は tens place というのである、といったことくらいには触れてはどうか、と言うのである。place の概念はかなり抽象的である。「位」も抽象的かもしれない。しかし、中学生たちにとっては「位どり」の作業は数学の授業で日常的になっているのである。place の概念がつかみやすくなっている。このように、すでにその意味が理解されている部分を、他の教科で習得した知

識に依存してはどうかと提案するのである。

　もう一つの例。base である。これは「基礎、土台」と教えられる。せいぜい baseball と関連させることくらいしかしない。しかし、生徒たちはすでに三角形の「底辺」や円錐の「底面」の知識をもっているのである。そして「底辺、底面」は base である。

　中学生・高校生の場合、小学校・中学校での既習事項を利用するのはもちろんであるが、現在習得しつつある事項も利用したい。たとえば、中学校の理科では、その「第 1 分野」で元素記号を教える。その記号の多くは英語に由来する (ラテン語に由来するものもあるが)。Oxygen というものがある。この語はギリシア語で「酸を生み出すもの」という意味だそうで、したがって正直に「酸素」と訳された。元素記号は O。最近の英和辞典には、この程度の情報を掲げるものが多くなってきているが、学習者はなかなかこういうところに目を向けない。ところで、酸素は実際には酸を生み出すわけではないから、間違ってこう名付けられた、ということになると、これは化学の教師に任せるしかないかもしれない。

　私自身、元素記号のたとえば S (硫黄) とか Fe (鉄) を覚えるのに苦労した。せめて sulfur くらいは教えてほしかったし、Fe は英語の iron とは関係なく、ラテン語の ferrum なのだくらいは言ってほしかった。

　「フッ素」というものがある。英語では fluorine である。したがって記号は F。ただ、なぜ fluorine が「フッ素」と訳されているのかがわからない。このあたりは、まさに英語 (ことば) の教師の出番であろう。fluorine はどう訳したらいいのかわからないので「フという発音で始まる元素」とし、そのフと素を合わせて「フッ素」とした、というのが第 1 段で、実はこれは中国での訳で、中国語で昔「弗素 (フッソ)」と書いた。この「弗素」を日本が輸入し、ついこの間まで日本でも「弗素」と書いていたが、太平洋戦争後、漢字が制限されて「弗」の文字がなくなったので、しかたなく片仮名を使って「フッ素」と書いているのである。なお、現在の中国語では、「気」という文字の「メ」の位置に「弗」という文字を入れている。「弗という発音で始まる気体」という意味であろう。こういった略し方は、「摂氏」や「華氏」の場合も同じで、それぞれ「摂という発音で始まる氏」「華という発音で始まる氏」である。という具合になる。

　余談だが、なぜ「英語」というのかを知らない学生が多い。大学の授業

で、ドイツのことばは「ドイツ語」であり、インドネシアのことばは「インドネシア語」である。ではなぜイギリスのことばを「英語」と呼ぶのか。という質問を発したところ、「英国」だからではありませんか、という返事が返ってきた。では、なぜイギリスのことを「英国」というのか、となると詰まってしまう。どうも、イギリスのことを「英吉利」と書いたことがあって、「英という発音で始まる国」ということで「英国」とした、といったようなことは、中学校・高校を通じて教えられていないらしい。

　英語を学んでいる学習者は、その全員が英語大好き人間というわけではない。数学が好きな者もいるし体育が好きな者もいる。英語教師としては全員を英語大好き人間にしたいと思うであろうが、そのためにこそ、各学習者の興味・関心のありどころを押さえる必要がある。英語はことばである。ことばであるかぎり、たとえば学校で教えられている教科のすべてにかかわるのである。とすれば、英語教師たる者、すべての教科に関心を持たないわけにはいかない。

　残念ながら、英語教師はすべての教科に興味・関心を持つという方向で養成されてはこなかった（数学がわかるくらいなら英語の教師などやってはいない、と公言する人もいる）。正体不明の「英語」という抽象的な存在に興味を持つとか、あるいは、文法に興味を持つとか、文学大好きであるとか、そういったオリエンテーションが行われてきた。英語を教える者が英語の文学に背を向けるということは考えられない。文法の学習も重要である。しかし、それだけでは中学生や高校生の指導はできない。

正体不明の「英会話」について

　「英会話」というものがある。学校によっては「英会話」という名前の授業科目を置いているところがあるのだそうである。私自身は、たとえば大学でも英会話を習ったことがないから、英会話の授業で何を教わるのか見当がつかない。

　ずいぶん前の話になるが、ある人から、英会話を教えてもらいたい、と頼まれたことがある。どこかの会社に勤める人で、間もなく東南アジアに出張するということであった。「あなたは何を話したいのですか」と私は尋ねた。「仕事のことです」と言う。私には彼の仕事に関係のある英語など知

らないから、それは無理だと言った。「いや、仕事関係のことなら知っていますから、それはご心配なく」と彼は言う。私はそこでわけがわからなくなった。彼には「中身」があるのである。それならば、その中身をそのまま表に出せばいいではないか。結局は、当時の私にとっての多額の謝礼につられて1週間ほどつきあった。パーマー (H. E. Palmer) の Conventional Conversation とか、*The First Six Weeks of English* などの方法を応用して、いわば口慣らしを繰り返した。それなりに感謝されたが、どうも今でも納得していない。

　会話には、当然のことながら「話題」があるであろう。何かについて話し合うということであろう。交通問題、環境問題、選挙制度など、あるいは古典音楽、書道、天文、スポーツなど、とにかく、何の話題もない抽象的な「会話」などというものは存在し得ない。それとも、「英会話」というのは、Oh! とか Well... とか Let me see. とかいった言い方を、何の話題もなしに練習することなのであろうか。英会話の本といったものがあって、たとえば「税関にて」といった会話例が掲げられているが、私はこの類の会話例のお世話になったことがない。何回も海外に出かけているが、どういうわけか税関では、Yes. とか No. とか Seven (days). など以外ほとんど無言ですんできている。

　体操競技の「吊り輪」について語るのに rings ということばを知らなければ会話はできないのではないか。balance beam がわからなければ「平均台」の会話はできない。また balance beam がわかると、beam というのはああいうようなものだと納得もするであろう。floor exercise を知らなければ「床運動」の話はできないはずである。「鉄棒」を iron bar としてもよいであろうが、結局はこれは笑い話になってしまって、horizontal bar の話から逸れてしまうにちがいない。

　やはり不思議なことなのだが、floor や exercise は中学校で扱われる単語であるにもかかわらず、これが「床運動」の話に結びつくことがない。スポーツといえば、どういうわけか tennis とか baseball, volleyball とか football, あるいは marathon, relay といったものしか登場しない。uneven parallel bars（段違い平行棒）などはまるで無視されている。高校レベルともなれば even や parallel や bar くらいは扱われるであろう。とすれば uneven parallel bars くらいに触れてもよいはずである。

先日の授業で、たまたまカレンダーを話題にしたのだが、学生たちのほとんどは「大の月」「小の月」に相当する英語を知らなかった。「大の月」は odd month というらしいと伝えたところ、では「小の月」は even month ですか、と返ってきた。「small month とも言うらしいが」と私はつけ加えたが、彼らは even と odd の関係はわかっているのである。ただ、これらの語が月の大小にまで及ぶことまでは知らなかった。しかし、これは、やはり不満である。われわれにとってまさに「身近」なカレンダーの話題が even, odd と関係があることを教えていないというのは、やはり問題であると思う。

　parallel を教えても、なぜか、たとえば「線分 AB と線分 CD とは平行である」という言い方には発展しない。The segment AB is parallel with the segment CD. である。ことのついでに「平行四辺形」は parallelogram であることぐらいに触れてはどうか。

「ことば」の楽しさについて

　私自身は英語の教師であるから、日常的な「英会話」は、ほとんど「英語（ということば）」に持ってきてしまう。それ以外の話題では到底太刀打ちできないからである。英語の単語とか言い回しに話題を設定する。「ことば」というのは会話の話題としては（いくつかの例外はあるが）最も無難なものである。ことばについて関心を持たない人はいない。昔、イギリスに Churchill という名前の首相がいましたが、Churchill というのは Church Hill なんだそうですね、といった話題である。ついでながら、私の Wakabayashi というのは Young Forest という意味なんですよ。ですから I can never be old. ということです。ところで、あなたのお名前の意味は？　ああ、なるほど。ということで、パーティーの 1 時間くらいは十分に耐えられる。そして、人名とか地名とかについてのいろいろな知識が得られるのである。

　「英会話」というのは、およそこういったものではなかろうか、と私は考えている。であるから、英会話を習う、教わる、ということが理解できないでいる。

　「コミュニケーション」という。要するにことばを交わし合うということ

であろうが、たとえば「会話」というコミュニケーションのためには「話題」がなければならない。そして、もし、英語という教科(本当は「教科」ではなく「科目」なのだが)がコミュニケーションにかかわろうとするならば、学習者たちに「話題」を支える十分な学力(あるいは教養)を身につけさせなければならない。

英文法に「比較」がある。多くの場合、たとえば「比較級」は、Tom is taller than Jim. といった文脈でしか教えられなかった。英語教師たちは、生徒たちがすでに小学校2年生の算数で(＜)とか(＞)といった記号を習っていることを知らない。生徒たちは「等号」「不等号」という用語さえも小学校3年生で習っているのである。なぜ私たちは中学校の英語教科書にx＋5＜7のようなものを掲げないのであろうか。(＜)は is less than と読むから、x＋5＜7 は x plus five is less than seven. である。x を正の整数(positive integer)とすれば、x の値(value)は1であろう。なお、(＞)は is greater than と読む。

この value という語も、不思議なことに、英語教育では数学の「値(アタイ)」と関連させて教えることをしないのである。「価値」ですませている。中学生は(高校生も)、数学で教わった「値(value)」の意味を知っている。この既習の知識を利用しないというのは、あまりにももったいない、と私は思うのである。

「コミュニケーション」ということが重要であるのは、ことばを教えるという立場に立てば当然のことである。コミュニケーションを無視した「ことば」教育など、もともと存在するはずがなかった。しかし、現実には、コミュニケーションを眼中に置かない英語教育が主流を占めている。

文部省は、1994年度から施行される高等学校学習指導要領に「オーラル・コミュニケーション」を設定した。私はこれを、今までの英語教育に対する「不信」の表明であると解釈している。Oral Communication などというものは、ことばの教育では当たり前のことであるから、本来は「オーラル・コミュニケーション」を指導しなければならない、などと学習指導要領で指示される筋合いはないのである。しかし、現実には、今までの英語教育は、特に高等学校(特に大学進学希望者を多数かかえる高校)において、コミュニケーションは無視されてきた。このことに対する苛立ちが、ついに「オーラル・コミュニケーション」という形で表面化したのである、と

私は解釈している。

　高等学校学習指導要領の「オーラル・コミュニケーション」の説明の内容はあまりにもお粗末すぎる、と思うが、今回はこのことについて論評する余裕がない。お粗末だが、しかし、そこに指示されたことくらいは実行してもらわないと、わが国の英語教育は、まったく役に立たないものとして、21世紀には葬り去られてしまうであろう。公教育にその位置を占めることが不可能になるであろう。

入試について

　言いたいことは、「英語はことばである」ということである。このようにわかりきったことを改めて言わなければならないというのは、残念だが、しかし、現在の英語教育が、英語をことばとして扱っていないし、知識の総合的体系を構成する重要な要素としてとらえていないのであるから(そして、私自身が中学生、高校生であったときも同じであった、つまり、昔から何も変わっていないということであるから)、やはり、英語の「ことば」としての復権を願って発言しなければならない。

　「現実」というものがある。そのことは知っている。現在の英語教育界にとっての「現実」は「入試」であるらしい。英語教育のあるべき姿を求めていろいろな研究を行い、発言するのは結構であるが、そういう理想論というのは「入試」という現実にはなじまないのである、といった趣旨のことを言う人がいる。ことばとしての英語を教えていてはこの現実に対応できない、と言う。確かに「入試」は現実である。この現実に対応できない理想論などに何の価値もありはしない、と言う。

　私は、実は、こういった意見が理解できないのである。仮に本当に英語教育の理想を求めていて、それで、「入試」がその理想実現の障害となっているのであれば、次に出て来る提案は、次の2つしかないであろう。
　(1)　入試英語そのものを改善すること
　(2)　入試から英語を除外すること
私は、数年前から(2)の意見を述べているのだが、不思議なことにこれに賛同する英語教師は少ない。高校入試であろうが大学入試であろうが、とにかく入試から英語をなくす、というのが私の提案である。今までに行わ

れた数々の理不尽な英語の入試問題を見るにつけ、これは、到底、改善できない、と思うのである。入試英語テスト改善のために努力をしている人々も少数ながらいるが、現在のところまさに少数で、ある程度満足できる入試問題が作成されるようになるまでに、少なくともあと半世紀はかかるであろう。しかも、これは wishful thinking である。ほとんど不可能、と言いたい。私が言いたいのは、それほどに「試験」についてまともに考えている(中学校、高等学校、大学の)教師がいないのである。なかでも、私立高校や大学の教師の無責任さは、目に余る。英語をことばとして教えるという態度に欠けている。英語のテストを単なる「メンタル・テスト」あるいは「クイズ」と考えている人があまりにも多い。

　(1)の意見の実現がほぼ困難であろうことは、以上の説明からも明らかであろう。試験あるいはテストとはどういうものかについて、何もわからない人たちが入試問題を作っているのであるから絶望的である。だから、私は、入試から英語をはずせ、と言う。

　日本における「英語」は、ただ単に高校や大学の入学者を決めるための、単なる「手段」にすぎなかった。さらに重大なのは、英語は「教育」ではなかったことである。生徒たちの知的好奇心とは無縁のものであった。これでは、コミュニケーションなどということは「絵空事」になってしまう。

(『英語展望』1993年春号)

改善懇第 5 回アピールについて

　まったく個人的な立場から、改善懇アピールにまつわる感想を述べたい。
　私は改善懇には第 1 回から参加している。1972 年の第 1 回、1973 年の第 2 回は JACET 所属のメンバーとして、1974 年から 1977 年までは JACET 世話人および改善懇世話人会幹事として、それから、1978 年からは語研所属のメンバーおよび事務局担当者として参加してきた。そして、つくづくと思うことは、この約 10 年間に、英語教育の状況はまったく改善されておらず、中学校英語週 3 時間に象徴されるように、むしろ悪化しているとしか言いようがないということである。
　中学校英語週 3 時間について改善懇が発言を始めたのは 1974 年の第 3 回大会が最初である。第 1 回、第 2 回でもこのことは議論されたのだが、週 3 時間でもいいではないかという発言があったりして、到底意見は一致しなかった。それが、第 3 回に至って、やはり週 3 時間は不都合であるということになり、ようやく、「アピール」に「最低 4 時間」ということを盛り込むことができたのである。そして、この最低 4 時間の主張はその後のアピール等にくり返し掲げられてきている。

　私自身が週 3 時間の問題について騒ぎ出したのは 1968 年のころからである。翌年、昭和 44 年版中学校学習指導要領が告示されて、英語は「標準」週 3 時間となった。それ以前は「最低」3 時間だったし、3 年生には「最低」5 時間のコースがあった。私自身が騒ぎ出したころ、周囲の英語教師たちはほとんど無関心だった。そして、「英語ができない生徒たちにとっては英語の時間は地獄の苦しみなのだ。授業時数が減ってその地獄の苦しみが減ることはいいことではないか」とある英語教師から言われたときには、愕然として声も出なかったことを、今でも鮮明に記憶している。私は、

英語の授業時数が減ると英語教師が複数教科をもたされたり、小学校へ配置転換されたり、新卒が採用できなかったりして困ることになる、とも言った。これは一笑に付された。「英語教育をそういう次元の低い観点から論じるのはおかしい」というのであった。この意見を言ったのも英語教師であった。私の発言は確かに次元が低かった。しかし、その後、何人もの英語教師から、複数教科を担当させられている嘆きを聞くことになったのである。
　1973年の改善懇第3回大会は、ようやく「最低」4時間の主張を採択した。私にとっては5年の長い道程であった。しかし、相変らず、週3時間でもいいではないかという声がなくならない。私は個人的には最低週5時間を主張している。

　「時間数の問題ではない。生徒にやる気を起こさせるかどうかこそが問題なのだ」という声も聞こえる。私はこういった精神主義的な意見がどうしても理解できない。こういう精神主義を前面に押し出せば、週1時間でもいいことになってしまうではないか。他の教科も同じことで、どれも週1時間で「やる気」さえ起こさせればいいことになるから、中学校の授業は週9時間で十分で、あとはほったらかしでいい。
　「やる気」を起こさせるためには時間が必要なのである。時間をかけて十分にわからせ身につけさせてやらなければ「やる気」など起こるはずがない。
　中学校1年生は必修にして、あとは選択させればいいという意見もある。これはもっともな意見に聞こえる。しかしこの意見は重大なポイントを見逃している。1年生のときに実力のない教師に出会った生徒は、再び浮かび上がることはできないというポイントである。1年生のときは英語が大きらいだったが、2年生でよい先生に教えられてたちまち英語が好きになったというような例はいくらでもある。英語が好きになるかどうかは、生徒の責任ではない。あくまでも教師の責任である。この視点が「やる気」論や「1年生必修論」には欠けている。
　ともかく、改善懇は今回も「最低」4時間の主張をくり返すことにした。そして今後は、国民教育の中で英語教育というものがいかに重要であるかについての煮つめた論議が必要になろう。私は、他の教科に比べても、絶対的に英語教育が重要であると考えているのである。英語教育は国民教育

の中枢の位置を占めるべきだと考えている。英語教育を抜きにした国民教育は考えられない。それは、英語教育が「言語教育」だからである。

今回のアピールは、中学校教科書の広域採択制度についても、これを廃止すべきであることを述べた。これも第1回アピール以来くり返し述べていることである。

「今度また教科書が変わるんですね、どうしてですか」と言った英語教師がいるということを聞いた。広域採択制度は、ついにこのように主体性を失った教師を作り出してしまったのである。こういう教師に教わっては、生徒も「やる気」など起こすはずがない。破滅的と言っていいであろう。「ただほど高いものはない。」教科書無償と抱き合わせに施行された広域採択制度は、教育を破滅に導くことになるであろう。

私は機会のあるたびに発言しているのだが、日本の教育は、今、国民をできるだけ無知にし、自由のありがたさを忘れさせ、さまざまな禁句を作ることによって沈黙させる方向に加担しはじめているのである。最近、学校内暴力がにわかに脚光をあび始めた。私は、これはひとつの謀略ではないかと疑っている。だれかが学校内暴力をあおっているのではないかと疑っている。そして、警察力が学校と密接に結びつき始めていることに、言いようのない恐れを感じる。これは、私にとっては、「いつかきた道」である。私は、私の短い一生の間に、二度も同じ悪夢を見なければならないのは何としても理不尽だと思っている。もう一つ言いたい。今度の教育課程の「ゆとり」と「充実」は、私にとっては太平洋戦争直前の私の受けた学校教育を思い出させるものなのである。

広域採択制度は、教科書を「準」国定教科書の方向に追いつめ始めている。最近の教科書批判は、国定教科書化をねらう人々の意図を明白に示している。私は恐怖に襲われている。

国公立大学共通一次試験も、私にとっては恐怖なのである。今回の改善懇アピールは、大学入試の改善を主張している。これは正しい。大学入試は英語教育にとって諸悪の根源だからである。そう言われてもしかたがないくらい大学入試の内容は無責任である。どういう基礎学力を高校英語教育に要求しているのかさっぱりわからない。だから、これを何とか改善さ

せるための運動を強力に展開しなければならない。

　しかし、共通一次は、私にとっては恐怖なのである。試験問題の内容がいいか悪いかは、実は私にとってはまったく関心がないことである。私にとっては、共通一次という形式そのものが問題である。それは、これが「国定」試験だからである。現在、私立大学がこれに加わっていないというのが唯一の救いなのである。

　今回の改善懇で、私は共通一次の廃止を強く主張した。大学入試の改善は必要である。しかし、共通一次が大学入試の改善につながるとはどうしても考えられない。今までに「国定」が国民の幸福をもたらしたことは一度もなかったのである。だから、共通一次は廃止しなければならないと述べたのだが、この意見は採用されなかった。残念だがしかたがない。次の改善懇で主張をくり返すしかないのであろう。

　共通一次を大学が採用するに至るについては、大学教師のかなりいいかげんな態度が貢献しているのではないかと私は疑っている。「共通一次はわれわれが問題を作るわけじゃないんだろう、それなら手間が省けていいではないか」という声を私は直接聞いたことがある。こういう大学教師がいるかぎり、大学入試の改善など夢のまた夢であろう。

　こういうことを言うと、そういう教師は例外で、大多数は責任をもって教育にたずさわっていると反論するであろう。そうかもしれない。そして、ここでさらに恐ろしいのは、ひとりひとりが責任をもってまじめに仕事をすればするほどすべて「国定」にまとめ上げられてしまうということである。

　政治が教育にくちばしを入れることをやめさせなければならぬ。財界が教育にくちばしを入れることについても同じである。そのためには、われわれ教育界に籍を置く者が、政治や財界の動きを知る必要がある。改善懇は、残念ながらそこまで達していない。これは早急にとりかからなければならぬ。

（『英語教育ジャーナル』1981年4月号）

外国語教育振興法(案)

(この法律の目的)
第1条　この法律は、外国語教育が国際社会の中で豊かに共存共栄する平和で文化的な国家の基盤のために近年特に重要な使命を有するようになったことにかんがみ、教育基本法(昭和22年法律第25号)及び学校教育法(昭和22年法律第26号)の精神にのっとり、外国語教育を通じて、外国語の実際的な能力を養うとともに、外国及び外国語に関する知識を授け、広く国際的視野を養い、もって豊かな日常生活を営み、且つ、わが国の国際的発展と世界各国諸民族との友好関係に貢献しうる有為な国民を育成するため、外国語教育の振興を図ることを目的とする。

(定　義)
第2条　この法律で「外国語教育」とは、小学校(盲学校、ろう学校及び養護学校の小学部を含む。以下同じ。)、中学校(盲学校、ろう学校及び養護学校の中学部を含む。以下同じ。)、高等学校(盲学校、ろう学校及び養護学校の高等部を含む。以下同じ。)、大学、高等専門学校又は専修学校が、児童生徒又は学生に対して、外国及び外国語に関する知識を授け、且つ、外国語の運用に必要な技能、態度を養成する目的をもって行う教育をいう。

(国の任務)
第3条　国は、この法律及び他の法令の定めるところにより、外国語教育の振興を図るように努めるとともに、地方公共団体が左の各号に掲げるような方法によって外国語教育の振興を図ることを奨励しなければならない。
　一　外国語教育の振興に関する総合計画を樹立すること。
　二　外国語教育に関する教育の内容及び方法の改善を図ること。
　三　外国語教育に関する施設又は設備を整備し、及びその充実を図ること。

四　外国語教育に従事する教員又は指導者の現職教育又は養成の計画を樹立し、及びその実施を図ること。
　五　外国語教育の実施について、当該外国語を母語ないし公用語として使用する国の政府諸機関等との協力を促進すること。
（実験等による収益）
第4条　国又は地方公共団体は、その設置する学校が行う外国語教育に関する実験等によって収益が生じたときは、これを当該実験等に必要な経費に増額して充てるように努めなければならない。
（教員の資格等）
第5条　外国語教育に従事する教員の資格、定員及び待遇については、外国語教育の特殊性に基き、特別の措置が講ぜられなければならない。
（教科用図書）
第6条　外国語教育に関する教科用図書の編集、検定及び発行に関しては、外国語教育の特殊性に基き、特別の措置が講ぜられなければならない。
（国の補助）
第7条　国は、公立又は私立の学校の設置者が次の各号に掲げる施設又は設備で政令で定める審議会の議を経て政令で定める基準に達していないものについて、これを当該基準にまで高めようとする場合においては、これに要する経費の全部又は一部を負担する。
　一　小学校、中学校、高等学校、大学、高等専門学校又は専修学校における外国語教育のための施設又は設備。
　二　外国語教育に従事する教員又は指導者の現職教育又は養成を行う大学が当該現職教育又は養成のために使用する施設又は設備。
2　前項に規定するものの外、国は、公立又は私立の学校に係る外国語教育の振興のために特に必要と認められる経費の二分の一を、当該学校の設置者に対し、予算の範囲内において補助する。
（補助金の返還等）
第8条　文部大臣は、前条の規定により補助金の交付を受けた者が左の各号の一に該当するときは、当該年度におけるその後の補助金の交付をやめるとともに、すでに交付した当該年度の補助金を返還させるものとする。
　一　この法律又はこの法律に基く政令の規定に違反したとき。
　二　補助金の交付の条件に違反したとき。

三　虚偽の方法によって補助金の交付を受けたことが明らかになったとき。
(政令への委任)
第9条　前2条に規定するものを除く外、補助金の交付に関し必要な事項は、政令で定める。　　　　　　　　　　　（『英語教育』1985年9月増刊号）

言語教育としての外国語教育のこと

英語狂騒曲

「英語(狂騒曲)」なのか「(英語)狂騒曲」なのか。とにかく協奏曲でないことははっきりしている。とにかく「狂っている」。そして「英語、英語!」と言い立てて「騒がしい」。

今や、文部省に群がる「英語教育者」を自称するいかがわしい連中が、公教育における外国語教育の基本的なあり方を考えることなど眼中になく、単に「英語」ができればいい、そういう人間を作るべし、とわめいている。「英語第二公用語」論は、その最たるものである。小学校への英語教育導入論も、当然、同じである。浅はかなこと、この上もない。

『学習指導要領』

外国語教育の目標について、1998年版『中学校学習指導要領』は、次のように述べる。「外国語を通じて、言語や文化に対する理解を深め、積極的にコミュニケーションを図ろうとする態度の育成を図り、聞くことや話すことなどの実践的コミュニケーション能力の基礎を養う。」

外国語教育は、こんなヤワなものであってはならない。「言語や文化に対する理解」とは何事か。「言語と人間(社会)との関係を知ること、および体験すること」でなければならない。「積極的にコミュニケーションを図ろうとする態度の育成」は、これは個人の問題であって、公教育が直接にかかわる問題ではない。「聞くことや話すことなどの実践的コミュニケーション能力の基礎を養う」という。「聞くこと・話すこと」を重視することには賛成だが、「実践的コミュニケーション能力の基礎」は意味不明である。

日本外国語教育改善協議会

　日本外国語教育改善協議会（略称・改善協）は、2000年1月20日に、文部大臣、教育職員養成審議会会長、中央教育審議会会長、教育課程審議会会長、および文部省初等中等局教科調査官に『日本の外国語教育の改善に関する提言』を提出した。この中に「外国語教育が言語教育の一環を担わなければならない」という文言がある。

　この「言語教育の一環」という文言は、1994年度の『外国語教育の改善に関するアピール』に用いられて現在に至っている。しかし改善協においても、外国語教育と言語教育との関係についての徹底した議論は行なわれていない。これは改善協の今後の課題である。

言語教育

ということで、以下、私が考えている言語教育の目標を掲げる。

(1)　言語は（どのような形・方法にせよ）人間の生活に十分に深くかかわるものであることを知ること、および体験すること。
(2)　言語は民族（あるいは、集落や地域など）ごとに異なるものであることを知ること、および体験すること。
(3)　それぞれの言語には特有のルールがあることを知ること、および体験すること。
(4)　言語は、他言語とのかかわりによって、それぞれに独自の変化をするものであることを知ること、および体験すること。
(5)　言語は、人を生かすことも殺すこともできる存在であることを知ること。

外国語（英語）教育は、この(1)〜(5)を基本としなければならない。

課題

上記の「基本」は、本来、母語教育においてその「基礎」が築かれてい

なければならないが、日本の「国語」教育はこれとは無縁の存在である。そして、外国語教育は、その本来築かれているはずの「基礎」の幅、あるいは厚みを、さらに豊かなものにすることに奉仕するはずのものだが、これまた、言語教育とはかけ離れた状態のまま現在に至っている。結局は、わが国における言語教育の基本的理念が確立していない、ということである。21世紀初頭の課題である。　　　　　　　　　　　（『新英語教育』2000年5月号）

教員の養成と「研修」

　教育職員養成審議会は、5月31日「教員養成の改善について」中間報告を公表した。今回はこれを読んでの感想を述べることにする。
　だいたい教員を養成するとはどういうことなのだろう。私には「教員養成」という言い方自体がそもそもピタッとこないのである。「教師になろうと思って大学を選んだ」などと言う人に出会うと、心の底から感心してしまう。私はそれこそフラフラと教師になって、3日たってやめられず、英語教育の勉強をしようと決心したのはそれから数年後というていたらくである。新聞の「解説」（これがまたくせもので、頭から信用してかかるわけにはいかないが）によると、教養審の「報告」は「デモシカ」教師をなくすことをねらっていると言う。もしそうだとすると非常に困るのである。私自身「デモシカ」から始まったのだから、やりきれないほど困るのである。今でも「デモシカ」かもしれない。自分なりにまともにやっているつもりだが人の目にはどう映るかわかりはしない。だから「デモシカ」ということばを聞くとゾッとするのである。
　「中間報告」では（これまた新聞の解説によると）「デモシカ」をなくすために、大学における教職専門科目の履修を改善し、最低修得単位数を引き上げると言う。科目の改善は賛成である（改善の仕方にもよるが）。だが単位数の引き上げはたいへん困る。大学というところは基礎的な、いわば算数四則程度のことしか勉強できないところだし、またそれでいいのである。教育の現場のかかえている問題は机上の論議だけでは片づくはずがないほど複雑であって、単位数をいくら引きあげても処理できはしない。英語の教師として知っていなければならないことを数えあげるだけでもわかる。聞く・話す・読む・書く領域の要求する知識・技能だけでも気が遠くなるほど多い。これを網羅することは、現実の問題として不可能であろう。講義

の数をふやすことはよいとしても、これをすべて必修とするなど論外で、強行すれば詰め込み教育にならざるをえない。詰め込みで養成された教師は、現場にはいって再び詰め込み教育をするであろう。だいたい、教員志望の学生が、朝から晩まで教職専門科目のことを考えている姿は、まったく悲劇的ではないか。彼らには具体的な教育の現場がない、つまり足場がないのだから、考えることすべてが絵空事になってしまう。

　6月13日（日）のテレビ討論会（フジテレビ「ビジョン討論会——中教審答申をめぐって」）で坂田文相は「教師の自主性が大切である。文部省が何を言おうと、それは参考にすぎず、これを乗り越えて行く教師こそ望ましい教師像である」という趣旨の発言をした。まったくそのとおりで諸手をあげて賛成する。そうでなければならないと思う。だが残念ながらそうはいかないのである。文部省を乗り越えたり無視したりしようとしても、今の体制ではそれはほとんど不可能になっていることを坂田文相は知っているのか知らないのか。たとえば指導要領一つをとりあげてもわかる（指導要領は「文部省告示第199号」によって示されたものである）。and は1年生で、but は2年生で教えるべしと指導要領は言う。ある教師が and と but を1年生で教えたとしよう（教科書では1年用には but は出てこない。but を扱うと検定は通らない）。どういうことになるか。「指導要領違反である」ととっちめられるか、「指導要領も知らないのか」と軽べつされるか、「教科書どおりやっていればよいのだ」とたしなめられるか。「しかし and を教えれば but も生徒はすぐわかりますから」と抗議しても "But me no buts!" とやられるのがオチであろう。教科書に出てこない but を教えられてブツブツ言う生徒や親もいよう。そしてこのブツブツのほうが勝つのである。ことほどさように教育の現場は窮屈になっている。これを俗に「締めつけ」と呼ぶ。

　話は違うが、十何年も前、東京都の教員採用試験の論文のテーマに「研修」が取り上げられた。私は「研修」のことが教育公務員特例法に詳しく出ていることなどまったく知らなかった。おかげで欠点をとってしまった。——弁解じみた言い方になるが、こんなことは教師になるための基礎教養でも基礎知識でもあるまい。こういうたぐいのことは教師になってからの、それこそほんとうの「研修」によっておぼえればよいことである。教育公務員特例法のことは知っていても、いざ教師になってみたら研修の機会がさっぱり与えられなかったでは、話にならない。教師になればこういうた

ぐいのことは、自分の生活の場と直接かかわりのあることだから、機会さえあればたちまちおぼえてしまう。教員志望の学生にとって、こういう法律の条項はどうしても絵空事になって、暗記でもしないかぎりおぼえきれない。そういう無理より、英語教師たらんとすれば英語が好きで好きでたまらなく、同時に若い中学生や高校生と交わることがたまらない魅力であることのほうが大切であろう。そこでおのずから自分の勉強しなければならない方向も決定されてくるというものである。

　学問とまでは行かなくとも、人が勉強するには3つの大きな要因が必要であると私は考える。まず、その勉強が好きであること。きらいなことは長続きしない。英語が好きでなければ英語の教師にはなれない。教えることが好きでなければ教師にはなれない。ただ、この好ききらいの決定はそれほど容易ではない。私自身は教育実習に出てはじめて教師になろうとフラフラと思い立ったのだから、学生に向かって「きみは教えることが好きかどうか。好きでなければ教師にならないほうがよい」などという気にならない。この学生たちがいつか教師になるであろうという淡い期待の上に立って発言するにとどまる。さて、要因の第2はひまがあること。いくら好きでものんびりできるひまがなければ考えることもできない。勉強はたちまち行き詰まる。偉人の伝記などには、ひまがなくとも学問に励んだ人のことが書いてあるが、これは少数の超人的才能の持ち主の話で、一般のわれわれの及ぶところでない。第3に金があること。意欲がありひまがあっても、本1冊買えない有様では勉強などできない。貧乏を乗り越えた偉人の話もあるが、これも例外中の例外である。私は、大学というところは勉強の好きな者にひまを与えるところであると理解している。ひまを確保するところと言ってもよい。ことのついでに金も確保したいが、これが思うようにならない。国の文教予算の貧弱がじゃまをする。以上の3大要因は、第1・第2・第3と並べたけれども優先順位とは関係ない。もちろんこの3つが揃っても職場が窮屈ではどうにもならぬ。息が詰まって逃げ出したくなるか、あるいは息を殺してじっとしているよりほかなくなる。

　「報告」は教育実習の期間を長くすると言う。小学校教員養成課程8週間、中等教員養成課程6週間と言う。これは困ったことになったと思っている。現場の教師にとっては、教育実習というのは非常な負担なのである。年間の指導日程は狂わされる、実習の失敗のあと始末はしなければならな

い。付属学校が引き受けるのは当然としても、一般の学校でも経験させるというのは、今以上に長くなっては本当に困る。英語科の場合など、指導要領によって標準週3時間。指導事項は相変わらずむずかしい。そこへ実習生が割り込んできては、進度も何もあったものではない。教育実習の重要性は認める。教育実習がなかったら私は教師にはならなかったであろうから、全廃せよなどとは言わない。今のままでいいではないかと言いたいのである。今度の「報告」は、教員養成目的大学以外からは教員を締め出そうとしていると言われても仕方がないのではないか。

　教育実習は、実際の場で生活することによって学校および教師の仕事をより深く理解し、さらに指導技術の初歩を体得することを目的とする。だが、特に指導技術などは、たかだか2か月くらいの実習で体得できるはずがない。10年くらいはかかると心得るべきである。要するに教師になってからの研修が大切なのである。その意味では、中央教育審議会最終答申（「今後における学校教育の総合的な拡充整備のための基本的施策について」6月11日）にある「教員の再教育を目的とする第4種の高等教育機関（大学院）」の設置には賛成である。むしろ、第4種などと限定せずにどういう大学院ででもよいから研修できるようにしてもらいたい。そしてさらに、教育公務員特例法の「教育公務員は研修を受ける機会が与えられなければならない（第20条）」が、しぶしぶでなく、積極的に適用されるような方向へもっていってもらいたい。現状は研修の機会は「恩恵的に」与えられているのがふつうで、堂々と行けるのはいわゆる文部教研とかそれに準ずるものだけである。半年、1年、2年の研修ともなると、だれでもというわけにはいかない。これは不都合である。

　中教審最終答申は「初等・中等教育の教員の給与の基準は学校種別によっては差等を設けないこととする」と言っている。大へん結構なことである。そして、給与ベースを大いに引き上げる必要があると言う。大賛成である。ついでに大学教員との差もなくしてしまったほうがよい。金は非常に大切である。人材を教育界に集めるためにも大切である。すぐに実行してほしい。だが、同時に、詰め込みや締めつけもなくしてもらいたい。これでは結局人材は集まらなくなる。──金も出すが口も出す。昔から俗に言われてきたことばだが、まったく悪い癖である。　　　　（『英語教育』1971年8月号）

21世紀の英語教育が抱える課題について

0. 課　題

　どういうことであろう。1872 (明治5) 年はわが国の公教育が始まった年だが、その年以来続けられてきて、さまざまな紆余曲折を経験せざるを得なかったことはやむを得ないこととして、そろそろ130年になろうという歴史を有しているわが国の「英語教育」が、この20世紀末に至って、あまりにも多い「課題」を背負わされてしまった、ということが言いたいのである。

　ほんとうは「課題」ではなく「難問」と言いたい。そして、その「難問」は、英語 (外国語) 教育についての基本的な知識もない者たちから投げかけられ強要されたものであり、一方、130年に及ぶ歴史を持ちながら、その投げかけられ強要された「難問」について、適切な対応をしなかった英語教育界が自ら招来したものである。残念と言うしかない。

　さて、では、その「課題」あるいは「難問」とは何か。以下、私見を述べるが、明治・大正期や昭和前期からの問題のすべてを論じるとなると、これだけで大論文になってしまうので、話題は太平洋戦争敗戦以降に限ることにする (が、これまた、そのすべてについて述べることはできないことを、あらかじめお断りしておく)。

1. 『学習指導要領』

　『学習指導要領』という名前の、文部省が発行する「公文書」は、1947 (昭和22) 年3月に初めて登場した。敗戦後2年目 (ほんとうは、もっと短い期間であったが) である。敗戦前には『学習指導要領』は存在しなかった。

1947年版『学習指導要領』は、非常に優れた内容であった。このことについて、私自身、研究社出版の月刊誌『現代英語教育』（残念ながら、1999年3月号を最後に廃刊となった）の1997年2月号に「昭和22 (1947) 年の『学習指導要領』を読む」と題する6ページにわたる論文を掲げた。
　この『学習指導要領』は中学校第1学年から高等学校第3学年まで（当時は、それぞれ、第7学年、第12学年と呼んでいた）の6年間のカリキュラム（というより「シラバス」と言ったほうがいい）を示したものであった。『学習指導要領』はその後1951年に改訂されたが、方針はほとんど変わらなかった。
　さて、1955年には『高等学校学習指導要領』が分離した。その理由は、中学校は義務教育であるが高等学校はそうではない、ということであったらしい。この結果、高等学校の教師が中学校の『学習指導要領』を読むことがなくなった。逆も同じである。そして、1958年、『中学校学習指導要領』が「文部省告示」として示された（1955年版も同じく「文部省告示」であったが）。
　この1958年版には、今にして思えば、大問題があった。それは「言語材料」を各学年に配当したことである。「何だ、そんなことか」と言われそうであるが、たとえば、《現在形》と《現在進行形》は第1学年で扱うべしと定められ、第1学年で扱う《助動詞》はcanに限られ、《過去形》は第2学年に、《関係代名詞》は第3学年に配当された、といった具合である。
　この結果どういう事態が生じたか。現在、中学校や高等学校で英語を教えている人たちは、全員、このカリキュラムによる英語教育を受けている。そしてこのカリキュラムは、絶対とは言わないまでも、ほぼ正しいと信じている。したがって、たとえば、《動詞》を《現在形》からではなく《過去形》から導入するといった発想は生まれてこないのである。《関係代名詞》を第1学年で扱うなどということは夢にも考えたことがない。私はこれをfossilizationと呼ぶ。
　この「思考の停止」は、その後に起こるべき教授法の開発を十分に妨げた、と私は判断している。1989年に『中学校学習指導要領』が改訂され、このとき「言語材料」の「学年配当」がなくなったが、1958年以来30年間に営々として築かれた「学年配当」の確固たる歴史は、簡単に崩れるはずもなかった。2000年の現在、中学校の英語教室で《関係代名詞》を第1

学年で扱っている例は(ほぼ)ない。

2. 指導すべき語彙の大きさ

まず中学校の場合から見てみよう。

1947年版『学習指導要領』は、指導すべき語の数についてはまったく触れていない。語彙の大きさについて述べたのは1951年版からである。中学校3年間で指導すべき語数は、次のように変化してきた。

1951年版	1200〜2100語
1958年版	1100語程度(高等学校進学者は1300語程度)
1969年版	950〜1100語
1977年版	900〜1050語
1989年版	1000語程度まで
1998年版	900語程度まで

一目瞭然、改訂のたびに指導すべき語数が減少している。これはどういうことなのであろうか。私は常々、中学校では少なくとも(基本形換算で)1000語、(派生形換算で)3000語以上の導入は必要である、と述べてきた。しかし、残念ながら英語教育界はこの問題を真面目に議論したことはなかった。そして、語彙指導の負担は、大学への進学率の増加に伴い、すべて高等学校に委ねられることになった。大学受験のためには、少なくとも5000語(おそらくこれは(派生形換算)であろう)は必要であると言われ続け、1989年版に基づいて言えば、中学校での1000語の上にどのように4000語を積み上げるかに悩み、結局は予備校などでの学習に委ねざるを得なくなっているのである。最大の負担は生徒個々人の肩に重くのしかかっている。

さて、では、『高等学校学習指導要領』の場合はどうか。

1951年版	2100〜4000語
1960年版	英語A:1500語程度/英語B:3600語程度
1970年版	英語A:1200〜1500語/英語B:2400〜3600語
	(初級英語:600〜1000語/英語会話:300語程度)

1978年版	英語 I, II：1000〜1200語 / 英語 II B：400〜700語
1989年版	英語 I, II：1000語程度まで / リーディング：900語まで
1999年版	英語 I, II：900語程度まで / リーディング：900語程度まで

　1970年版の（　　）内は別として、最大値で言うと、1951年版では4000語であったのが、1999年版では1800語となった。2分の1以下である。中学校・高等学校6年間について言えば、1951年版では6100語であったのが、最新版ではその約44.3%の2700語である。6100語は多すぎるかもしれない。しかし、6年間で2700語は最適の数なのであろうか。

　先ほども述べたが、私は中学校3年間で3000語と言っている。理由は、この程度の基礎語を習得していなければ辞書を引くことができないからである。このことについては、千野栄一氏も同じようなことを言っている（『外国語上達法』岩波新書、1986）。いわく：「言語学の知識が教えるところでは、言語により差があるとはいえ、大体どの言語のテキスト（書かれた資料）でも、テキストの90パーセントは3000の語を使用することでできている。すなわち、3000語覚えれば、テキストの90パーセントは理解できることになる。残りの10パーセントの語は辞書で引けばいい。」

　中学校で3000語となると授業時数が問題である、週3時間ではどうにもならないのではないか、という声が聞こえそうであるが、私は、授業時数は毎日1時間を確保すべきであると言う。

3.　授 業 時 数

　高等学校の授業時間割はかなり自由に編成できるようになっているので、問題は中学校である。かつて、1947年版の『学習指導要領』は、「教授時数の配当」について「英語の学習においては、一時に多くを学ぶよりも、少しずつ規則正しく学ぶ方が効果がある。それで毎日一時間一週六時間が英語学習の理想的な時数であり、一週四時間以下では効果が極めて減る」と述べた。

　しかし、その後の『学習指導要領』は週あたりの授業時数をどのように定めたか。次のとおりである。

1951年版	各学年とも4〜6時間
1958年版 (1962年度施行)	各学年とも「最低」3時間
	進学コースでは第3学年で5時間以上
1969年版 (1972年度施行)	各学年とも「標準」3時間
1977年版 (1981年度施行)	各学年とも「標準」3時間
1989年版 (1993年度施行)	各学年とも「標準」3＋1時間
	＋1は習熟度別指導に充てる
1998年版 (2002年度施行)	各学年とも「標準」3時間

 1951年版と1958年版は、いわば理想的な時数配当であった。1958年版では週あたり3時間ではあったが、「最低」であった。この『学習指導要領』には「表に示された授業時数は、年間の最低授業時数であるから、(特例を除き) 表に示す授業時数を下ってはならないこととなっている」という趣旨の文言がつけ加えられていた。
 それが、1969年版で突然「標準」3時間となった。「最低」が「標準」になった。ということは、3時間でもいいが4時間でもいいし2時間でもかまわない、ということである。1958年版施行当時は、第1学年で週5時間、第2学年で4時間、第3学年で5時間という時間割が全国的に多数を占めていたが、1969年版時代に入ると、第1学年で週4時間、第2学年で3時間、第3学年で4時間という時間割が多数を占めるようになった。各学年とも3時間という学校もあった。
 なにゆえに週3時間となったのか、その理由はわからない。ただ、1969年版は授業時数について「授業は年間240日以上行なうように計画し、各教科、道徳および特別活動の授業時数が適切に確保されるようにするとともに週当たりの授業時数が生徒の負担過重とならないようにすること」と説明していた。おそらく、この文言のうちの「生徒の負担過重とならないように」がキー・フレーズであろう。
 さて、そして、1977年版 (1981年度施行) の登場となった。「標準」3時間ではあったが、全国の国公立中学校は、週あたり3時間を超えて英語の授業を時間割に組み込むことが、実質的に不可能になった。禁止されたのである。理由はまったく説明されなかった。
 英語の週あたりの適正な授業時数については、残念ながら英語教育界は

ほとんど議論をしたことがなかった。授業時数を論ずるためには、カリキュラムについての議論が前提となるはずであるが、1. において述べたように、このことについても、英語教育界は相当に不真面目であった。

1981 (昭和 56) 年、「中学校英語週 3 時間体制」が強行された。この体制は、1992 年度までの 12 年間続いた。そして、日本の生徒・学生の英語力は確実に衰えて行ったのである。

私は、この 1977 年版が施行された 1980 年代は、文部省という行政府が本気になって日本の教育つぶしに着手した年代であると考えている。英語 (外国語) はその象徴的な例であるが、すべての教科教育が軽視されることになったのである。これは国家による重大極まりない「犯罪」であったとしか言いようがない。

4. 中学校英語週 3 時間体制

これについては 3. で述べた。私は、この「昭和 56 年」という年を、死んでも忘れないであろう。

これは今まで書いたことがなかったが、「日本英語教育改善懇談会 (略称: 改善懇)」という組織があった。1972 年に発足した組織である (「あった」というのは少々間違いで、1998 年に名称を「日本外国語教育改善協議会」に変更して現在も活動を続けている。「英語」を「外国語」に、「懇談会」を「協議会」に変えた)。さて、いよいよ「中学校英語週 3 時間体制」が翌年度 (1981 年) から強行されることがほぼ明らかになったその前年の 1980 年暮の改善懇大会において、何人かのメンバーは、その改善懇が「中学校英語週 3 時間体制」を粉砕するための運動を起こすべきであると考えて、改善懇に参加する各団体の幹部たちと折衝を始めた。しかし、動かない。そこでさらに具体的に動き始めたのが、隈部直光、森永誠、阿原成光の各氏と私であった。懇談会の昼食・休憩の時間、4 人は東京・神楽坂のレストランで昼食をとりながら話し合った。そして、結論は、改善懇とは別に新たな集まりを組織して、反対運動を展開するしかない、ということになった。

かくして組織されたのが「中学校英語週三時間に反対する会」である。1981 年 6 月の「父の日」にその第 1 回総会を開いた。組織運営の中心に幹事数名による「幹事会」を置き、代表幹事に隈部直光を選出、また、私

（若林）が実質的な事務局担当者となった。運動の具体的な詳細は省略するが、1989年版によって授業時数が「3＋1時間」となることが明らかになって、この会の目的は「残念だが、そして、中途半端だが達成された」ということで、組織は解散した。この会の動きについては、そのすべてではないが、隈部直光氏との共編著で1982年に英潮社新社から出版した『亡国への学校英語』（今は絶版）がある程度の説明をしている。

　ところで、3. で述べたことだが、2002年度からは、中学校における英語の授業時数は再び3時間に戻ることになった。質問したい。これは「いいこと」なのであろうか。「よくも悪くもないが、しかたない」のであろうか。

　「中学校英語週三時間に反対する会」の運動に参画した1981年には、私は50歳であった。気力も体力も申し分ない年齢であった。以来ほぼ20年。2002年度体制には怒りを覚える。なにゆえに、あの悲惨極まりない「週3時間」を実現しようとしているのか。これがどのように英語（外国語）教育にとって有効・有益なのか。なんの議論もしていないのである。

　再び言う。これは国家による教育界に対する「犯罪」である。私は、再び反対運動を起こしたい。その気力はある。のだが、さすがに体力が衰えた。この「難題」は、21世紀に持ち越すしかないのであろう。残念としか言いようがない。

5．その他

　ほんとうは、「その他」などというレッテルを貼るのはおこがましいのであるが、紙幅の都合を考えれば、やむを得ない。「難題」を以下いくつか並べる。

（5）　JETプログラム
（6）　オーラル・コミュニケーション
（7）　総合的な学習の時間
（8）　国際理解教育
（9）　小学校への英語教育の導入
（10）　中学校における外国語が「英語」に限られたこと

上のそれぞれについて具体的に論評する余裕はないが、このそれぞれについて寸評を試みる。

(5) JETプログラム：これは間違いであった。英語を知らない英語のネイティヴ・スピーカーが大量に輸入されて、英語教育がおかしくなった。

(6) オーラル・コミュニケーション：言語がコミュニケーションの手段であることは自明である。で、わざわざこういうことを言い始めてから、日本人の英語によるコミュニケーション能力の衰えが始まった。

(7) 総合的な学習の時間：名前は立派だが、学校教育においては、こういう形式の授業は存在し得ない。これは、基本的には、家庭教育、社会教育の問題である。学校教育が家庭教育と社会教育を背負わされ始めて久しい。そして、教育全体が崩壊し始めたのである。

(8) 国際理解教育：英語（外国語）教育は国際理解教育のために存在するのではない。言語教育のために存在する。国際理解教育は、すべての教科教育を有機的に総合して初めて可能となるのである。そして、このことは、学校教育だけでは不可能である。

(9) 小学校への英語教育の導入：これはすでに本 (2000) 年度から始まっている。「英語が不得意な日本人」をなんとか救済したいという、あまりにもナイーブな発想から始まったようである。問題は、「無計画」ということである。カリキュラムも何も議論されていない。中学校における英語教育とどうかかわるかも検討されていない。予言しておく。この結果、わが国の英語（外国語）教育は、あと数年ならずして大混迷状態になるであろう。

(10) 中学校における外国語が「英語」に限られたこと：おそらく、このことは世界史の記述に永久に残る「愚挙」であろう。

（米沢英語研究懇話会『ACORN』第 14 号、2000 年 12 月）

マスコミと英語教育

公正な報道

　社団法人日本映画社による記録映画「日本ニュース」を基礎資料としてNHKが製作した見事な作品がある。すでに何回も放映されているが、その締めくくりの加賀美幸子アナウンサー（彼女の日本語の美しさには、私は何回聞いても感動しているのだが）によるナレーションの中に次の台詞がある：「日本ニュース264巻には、1件の犯罪も地震も火事も、台風も交通事故もありません。芸能界の華やかなニュースもありません」。初めて見たのはすでに10年以上も前になる。太平洋戦争の実際の姿を記録に残してくれた従軍カメラマンの命がけの仕事（実際に数多くのカメラマンが命を失っている）に感動ひとしおであったが、この最後のナレーションは大きな感動であった。

　そうなのだ、と思ったのである。何がそうなのか。あの太平洋戦争中の約4年間には、地震も火事も台風も交通事故もなかったのである。なぜならば地震も火事も台風も交通事故も一切報道されなかったからである。あったのは「勝っているはず」の戦争だけであった。なぜならばそれは報道され続けたからである。

　話は変わるが、1993年10月、報道の公正さをめぐる大騒ぎがあった。テレビ朝日の椿貞良報道局長（当時）が日本民間放送連盟の放送番組調査会（9月21日）において話したところによると、彼は「非自民政権誕生を意図し報道（するよう指示した）」（『産経新聞』10月13日号見出し）とのことで、このニュースに自民党が飛びつき、国会で問題となり、こういう役員のいるテレビ局ではその報道の公正さが疑われるということで、椿氏は結局テレビ朝日から追放されてしまった。

私はそれ以来首をかしげっぱなしである。新聞とか週刊誌とかラジオとかテレビとかによる報道は、それほどにバランスがとれていて公正であったのであろうか。何事にも中立であったのであろうか。とんでもない。太平洋戦争中の報道が偏向に満ち満ちていたように、そんなことは一度もなかったのである。戦争中は軍部・政府の圧力で偏向せざるを得なかったのであろうが、敗戦後は（占領軍の規制があった時代は別として）新聞が面白いと思ったこと、必要と考えたこと、重要と判断したことだけを報道してきたにすぎない。マスコミというものは、それ以上のこともそれ以下のこともしたことがないのである。自民党政権下は、自民党の人達は連日マスコミに登場していた。このこと自体そもそも報道の偏向ではないか。
　偏向は当たり前なのである。偏向していない中立の、無色の報道などというものは、いまだかつて存在したことがない。こういったことは、マスコミ関係者はほとんどわかっていない。政治家も同じである。意見というものは、常に偏向しているのである。中立？　それは、単に何もないということにすぎない。何の主張もないことにすぎない。
　「椿」事件で改めて確認したことだが、それは、マスコミは総じて主張がないということである。主張のある者は邪魔ものである。椿氏は「主張」を持ったがゆえに追放されてしまった。主張を持たないマスコミにどんな価値があるのであろう。ただし、主張を持つには勉強が必要である。

外　　患

　新聞・週刊誌・テレビ・ラジオなどの取材記者に会ってみて非常に困惑するのは、彼らがまったく不勉強だということである。ほかのことでは勉強しているのかもしれないが、たとえば大学入試センター試験。私の勤務する東京外国語大学が、ある年から、それまで採用をやめていた数学を取り入れることにした。早速記者がやってくる。こういう情報は、文部省に詰めていればすぐに伝わる。そして「なぜ数学を入れたのか」と彼は尋ねる。「そりゃ、数学の基礎知識は本学学生にも必要と判断したからですよ」と答えるが、彼はこういう当たり前の答えでは満足しない。「何かほかに理由があるでしょう」とくいさがる。「ない」と言ってもだめ。「たとえば数学をなくしたために女子学生が増えすぎたので、やはり数学を入れて男子

学生の数を増やそうといったこととか」と言う。私などはこういう発言を聞くとびっくりしてしまう。そうか。世間は女は数学ができず男のほうができると思っているのか、と改めて思わされる。女性の数学者はどうなるのか。

　同じく大学入試センター試験。「今回の試験の英語にもヘンな問題がありますよ。報道してくれませんかね」と私は言う。「しかし、試験のあった日の夕刊には、コミュニケーションを重視した良問である、と、ある有名高校教師のコメントが掲載されていましたね。あれはまずいのだが、調べてみてくれませんか。だいたい、有名高校の英語教師が英語の実力があるとはかぎらないんですがね」。記者の答えはだれでもほぼ同じ。「いや、有名高校の英語の先生がそう言っているんだから、しかたないでしょう。その先の専門的なことは私にはわからない」。だったら新聞記者などやめたらどうか、と私は胸の中でつぶやくのである。

　中学校の英語が週3時間になったのは1981 (昭和56) 年。私の書いた原稿をそのまま掲載してくれる場合は大変に有難いのだが、取材されるとほとんどが妙なことになってしまう。「週3時間ではなぜ具合いが悪いのか」と尋ねてくれた人さえいた。何も調べないままやってくるのである。「私はもともと家庭欄の担当なのですが、急に頼まれてまいりました」などと言うとんでもない女性記者に会ったこともある。したがって、彼女はまったく何も知らない。わかってもらうために大汗をかくことになる。しかし、彼女には直接の責任はないであろう。その会社の取材態勢に問題があるのである。つまり無責任極まりない。

　週3時間問題については、1時間から2時間に及ぶレクチャーを余儀なくされたことも一再ならずある。予備知識のまったくない人にレクチャーをするというのは、学生相手の講義よりもはるかに難しい。学生であれば、時間をかけて専門用語を教え、徐々に積み上げて行けばいいが、取材記者相手ではそうはいかない。1969 (昭和44) 年版の学習指導要領が指示した学習すべき内容に比べて、1977 (昭和52) 年版のそれはほとんど変化がないのであることをわかってもらうのは至難の技であった。「でも文部省は、学習負担を相当に減らした、と言っていますよ」と彼は言う。「それは嘘。なぜならばですね」とレクチャーを進めるが、そもそも学習指導要領の読み方がわかっていないから、これ以上はもう無理。そして、結局、報道される

のは、若林はそう言っているが、文部省はそうではないと言っている、ということで、つまり、なるほど、こういうやり方が「公平な報道」なのだな、と絶望的に納得させられる結果になる。

後追い報道

　長年、いろいろな形で新聞・週刊誌・テレビ・ラジオなどの取材記者たちとつき合ってわかったことは、この人たちは、たとえば英語教育について言えば、中央教育審議会とか教育課程審議会とか文部省の後追いしかやっていないということである。後追いをしながら、その後追いを「何となく公平」な楽しい記事などにまとめるために、中央教育審議会とか教育課程審議会とか文部省の言うことに少々異議を唱える連中の言葉をあしらって、つまりは、読んでもらえる記事とか見てもらえる聞いてもらえる番組を作ればいいのだ、ということなのである。しかし、これではつき合わされる側はたまったものではない。いつも、中央教育審議会とか臨時教育審議会とか教育課程審議会とか文部省というサシミの、ツマにさせられてしまうのである。

　国・公立大学の共通第一次入学試験が始まったのは1979（昭和54）年度だが、その当時のハヤリ言葉は「難問奇問」であった。まるで日本中の大学の入試問題が難問奇問だらけなのであった。ある大学の英語の試験に何人かのアメリカ人が取り組んでみたところ70点になるかならないかであった、というようなことが面白おかしく報道されたが、誰もそのアメリカ人の学力は問題にしなかった。アメリカ人は英語ができる、というのが一般の人々の常識であるから、これ以上は追及できないのであろう。

　確かに難問奇問はあった。しかし、当時私が処々方々で繰り返し言ったのは、であれば、(1) 大学の教師にテスト問題の作り方について学習させよ、(2) 授業や研究をしながら片手間に入試問題を作らせるな、(3) 今から20年くらい前に比べれば全体としては良問が多くなっている、(4) 難問奇問を出す大学には受験者を送るな、であった。しかし、こういう観点からの議論はまったくなかった。出てくるはずもなかった。

　ところがである。大学入試センターが作成するテストについては、難問奇問という騒ぎはまったく出てこないのである。このテストは大学の教師

が作っている。そして、この教師たちがいつかどこかでテストの作り方を専門的に学習したという形跡はない。とすれば難問とはいかないまでも奇問くらいは出てくるはずである。実際、私自身は毎年のように複数見つけている。

　ここで、1981 (昭和56) 年に発表された文部省の『我が国の教育水準』(いわゆる「教育白書」) を開いてみる。その 94 ページには 1947 (昭和22) 年以来の大学入試の変遷が簡略に述べられている。そして、そのころから始まった進学適性検査 (1955 年に廃止)、1963 年から 1968 年までの能力開発研究所テストに触れ、その後も大学入試の改善の努力が続けられたが「いわゆる難問奇問が現われ高校教育に好ましくない影響を与えていることも大きな問題となった」と述べ、ここで 198 ページに飛ぶと、1977 年に大学入試センターが設立され、1979 (昭和54) 年度から共通第一次学力試験が実施され今日に至っているが、「出題問題については従来より適切な問題であるとの大方の評価を受けており...」と自画自賛している。私はこれを読んで、マスコミが「難問奇問」と騒がなくなった理由がはっきりしたと思った。文部省が難問奇問と言わなくなったからである。先にも述べたことだが、要するに教育関係の報道というのは、基本的に文部省の後追いなのである。それ以上には出ることがない。

世　論

　しかし、世論は確実にマスコミによって作られる。そして一方、マスコミは何も知らない一般の人々のご機嫌を損ねるような、あるいは、マスコミが作った常識にしがみついている人々の意向に逆らった報道はできないのである。そして「カリフォルニア米もけっこうウマイものだよ」などという発言をすると異端視されるような世間ができあがる。

　「中学校英語週三時間に反対する会」が発足したのは 1981 (昭和56) 年 6 月である。隈部直光・大妻女子大学教授を代表幹事とし、私の家が事務局になった。この運動のときには、前に少々紹介したように、何となく茶化されたこともあったが、かなり好意的な報道が多かった。しかし、学習指導要領とか、あるいは、現実に使われている英語教科書の読み方がまったくわからない人たちが作る、たとえばテレビ番組であるから、どうしても

突っ込みが足りない。

　NHK 教育テレビが「揺れる英語教育——熊本県・人吉の試み」という番組を放送してくれたことがある。1984 年 8 月 7 日 (火) 午後 5：30 から 30 分間。「教師の時間」であった。これは、熊本県人吉市議会が、中学校英語の時間増を求める市民団体の陳情を 13 対 10 で採択したことをめぐって、中学校英語教育の苦悩を伝えるなかなかによい番組であったが、やはり私の目からすれば突っ込み不足であった。たとえば、取材記者に答えて、当時の文部省担当官が「反対運動をしている人たちは非常に熱心な人たちである。異常なくらい熱心である。ほかの教科にはない。彼らがあれだけ激しく反対運動をしているから、だからやはり英語の授業時数が足りない、そういうことにはならない」という趣旨のことを言っていた（これは、当時のビデオテープを再生して確認した）が、私にしてみればこれは問題発言である。特に「ほかの教科にはない」がそうである。当時、授業時数削減でもっとも大きな打撃を受けたのは「理科」「技術・家庭」「外国語」であった。それぞれ 3 年間で 70 時間の削減であった。70 時間の削減を受けたのはほかに「国語」と「社会」があったが、これはもともと分母が異なる。また、分母からすれば「技術・家庭」の被害がもっとも大きかったことも認める。しかし、私たちが言っていたのは、中学生になって初めて学ぶ外国語という教科については、他の小学校からの延長で教育できる教科とは違った面があるので、授業時数について考慮してほしい、ということであった。そして、番組の取材記者には、こういったことはわかっていなかったから、担当官の発言をさらに追及することはできなかったのである。

内　　憂

　さて、ここまでの論は、マスコミがいかにだらしないか、ということであった。マスコミを信用するな、ということであった。世論をマスコミに任せていては身の破滅である、ということであった。しかし、ここで考えなければならないことがある。

　取材記者の何人かから聞いた。「英語の先生たちは問題意識に乏しい」と彼らは言う。何か問題はありませんか、と尋ねても、そうね、何もないね、というのが英語教師の多数の反応であるという。こういう話になると、私

としても慎重に発言せざるを得ない。確かにそういう面がある。

　たとえば、頻繁に行なわれている中間試験や期末試験。私が収集した関東地方を中心とした数百のテストを見ると、これはもう絶望としか言いようがない。何のテストにもなっていない。これでは、大学入試センター試験について論評することはできないであろう。

　たとえば AET。AET 制度は、元首相の中曾根康弘氏の単なる思い付きで導入されたものだが、活用しにくければ「廃止」を唱えればいいし、歓迎するのであれば、そのように言えばいい。その意見の表明がないのである。英語教育雑誌には優れた協同授業の実践が発表されるが、聞こえてくる多くの声は「困った！」である。これでは、マスコミも対応のしようがない。私自身は、AET 制度廃止を言い出したのが、その制度が始まった 1987 年の夏ごろで、その後、いくつかの英字新聞とか一般雑誌に反対意見を述べて、お蔭で、相当数の AET 諸君の反発を経験したが、最近はどうやら私の反対意見の趣旨が理解されてきたようで、今では何となく平和になっている。いやいや、それほど世間は甘くないかもしれないが…。

　「中学校英語週三時間」問題のときもひどかった。この反対運動にもっとも非協力的だったのが中学校英語教師である。もちろん、協力的な中学校英語教師は多数いた。いたことは確かだからあくまでも比率の問題である。「生徒たちは週 4 時間で苦しんでいるのだから、3 時間はいいのではないか」と言った教師がいたというのは、信じられないであろうがやはりいた。逆に、1993 年度から週 4 時間が可能になったとわかって、「今度、3 時間から 4 時間に増えるのだそうですが、その 1 時間はどのようにしたらいいのでしょうか」と先輩に質問した若い教師もいた。週 3 時間体制の中で育ち、そして教師となった人であったからであろうが、やはりこれでは情けなさすぎる。

　この週 3 反対運動の中で、私がもっとも驚いたのは次のような発言である：若林さん、あなたは国立大学の先生ですね。つまり、国家公務員だ。その国家公務員が、文部省の指導方針に反対するというのは許されるんですかね。これを言ったのは、ある国立学校の英語教師である。ああ、この程度の認識か、と思わず嘆いたものだ。今の世の中に「お上」などというものは存在しないはずである（もっとも「天の声」と呼ばれるものがあったことを最近知ったが）。

大学入試センターが発足して間もなくのころ、センター試験に「音声試験」を加えようという話が出てきた。それより何十年も前から、大学入試に音声テストがないから、したがって、高校の英語教育も音声指導ができないのである、という論がはびこっていた。ところが、センター試験に「音声試験」を加えようという話が出てきたとたんに、高校英語教師集団からの音声試験導入推進の声が消えてしまった。つまり、センター試験に「音声試験」が現れては、現場の英語教育は対応できない、ということであったのであろう。建て前と本音の差であったのであろう。しかし、これでは、いつまでも英語教育の改善はできない。

む　す　び

　以上、ただ事実を羅列したにすぎないが、最終的には、結局われわれ英語教師集団の方に大きな問題があるということが言いたかった。つまり、主張がない、あるいは、非常に弱い、ということである。川澄哲夫編『資料・日本英学史2——英語教育論争史』(大修館書店、1978) などで、1927 (昭和2) 年の藤村作の「英語科廃止の急務」に始まった論争とか、あるいは、太平洋戦争中の議論を読むと、われわれの先輩たちは非常に足腰が強かったと思う。私が編集した『昭和50年の英語教育』(大修館書店、1980) で星山三郎「戦時下の英語教育界」を読むと、たとえば中等学校用英語教科書『英語』を執筆した先輩たちのしぶとさがよくわかる。簡単に軍部に頭をさげたりはしなかった。

　いつのころからこのように弱くなったのかは今さら問題にはしないとして、とにかく、英語で話すにせよ書くにせよ、自分の主張を明確に持たなければコミュニケーションなどできない、という鉄則を再び鉄則とすることによって、粘り強くマスコミとつき合うことを続けるしかない。そして、マスコミ関係者に、わが国の英語教育・外国語教育について興味を持ってもらわなければならない。そうでないと、いつまでたっても得体の知れない世論というものに引きずり回されるだけである。

　　　　　　　　　　　（『現代英語教育』創刊30周年記念号、1994年3月）

「第6章　英語教育にロマンを」
解　　　説

　若林氏の言説は確かに過激であったが、きちんと読めば、そこに外国語（多くの場合は英語）の教員や教員を目指す学生に対する応援のメッセージを見出すことができる。本章に収められている数々の記事の中で、氏は、外国語教育を取り巻く状況について、疑問を投げかけたりぼやいたり切って捨てたりしながら、外国語教育と外国語教員の理想像を示している。

　特に興味深いことの一つは、氏が外国語教育を「言語教育」の一翼を担うものとして捉え、明確な目的を提示していることである（「言語教育としての外国語教育のこと」）。そこには、外国語教育を単なる技術の養成におとしめることなく、もっと豊かなものに育てていくべきであるとの強い主張が込められている。

　氏の願ったことは、言語教育という大きな枠組みの中に外国語教育や英語教育をきちんと位置づけることであった。ここにきて、外国語教育の関係者の間で、我が国の言語政策や言語教育政策に関する議論も活発になってきているように思われるが、1990年代における先駆的な発言として意味を持つものと言えよう。

　特に英語教育の内容面に関しては、他の章の記事でも繰り返し述べられてきたことではあるが、授業を生徒たちの知識や知的好奇心と有機的に結びついたものとすべきだと説いている（「知的好奇心に応える英語教育」）。それを実現するために氏が教員に求めたことは、端的に言えば、英語以外のことに興味を持てということであった。

　ここで特徴的なことは、氏の主張はあくまでも英語の授業を他教科の内容と結びつけることであり、英語を用いて他教科の授業をすればよいなどという考えとはまったく結びつかないことである。英語を使えばどんな授業をしても構わないというわけではない。氏は、「ことば」を「知識の総合的体系を構成する重要な要素」（「知的好奇心に応える英語教育」）と捉え、英語の教員が「ことば」の教育の担い手となる

ことを願ったのである。その意味において、氏は英語教育と英語教員の可能性を信じていたのである。

また、氏は英語を学ぶ生徒たちのことを何よりも大切に思っていたと言うこともできる。たとえば、氏は無責任なテストを厳しく批判しているが、そのことに代表されるように、生徒たちが英語を身に付けることができないことや、英語に興味を持つことができないことについて、その責任がもっぱら教員にあるのだとする言説が随所に見受けられる。厳しい言い方とも思えるが、氏の願いが、すべての教員にしっかりとした力をつけよい授業ができるようになってもらいたいということにあったことを見逃してはならないであろう。

若林氏の願いは、英語の教員に政治や経済といった社会のことがらにもっと目を向けてもらいたいということにもあった。そして、外国語教育の改善のために、主張すべきことを主張し、議論すべきことを議論してもらいたいと願っていた。

若林氏は1931（昭和6）年に山形県鶴岡市に生まれた。アジア太平洋戦争の最中に少年期を過ごし、戦後になって大学に学び、1955（昭和30）年に公立中学校の教員となっている。戦時下に初等・中等教育を受けた経験があればこそ、氏は戦後の民主教育の担い手としての自覚を強く持っていたのではないだろうか。

そのようなことをうかがわせる氏のことばを引いてみよう。

　日本の教育は、今、国民をできるだけ無知にし、自由のありがたさを忘れさせ、さまざまな禁句を作ることによって沈黙させる方向に加担しはじめているのである。（中略）
　政治が教育にくちばしを入れることをやめさせなければならぬ。財界が教育にくちばしを入れることについても同じである。そのためには、われわれ教育界に籍を置く者が、政治や財界の動きを知る必要がある。

（「改善懇第5回アピールについて」）

教育はいかなるものからも独立していなければならない。氏が強く訴えたのは、まさに教育の独立性であった。日本外国語教育改善協議会（発足時は日本英語教育改善懇談会）や中学校英語週3時間に反対する会に関わる数々の発言も、その視点から読み直すことによって、外国語教育の現在に対する示唆となることであろう。ここに引いた発言が1980年代初頭のものであることも、あわせて考えてみたいと

ころである。

　一方、マスコミに対してもなかなか厳しい発言を繰り広げている。再び、氏のことばを引く。

　　戦争中は軍部・政府の圧力で偏向せざるを得なかったのであろうが、敗戦後は（占領軍の規制があった時代は別として）新聞が面白いと思ったこと、必要と考えたこと、重要と判断したことだけを報道してきたにすぎない。マスコミというものは、それ以上のこともそれ以下のこともしたことがないのである。

（「マスコミと英語教育」）

　氏は、マスコミの中立や公正といったものがどれほどあてにならないものかを訴える。そして、同じ記事の中で、同時代の英語の教員がいかに主張を持たない存在であるかを嘆き、戦前・戦中の英語教員の足腰の強さやしぶとさを讃えてみせてもいる。

　氏には政治的な発言が多いとも評されたが、少し違った角度からのアプローチもある。本章に収めた「外国語教育振興法（案）」がそれである。外国語教育を改善するためには、法制化を求める運動を展開すべきだという氏の長年の主張をひとつの形にしたものだが、政治や法制度に関心を持たない教員たちに対するある種のショック療法でもあったのだろうか。

　氏は、政治権力やマスコミといった大きな力に対しては、それに臆することなく教育者の立場から堂々と主張を繰り広げた。そして、その一方で、もの言わぬ英語の教員たちの姿勢を嘆き、その態度を叱りながら、主張を持つようにと励まし続けたのである。氏の時代と現在とで、そうした英語教員の姿勢や態度はどれほど変わったのであろうか。過去の記事を単に過去のものとせず、現在の私たちと照らし合わせて読み直してみたい。

　特に「21世紀の英語教育が抱える課題について」は、戦後の英語教育の展開を踏まえ、総括的に未来への課題を提示したものである。自身の体力の衰えを嘆くことばも記されており、ここに挙げられた10の課題はすべて、あとに続く者に託されたものと言えるだろう。さて、私たちはどう受け止め、どのように行動するのか。今こそ、そのことが問われているように感じられる。　　　　――河村　和也

●付　章●
英語の素朴な疑問に答える

「基礎を教える」ことについて

A, B, C のこと

　英語というのは (なにも英語にかぎらないのだが、ことばというものは) とにかくわからないことだらけである。

　困るのは、「なんで、最初が A で、次が B で、そのあと C, D, E...となっているのですか」という中学生の質問である。読者諸兄姉は、こういう質問を受けたことはないだろうか。

　私は、ある機会に中学生たちからこの質問を受けたことがある。中学生たちの知識欲のものすごさを感じた。で、私の答えは？　恥ずかしながら答えることはできなかった。が、私は言った：「ウーム、これはわからない。今までの研究でも、このことはわかっていないんだ (と、ここからは反撃)。そうなんで、きみたち、研究してくれないかな。私にはできなかったけれど、きみたちはまだまだ先があるから、ぜひ、やってほしい。ウーム、これができたらノーベル賞ものだね...。」

　これは「逃げ」である。しかし、やはり、しかたない。わかっていないのだから。ところで、この返事をしたときの、その中学生たちの反応には感動した。彼らは言った：「おい、やってみようじゃないか。」

　私は、英語教育が無駄であるとは思っていない。やはり、わが国の公教育のなかに、外国語 (英語に限る必要はないが) 教育はあったほうがいいと思っている。なぜならば、上に紹介したような中学生が生まれるからである。そして、外国語 (英語) 教育が、そのような学習者を育てるようになってくれることを願う。

year-old のこと

先日、ある若い高校英語教師から、次のような質問があった：「This girl is fifteen years old. と言いますね。ところで、一方、This fifteen-year-old girl is missing. という言い方があります。前の文では years ですが、後の文では year です。なぜなのでしょうか。」

どうやら、生徒から質問があったらしい。「こういう質問を受ける、というのは、あなたが、真面目に授業をしている証拠です。たいへん嬉しいことです」と、返事の冒頭で書いたのはいいが、返答につまってしまった。この質問には、この先があって、それは「fifteen years old と fifteen-year-old では、なぜ、ハイフンを使ったり使わなかったりするのでしょうか」である。

この質問を私に提供してくれたのは、ついこの間、ある高校の英語教師になったばかりの、実は、大学での私の教え子のひとりである。これにも、ほんとうに参った。大学での授業では、この year-old の話はしていなかった。考えてもいなかった、恥ずかしながら。

ということではあるが、私としても頑張らなくては、ということで、数時間の格闘の末、私なりの結論を (E-mail で) 伝えた (今回は、この私の結論は書かないことにします。お知りになりたければ、三友社出版経由で、私宛にお便りをください)。

わからないというのはどうしようもないことである。しかし、調べれば少しはわかる、ということもある。中学生・高校生に英語を教えるにあたっては、「調べれば少しはわかる。そして、その結果を、楽しく伝える」という態度が必要なのではないであろうか。

pen の発音のこと

これは 6 月号に書いた「発音記号の話」の続編である。

先日の授業 (大学の) でのこと。『英語教育研究』という名前の授業である。私の話：「とにかく、pen をなぜ [pen] と読むのかを (発音記号を使うということでなくて) きちんと説明しないのは困るのだ。p は [p] という発音を表し、e は [e] を表し、n は [n] を表す。これを結び合わせるから、当然

[pen] となる。英語のつづりは発音記号そのものなのだからね。」

　話し終わったとたん、ある学生が突然言った。「ああ、そうなんだ！　なぞが解けた！」私はびっくりして、「それ、どういうこと？」と尋ねた。学生の返事は次のとおり。

　「中学生のときに、私はなんで pen は [pen] なのかと思いました。で、先生に質問しました。そうしたら、先生は『ウーン、わからないなア。とにかく、そう覚えておけ』だったんです。で、しかたないからそう覚えたのですが、やっぱり不思議だなあと思っていました。」

　思わずためいきが出てしまった。この学生は大学の3年生である。私は言った。「きみはある意味では幸運だったね。そのシツコサのおかげで。なにしろ過去8年間もその疑問を持ち続けたのだから。シツコサに感謝だ。」「ええ、そうですね」と彼女は答えた。

　とにかく、英語の基礎教育の段階で、ほんとうの意味での「基礎」が教えられていないのである。もちろん、きちんと教えている人もいるであろうが、大学生にさまざまな質問をぶつけてみると、こういった「基礎」があちこちで欠けているのである。

My sister ＿＿＿ a nurse. のこと

　これも、その同じ『英語教育研究』でのこと。次のような話をした：「この空欄に am を入れてしまう生徒がいるんだなあ。なぜだかわかるかしら？　それはね、I ― my ― me と教えるからだ。ひどいのになると I ― my ― me ― mine なんてやっている。ある塾では I ― my ― me ― mine ― myself で教えていると聞いたことがある。これは悲劇である。

　「で、何が問題かというと、I は '1人称' と教えるから、my〜も '1人称' だと考える。そうすれば、当然、この空欄には am が入る。教師は sister が '3人称' なのだから is なのだ、と説明する。しかし、生徒は『でも、my はどうしてくれるのか？』と思う。

　「かなり前のことだが、mine が '1人称' だと思っている英語教師に出会ったことがある。Your hat is here. Mine ＿＿＿ there. の空欄に何が入るかと尋ねたら、しばらく迷って am でしょうか？　と答えた。わかっていなかったのだ。」

およそこんな話であった。そして、my — mine, your — yours, her — hers, our — ours, their — theirs というペアを示して（his は左右両用であり、its には右側にあたる語がない）、各ペアの特徴を尋ねた。これはすぐに答えが返ってきた。ペアの左には《名詞》が続くが、右には何も続かない。そのとおりである。では、と言って「ところで、さっきの文章の空欄には何が入るか」と質問した。is が即座に返ってきた。「もう一つあるんだがね」と私は言った。「are ですか？」という返事がおそるおそる返ってきた。どうやら、右の語が《単複同形》であることに気がついたらしかった。

要するに I — my — me とか I — my — me — mine のように「唱える」のはやめたほうがいい。I — me のようなペアを示して、I — me や he — him などでは、左側の語は《主語》（どうもこの《主語》という言い方が気に入らない）の前で使い、それ以外の場所では右側の語を使う、と教えればいい。そして、こういったペアは、全部で5組（who — whom を加えると6組だが、いずれ whom は姿を消す運命にある）しかないことを伝えて安心させるのである（my — mine については前述した。この種のペアも5組しかない）。

そもそも《主格》だの《目的格》だの《所有格》だのと言うからわからなくなるのである。私などは「では Tom は《何格》なんですか？」と、すぐに尋ねたくなるのである。Tom はどこにあっても Tom であり、Tom's もどこにあっても Tom's である。《格》などどうでもいい。

この話で授業を終えたのだが、終わるとすぐに学生が3人ほどやってきて、その1人が「実は、私も、なぜ My sister のあとに am を使ってはいけないのか、わからなかったのです。わけがわからなかったけれど、とにかく is なんだ、と覚えただけでした。なにしろ、I — my — me でしたから」と言った。ほかの2人もうなずいていた。

《S＝C》のこと

ある高校用英語教科書に掲げられている説明だと聞いた。いわく、「S＋V＋C（補語）においては『S は C である』、すなわち S＝C の関係にある。」間もなく21世紀になろうというのに、まだ、こんな説明を平気でやっているその神経が理解できない。

これは、確か私が東京学芸大学の教師であったころ（だと思うから、もう

25年くらい前である）、ある数学の教授から聞いた話である：「若林さん、英語授業ではヘンなところに等号（＝）を使っているみたいですね。This is a book. を this＝a book と教えているらしい。こんなことをやってると生徒に笑われますよ。'交換の法則' というのを知っていますか？ A＝B ならば B＝A のように左辺と右辺を入れ換えることができるのです。this＝a book ならば a book＝this ですよ。A book is this. なんていう英語はあるのでしょうかね。ハハハ．．．。」そのころすでに私は this＝a book は間違いだと思っていたけれど、こうあからさまに言われるといささか腹が立った。私は問い返した。「どうして先生はそのことをご存じなのですか？」「学生から聞きましたよ」が答えであった。これには参りましたね。その教授は、授業で英語の教師を嘲笑したにきまっている。

　等号は、また、「左辺を右辺に置き換えることができる」ことを表す。たとえば、2＋3＝5 ならば、2＋3 を 5 で置き換えることができることを表している。$\frac{1}{4}+\frac{5}{6}=\frac{6}{24}+\frac{20}{24}=\frac{26}{24}=\frac{13}{12}=1\frac{1}{12}$ というのも、左から右へ次々と置き換えることができることを表している。このことがわかっていないと、コンピューターのコマンドで使われる、たとえば x＝x＋1 のようなものがわからないのである。そして、この理屈を応用すると、S＝C とすれば This is a book. の this は a book と置き換えることができることになってしまう。こんなことはあり得ない。

　やはり、われわれは数学の教師とか数学大好きの生徒たちに笑われないほうがいい。私も S＝C と教わった。そして、Tom is a student. は納得した。しかし、Tom is clever. でつまずいた。さらに Tom is running. や Tom was scolded. が出るに及んで完全に混乱した。先生は、これは《進行形》と《受動態》である、と言われたが、このときには is や was についての働きについての説明はゼロ。とにかく、《be＋現在分詞》で《進行形》、《be＋過去分詞》で《受動態》であると言うだけ。やがて、Tom is a student. や Tom is clever. の is は《本動詞》だが、Tom is running. の is と Tom was scolded. の was は《助動詞》であると言い出した。「どうしてそんなことがわかるのかな？」と思ったが、どのように質問したものやら見当がつかず、あきらめてそのまま覚えることにした。「pen の発音のこと」や「My sister ＿＿ a nurse. のこと」で紹介した学生たちと同じであった。

　私は、is, are, am; was, were の働きについて 2 通りのことを考えている。

一つは「存在する」という意味であるとする。もう一つは《主語》について説明を開始する合図のことばとする。Tom is running. であれば「Tom は running という状態で存在する」、あるいは「Tom について説明すると running」とする。この方法は、Tom is a student. / Tom is clever. / Tom was scolded. にも、さらに Tom is in his room. にも応用できる。どちらでもいいと思っているが、どちらのほうがわかりやすいか、今のところ、検証中である。

* * *

　今回の誌面で《　》に入れたものは、ほんとうは使いたくない文法用語である。
(『新英語教育』1998 年 8 月号)

名前の話

　私の名前は「若林俊輔」である。「ワカバヤシ・シュンスケ」と読む。これをローマ文字を使って書くと Wakabayasi Syunsuke となる。けっして Syunsuke Wakabayasi ではないのである、という話をしたい。

　いつぞや、アメリカのある大学教授から手紙をもらって返事を書いた。その返事に私は Wakabayasi Syunsuke と署名した。そして、その私の返事に対する返書が来たのだが、宛名は Mr Syunsuke であった。要するに、彼は日本語での family name と given name の区別ができていなかった。彼は、日本語における「名前」の順序についてまったく無知であったのだ。そして、私にとっては、この行為は私に対する侮辱であった。私は彼との交信を絶った。無礼な人と交信を続けることはできないのである。

　日本人が自分の名前を「ローマ文字」を使って書くとする。どのように書くのがいいのであろうか。「姓」と「名」をその順序に書くのか、英語のしきたりを用いて「姓」と「名」の順序を逆にして書くのがいいか。この、どうでもいいような (私はどうでもいいとは思っていないのだが) 問題は、ほんとうのところ、英語教育界でもほとんどまともに議論されたことがない。不真面目すぎはしないか。

　逆の方向から考えてみよう。William Jefferson Clinton という名前の人がいる。このアメリカ合衆国大統領の名前を日本語に移すときにはどのようにするか。もし私の名前を Syunsuke Wakabayasi とするのならば、この大統領の名前は「クリントン・ジェファソン・ウィリアム」としなければならない。

　いつぞや、中学校の英語教科書を作っていたときに、松尾芭蕉の俳句を英語で紹介するレッスンを書くことになって、私が担当した。私は「古池や...」の句の R. H. Blyth による訳を掲げ、これに This is a very famous *haiku* poem by Matsuo Basho. という説明を付け加えた。そして編集会議でこの Matsuo Basho が問題になった。これは Basho Matsuo とすべきではないか、というのである。私は日本文学に関して英語で書かれたどの本でも、Basho Matsuo などという表記は見たことがない、常に Matsuo Basho であると言い張ったが多勢に無勢、ついに .... poem by Basho. で合意した。今ごろになって、もっとツッパッておけばよかったと後悔している。

　日本人はいつごろから「姓」と「名」を逆にし始めたのであろうか。『英和対訳袖珍辞書』という本がある。堀達之助が編集した英和辞典で、およそ 130 年前、文久 2 (1862) 年に洋書調所から刊行された。冒頭に 1 ページと少々の達意の英語による Preface があり、その最後に HORI TATSNOSKAY (TATSUNOSUKE ではない) という署名がある。「姓」と「名」はひっくり返っていない。明治 5 (1872) 年、後に初代文部大臣 (文部卿) となる森有礼が、アメリカ合衆国・イェール大学の W. D. Whitney 教授に、日本の国語を「変形英語」に変えることについて意見を求めた、というのは有名である。Whitney 教授は、要するに「お止めなさい」と言ってくれたのだが、さて、その森の手紙の署名は Arinori Mori であった。「姓」と「名」がひっくり返った。どうやら、このひっくり返りは 1862 年と 1872 年の間の 10 年のうちに起こったようである。仕掛人は誰だったのか、理由は何であったのか、興味のある方はお調べいただきたい。

　たとえ「ローマ文字」を使って書くにせよ、日本人が「姓」と「名」の順を逆にすることは止めるべきである、というのが今回の論である。何の得にもならない。世界中でこういった愚行を敢えて行なっているのは日本人くらいのものだ、ということも付け加えておく。

　ことのついでだが、いわゆる「ヘボン式」のローマ字も止めたほうがいい。「し」は si,「ち」は ti でいい。shi や chi は英語におもねた表記法である、ということなのだが、これは本当はウソで、たとえば chichibu は英語で読めば「チャイチビュー」なのである。フランス語ならば「シシビュ」のようになるし、ドイツ語ならば「ヒヒブ」である。バカなことは止めよう。

(『現代英語教育』1993 年 10 月号)

生徒を混乱させるものについて

それでは生徒が混乱する（？）

●いろいろな資格で、各地の研究会などに講師として出かけるようになってもう 19 年になる。その間には、英語教育のかかえるいろいろな問題についていろいろな経験を重ねたが、なかでも今なお頭の中で鳴り響き続けているのは「それでは生徒が混乱する」という言い方である。

● 12 月号で some と any のことにちょっと触れたが、最近私の関係している中学校用教科書で、Do you have some books? を Do you have any books? に書き直させられた苦い経験がある。教科書出版社の営業部の人たちが現場を回っていると、Do you have some books? では「生徒が混乱する」から any に直せ、さもないと採択できないと言われるというのである。採択してもらえないと商売にならないから、今度は編集部や著者に圧力がかかって、ついに some が any に化けることになる。

●営業部からの間接的情報だけでなく、私自身もしばしば some では困るという発言を教師たちから直接聞いた。理由は「生徒が混乱する」というのだが、いつぞや、なぜ混乱するのかと尋ねたところ、業者テストでは You have some books. を疑問文に変えよという問題があって、このとき any を用いないと減点される、だから教科書で some と教えておいて、業者テストのときは any にせよと教えるのでは混乱してしまう、ということであった。

●なるほどそれでは混乱するにちがいない、と思ったがふと思い返して、でもそれでは注文を出す方向が違っていませんかと尋ねたが、「そのとおりですが...」と歯切れが悪い。つまりテスト業者のほうが実権を握っていることになりますね、と言ったところ、「ええまあそんなものです...」と

いうことだった。この教師はかなり正直な人だったのだろう。
● some, any のあり様が教師ではなくテスト業者の手中にあるというのは困りものだが、先日ある教師に会ったとき、この any は some のまちがいではありませんかと言われて思わずギョッとしたものだ。シドロモドロになって「実はかくかくしかじか...」と説明した。「なるほど、やはりそうですか」とその教師は言った。「私は Do you have some books? に直して教えていますよ」とのことだった。私は非常に恥ずかしいと思った。なぜあのとき圧力に負けてしまったのかと悔やまれた。
● some と any とは本来意味が違うので、その違いをこそはっきり教えなければならないのだが、説明がそれほど容易ではないから、ついつい負けていいかげんにしてしまう。そしてテスト業者に乗ぜられてしまう。こういうようなことは、日本の英語教育にはほかにもたくさんあるはずである。そして「それでは生徒が混乱する」という殺し文句を使うことになるのである。

生徒をほんとうに混乱させるもの

● Is this your book?――Yes, it is (　). の空所に必要な語を入れよ、という問題があった。ある中学１年生が空欄のまま答案を提出して減点された。私は彼になぜ入れなかったのかと尋ねた。「だって Yes, it is. で答えになっているもン」と彼は答えた。「なんにも入れる必要ないじゃないか。」
● この１年生の発想は重大である。入れる必要がないのになぜ入れなければならないのかという反論は重大である。必要もないのに入れないと減点されるというのは理不尽でさえある。かつて Do you have a brother?――No, I (　). の空所に do not と書いて減点された答案を見たことがある。出題者の論理は (　) に１語入れるのだから don't でなければならないということになるのだろうが、生徒にしてみれば don't＝do not と教わっているのだからどっちだっていいじゃないかとなる。don't でなければことばが通じないというのならば、この生徒を納得させることができるだろうが、そうではないのだからやはりこの問題は理不尽である。
●「生徒が混乱する」のは some, any ではなくて、こういう出題であろう。私は「客観テスト」というのはそれほど悪い出題形式だとは考えていない

が、こういうような問題に出会うと、やはりよくないのかなとついつい考え込まされてしまう。

●具合の悪いことに、英語の教師になる人たちは、こういうような理不尽なテストを上手に乗り越えてきた人たちだし、おまけに、テストの作り方の基本について大学でもほとんど訓練を受けないで教師になってしまうから、普通の生徒の当然の疑問に答えることができない。やはり、大学における英語教員養成のあり方は、徹底的にメスを入れる必要があろう。

●ここで、Mr., Mrs. のことを思い出した。イギリスではこれを Mr, Mrs とピリオドなしで用いることが多いようだ。Dr も同じである。中学校の学習指導要領が改訂されたが、Mr., Mrs. はあいかわらずピリオドつきで「別表1」に掲げられている。一方、colo(u)r, goodby(e) は、ご覧のとおり u と e がそれぞれかっこに入っていて、これは u や e がないつづりを用いてもいいことを表している。そこで私の提案だが、Mr., Mrs. もピリオドをかっこに入れて掲げてもらえないものだろうか、ということである。

●残念なことに、今の中学校では Have you a brother? のような英語は教えなくなってしまったが、かりに教えなくなったとして、Have you a brother, Mr. West? などと書くと、ピリオドが余計だぞと凄む人も出てくるだろうから、今のうちに、Mr, Mrs が教科書で使えるようにしておいたほうが安全である。

●こういうことを言うと、省略形にはピリオドをつけるというルールを教えておいたほうが「生徒が混乱」しないと反論する人が出てきそうだから、では算数などで用いる mm(ミリメートル)だとか dl(デシリットル)はどうですかと言っておくことにする。要するに、ピリオドひとつで減点される生徒がいては可哀そうだ、と私は言いたいのである。

●イギリスでドライブしていたら、「どこどこまであと 1m」といった標識を見てオヤと思ったことがある。イギリスでは、こういうときの 1m は 1 マイルにきまっているが、日本でメートルに慣らされていると、これが 1 メートルに読めてしまうのである。「1 メートルのはずがないじゃないか」と思ってもついつい「1 メートル」と読んでしまうのには参った。習慣というものはおそろしいものである。ついでながら、そして当然のことながら、この m にもピリオドはついていなかった。

トランプの話

●いささか堅苦しい話が続いたので話題を変える。私がトランプに興味を持ったのは、吉田正俊『アメリカ風物鶏肋集』（大修館、昭和 37 年）を読んでからである。もちろん子供のころからトランプ遊びをやっていたけれども、トランプは trump で、これは切り札のことであり、この trump は triumph のくずれた形だとは知らなかった。スペードは spade だが、これはシャベルでもスコップでもなく、もとはイタリア語の spada（剣）の複数形 spade を輸入したものだとか、クラブは club（棍棒）だがフランス語では trèfle（クローバー）だとか、いろいろとおもしろい話が載っていた。

●ハートのキング（the King of Hearts）はシャルルマーニュ（Charlemagne）だとか、ダイアのキング（the King of Diamonds）は Julius Caesar だとか、クラブのキング（the King of Clubs）は Alexander the Great だとか、歴史や逸話が楽しく書かれてしばらく夢中になった。

●日本には「かるた（加留多と書くこともある）」というのがあって、これがたぶんポルトガル語の carta に由来し、これを英語では card と言うことはよく知られている。日本にはいってきたトランプは、年を追って少しずつ形が変わった。模様は、聖杯・貨幣（ダイアにあたる）・棍棒・剣の4種、数は1から9まで、絵札は女従者・騎士・王、合計 48 枚で1組になっているものがあったそうで、1の札をピン（ポルトガル語の pinta で点の意）、王は最後の札なので「切り」と呼んだという。ここから「ピンからキリまで」の言い方が出てきた。

●ずっとあと、江戸時代にはいって「三枚」という遊びでは、3枚の札の数を合計して 19 になると勝ちだそうで、たとえば 1・8・10 とか、4・5・10 だと勝ち。ここから「一か八か」とか「四の五の言わずに」が出てきたという。合計して 20 になると負けで、これはつまり役立たず。したがって、8・9・3と集めると「やくざ」となる。やくざの語源をこう説明している本があるそうだ。

●さて、いよいよ話は「花札」にはいる。これは「花合わせ」ともいう。かるたは、寛政の改革で松平定信により全面的に禁止され、これにかわる遊びとして「花札」が登場することになったという。花札も1から 12 までの数をあてはめて 48 枚1組。1月から 12 月までの月にあてはめ典型的

な花をあしらったが、12月には適切な花がないので、キリにしゃれて「桐」を配したという。
●花札はトランプの親戚である。今でも、トランプは広くゲームとして用いられている。しかし、花札は何となく「やくざ」のにおいがするのか表に出てこない。「私は花札をしますよ」などというと、なんとなく軽べつされてしまう。裏の文化というべきか、日陰の文化というべきか。

(『英語教育』1979年2月号)

「どうでもいいこと」について

ＡＢＣ...に筆順はない

●「ＡＢＣ...にも筆順⁈──教科書で異なりまごつく」という記事が『毎日新聞』に掲載された (1978.10.25)。草書体の場合は、F, H, K, T, X, i, j, t, x 以外の文字はすべて一筆書きだから問題はないが、筆順が気になるのはいわゆるブロック体の場合である。ＥやＭ, Ｗなどは4本の直線から成り立っている。これをどういう順序で書くかである。

●私の結論は簡単である。「ＡＢＣ...には筆順はない。」これに尽きる。ではたとえばＢは下の半円から書いてもいいのか。──いいとも悪いともだれも言っていないのだから、それでかまわないのである。要するにできあがりがＢになっていればいい。

●きめてくれないと指導しにくい、と言われそうだが、もしどうしてもきめたければ教師ひとりひとりが自由勝手にきめればいいであろう。ただ、その自由勝手にきめた筆順を絶対のものとして生徒に押しつけることはしないほうがいい。あくまでもひとつの目安とすることである。

●伝え聞くところによれば、文部省は先日漢字の標準字体を告示したそうである。「耳」が正しくて「耳」は誤りとしたそうだ。私に言わせれば、こういうことは瑣末な問題で、筆の勢いしだいでどうにでもなってしまう。しかもどっちであろうが「コミュニケーション」には支障は起こらない。たとえば、漢字の偏の一つ「シンニュウ（もとはシニョウと言ったそうだ）」をどう書くかだが、世の大人たちで、これを型どおりきちんと書いている人などほとんどいないであろう。かくいう私も、そのイイカゲン派のひとりで、だからと言ってお前の字は読めないと言われたことはない。「進退」とか「遠近」とか書いてみるといい。

●ほんとうは国語教育ばかり責めてもいられない——ここで思い出したのだが、この「国」という文字。昔は「國」を用いていたが、これの略字は「囗」だそうだ。戦後、日本は民主主義国になって、「王」が中心というのはよろしくないというので、点を打って「玉」とし「国」を作ったという話を聞いたことがある。どうも瑣末主義でいただけない。王でも玉でもどちらでもいいではないか。こういうのを問題にするのは将棋ぐらいにしてもらえないものか。将棋には「王将」と「玉将」がある...。

●国語教育ばかり責めてもいられない。英語教育も瑣末主義の例外でないこと、冒頭に掲げた筆順問題が示すとおりである。先日、驚くべき話を聞いた。Gの草書体には、しっぽが基線の下に出る形と出ない形の2通りがあるが、その県の高校入試では、しっぽが出る形のGを誤りとして減点しているというのである。本来どちらでもいいものを、どちらかひとつを正しいとし、他を誤りとして排するというのは、どういう発想に基づくものだろうか。

●どちらでもいいものはあくまでもどちらでもいいのである。どちらでもいいということをこそ教えなければならない。漢字や仮名には一応の筆順がある。これは教えなければいけない。ＡＢＣ...には筆順はない。筆順がないということを教えなければならない。筆順がないのに「ある」と教えることは、これはウソを教えたことになる。非科学的であり非教育的である。

ツージビリティのこと

●英語の授業を楽しくないものにしている元凶は、どうやらこの非科学的・非教育的な瑣末主義のようだ。

●いつぞや、私の関係していた中学校用英語教科書でcowの発音が[kau]と表記してあった。ところが、その付属テープの中で、あるアメリカ人が[kæu]のような発音をしていた。もうひとりのアメリカ人は[kau]と言っていた。テープが売り出されるとさっそくこれが問題になった。発音記号が[kau]ならばこれに統一せよ、というのである。「私だったら、どっちでもいいんだよ、と生徒に言うんですがねえ」と言ったが、それでは生徒が混乱するとくいさがられた。

●こういうことは、アメリカでは「パキット」だがイギリスでは「ポキット」(pocket のこと)といったような、話にもならない議論と同じことで、こういうどうでもいいことをうるさく生徒に言うから生徒が混乱するだけで、ほうっておけば何の混乱も起こりはしない。――私だったら「ポケット」と教える。「ポケット」ではなく「ポケット」と教えるだろう。要するに通じればいいのであって、それ以上こまごましたことはほうっておけばいいのである。
●比嘉正範氏は、ある講演で、「ツージビリティが問題なのである」と言われた。私は以来この「ツージビリティ」という用語を愛用させていただいている。Tsujibility を専門用語の中に登録していいのではないかとさえ思っている。
●どうでもいいと思っていることはいろいろあるが、その中のひとつにイントネーションがある。学習指導要領には「文の抑揚のうち、下降調および上昇調」と書いてある。52 年改訂版では「文の基本的な音調」となっている。これはこれでけっこうなのだが、これが具体的に教科書を通して英語教室にはいってくると、たとえば What is ↗ this? は誤りで What is ↘ this? が正しいとなってしまう。世の中にはいろいろな人がいて、What is ↗ this? と言う人もいるし、What is ↘ this? と言う人もいるのである。こういうことにメクジラを立てているから生徒たちは英語って何とくだらないことばなんだろうと思うようになる。尋ねるときに大切なのは、尋ねる気持ちであり、そのときの表情である。気持ちと表情が「尋ねる」ことに集中すれば、自然に ↗ か ↘ かがきまってくる。――「きまってくる」というのは、あるときには ↗ となり、あるときには ↘ となる、ということである。自然にそうなる。
●メクジラのクジラは「スマクジラ」の略でこれは「隅っこ」のことだそうである。メクジラは「目の隅」。つまり、「メクジラを立てる」は「目に角を立てる」とか「目角を立てる」と同じようになる。
● What is ↗ this? と言ったら相手に通じないというのならしかたないが、そういうことは絶対にない。こればかりは「絶対に」と言い切ることができる。

国際音標文字

●先月号で「思い込み」のことを書いた。今回の話もすべて「思い込み」に通じる。英語教師の思い込みが、生徒たちを混乱におとしいれているということを言いたいのである。

●今度の学習指導要領の改訂で、すばらしい改訂が行われた。それは、現行版で「現代のイギリスまたはアメリカの標準的な発音」となっているのが改訂版では「現代の標準的な発音」になったことである。「イギリスまたはアメリカの」がはずされたのである。これはほんとうにすばらしい。発音はイギリスやアメリカのまねをしなくともよくなったのである。「標準的」であればなんでもいいのである。このことについては、いつかまた機会を得て詳しく論じてみたい。いずれにせよ、日本人は逆立ちしてもQueen's English や President's English を話すことはできないのだから Japan's English で押し通そうと主張している私には、これはすばらしい朗報である。これで、生徒たちは、Queen's English や President's English におびやかされずに自由にものが言えるようになるであろう。

●もうひとつ朗報がある。それは「実際の音声指導の補助として、必要に応じて発音表記を用いて指導してもよいものとする」という改訂版学習指導要領の発言である。「発音表記」という言い方がいい。現行版では「国際音標文字」の読み方を第2学年で扱うことができることになっている。つまり今度は「国際音標文字(IPA)」を用いなくともよくなったのである。これはすばらしい。

●国際音標文字の組織を知っている英語教師は非常に少ない。そもそも、国際音標文字の組織をきちんと教えている大学がほとんどないのだから、これは当然である。だいたい、たとえばəという文字が特定の1音を表すと思い込んでいる人があまりにも多い。lにせよrにせよ同じである。だから、発音記号を見さえすれば発音できると思いこんでいる。これは危険である。このままでは生徒たちにまちがったことを教えることになってしまう。——とイライラしていたら、こんどは「発音表記」だという。これならば安全である。

●漢字の未知の字音を表すのに「反切」という方法がある。『日本国語大辞典』(小学館)の説明を引用すると、たとえば「東の音は都籠切で、都の声

母 [t] と籠の韻母 [oŋ] とにより [toŋ] とする類」の発音表記法である。
●英語の場合は、つづりと音との関係が規則的だから、これほど面倒なことはしなくてもよいだろうが、この反切の考え方を応用して発音を示すことができるはずである。この方法を用いれば、少なくとも、θ, ð, ʃ, ʒ, æ などの特殊記号は用いる必要がなくなる。それだけ生徒たちの学習負担は少なくなる。もっと肝心のことがらに学習を集中することができる。
●発音記号といえば、あいかわらず教員採用試験に発音記号の問題が出題されているのは困ったことである。出題者もたぶん IPA のことはあまり知らないのではないか。たとえば dog は [dɒg, dog, dɔːg, dɔg, . . .] どれで書いても正しいのである。どうでもいいことをテストするのは、出題者が無知である証拠である。　　　　　　　　　　　　（『英語教育』1979 年 1 月号）

「付章 英語の素朴な疑問に答える」
解　　説

　若林氏の代表的な著作として思い出される本と言えば、『これからの英語教師』（大修館書店, 1983）と『英語の素朴な疑問に答える 36 章』（ジャパンタイムズ, 1990）であろう。本章のタイトルである「英語の素朴な疑問に答える」は、後者の題名を拝借したものである。

　本章を「第 7 章」ではなく「付章」とした理由だが、こちらは前者の本と関係がある。前者の『これからの英語教師』は、「英語授業学的アプローチによる 30 章」という副題が示す通り、本体の 30 章と、それに続く「付章　英語授業学的雑談」で構成されている。「付章」は、授業で紹介したくなるようなことばの雑学を氏独特の語り口で紹介したものだが、全体の 4 分の 1 超と、その名にふさわしくない分量が費やされている。

　この付章の分量は何を意味するだろうか。『これからの英語教師』は、題名が示す通り、これから英語教師を目指す学生や、若い英語教師に向けて書かれた本である。そのことをふまえると、上述の分量は、教師自身に、ことばそのものにもっと興味を持ってもらいたい、ことばとしての英語を学ぶ楽しさを感じてもらいたい、という氏からのメッセージであると解釈できる。「おもしろい」と教師自身が感じていないことばに対して、生徒は興味を感じるだろうか。学びたいという意欲を持てるだろうか。

　残念ながら、受験が最大の目標となっている学校の多くの生徒にとって、英語は「ことば」として認識されていない。「受験英語」という表現が示すように、「受験のために暗記が必要な公式の体系」としか認識されていないだろう。この体系をいかに効率よく暗記できるか、その一点のみに全力を注ぐ教育の中では、ABC の順番といった英語の素朴な疑問は無視されてしまう。Wh 系の質問文のイントネーションや ABC などの文字の筆順など、本来ことばが持っている「どっちでもいい」という

曖昧さも、テストでは許容されなくなる。このような「受験英語」教育に、ことばの本質について考えようとする視点は感じられない。

　一方、受験とは関係のないはずの一般社会においても、ことばに対する認識は「受験英語」のそれと本質的に変わっていない。今に始まったことではないが、世間で英語はコミュニケーションの「手段」や「道具」と認識されている。この「手段」や「道具」といった表現に、ことばを知的好奇心の対象として楽しもう、慈しもうという姿勢は見いだせるだろうか。

　もちろん、ビジネスが全ての中心となっている現代社会においては、それも仕方のないことかもしれない。だが、（「受験英語」という概念に対する）「コミュニケーション英語」至上主義とでも表現したくなるような言語観は、学校英語教育の世界において、これまでになく幅を利かせるようになっている。

　このような英語教育界の現状に、氏は何を思うだろうか。おそらく強い危機感をもって、これに全力で対峙するはずだ。「受験英語」も「コミュニケーション英語」も、どちらも氏の理想とする英語教育ではない。氏の理想とする英語教育は、英語を使えるようになることを意識しつつも、ことばそのものについて考える姿勢も大切にする「ことばとしての英語教育」であったと思う。

　本書においてもそうだが、氏の残した「名言」は様々なところでいくつか取り上げられてきた。しかし、「英語教師はことばの教師である。ことばの教師はことばに興味を持たなくてはならない」という、授業で何度も登場した氏のことばは、なぜか忘れられてきた。よって遅まきながらではあるが、これも氏の「名言」のひとつであることをここに記して解説の結びとしたい。なお、上の氏のロジックでは、「英語はことばである。したがって、英語教育はことばの教育でなくてはならない。英語教育がことばの教育である以上、ことばに興味を持たせるような教育をしなくてはならない。ことばに興味を持たせられない英語教育は、言語教育の名に値しない」となるだろう。はたして、ことばに興味を持たせられない「コミュニケーション英語」教育は、自動翻訳が可能になった後の時代においても、公教育における存在意義を示し続けられるだろうか。氏の名言の裏には、この問題への警鐘が隠れていたと思う。

――若有　保彦

出典情報・注

第 1 章　いっとう　りょうだん

「『英検』はやめてもらいたい」──『現代英語教育』（研究社）1999 年 3 月号、72 頁。『現代英語教育』はこれが最終号で、特集「21 世紀英語教育への遺言」の一篇。「From 若林俊輔 To 英語検定協会」という体裁で。学校教育の中に、英検、TOEIC、TOEFL といった外部の検定試験や資格試験を取り入れることの可否、問題点を改めて考える契機としてこの記事を読み直したい。

「教科書を値上げしよう」──『現代英語教育』（研究社）1975 年 10 月号、17 頁。「いっとう　りょうだん」というコラム（1975 年 3 月号〜1977 年 3 月号）の第 8 回目。YS-12 というペンネームを使用。これは、戦後日本初の国産旅客機 YS-11 をもじったものと思われる。「国産の英語教育」を構築する、という思いが込められていると考えるのは深読みのし過ぎだろうか。本稿で話題となっているのは、昭和 52（1977）年 7 月の学習指導要領のことで、中学校での学年指定がなくなるのは、さらに次の学習指導要領（平成元［1989］年 3 月告示）から。なお、現在の中学校英語教科書の値段は 500 円には今もって遠く及ばず 322 円である。

「小学校への英語教育導入──それはわが国の基本教育の破壊である」──『英語教育事典』（アルク、1997）、126–129 頁。第 2 特集「小学校からの英語教育」の記事。「小学校での英語教育の現状　私はこう考える」という大きな見出しの下で。見出しには、さらに、「この問題について、二人の英語教育の専門家にお話をうかがった」とあるが、もう一人は伊藤克敏氏（当時神奈川大学外国語学部教授）で、「英語は小学校から始めるべき。子どもの持つ能力を最大限に引き出そう」という小学校英語推進論。

「AET 導入反対の弁」──『英語教育』（大修館書店）1989 年 3 月号、13–15 頁。特集「外国人講師導入をめぐる問題点を考える」の一篇。本文には、「国際収支が赤字に転ずるようなことがあれば . . . 中止されるであろう」（19 頁）とあるが、現実には、（さまざまな問題を抱えながらも）JET プログラムは現在も継続している。

「英語教育を破壊する週 3 時間体制」──『英語教育』（大修館書店）1981 年 10 月号、9–11 頁。特集「"週 3 時間" 第 1 学期を終わって」の一篇。英語（教科としては「外国語」）は当時選択科目であり、週 3 時間体制は、昭和 52（1977）年版の学習指導要領から始まる。その後平成元（1989）年版（選択教科として単位数に幅が認められ「3+1」も可能となる）を経て、平成 10（1998）年版で「外国語」（原則英語）は必修教科となり、平成 20（2008）年版で正式に週 4 時間となった。

「母語をつぶすつもりか」——『英語青年』(研究社) 2000 年 9 月号、28 頁。特集「『英語公用語化』論に一言」の記事。英語第 2 公用語論は、2000 年 1 月に、時の内閣総理大臣・小渕恵三が設立した私的諮問機関「『21 世紀日本の構想』懇談会」によって提起されたのが発端。朝日新聞記者であった船橋洋一の『あえて英語公用語論』(文春新書、2000) はその推進論の一例。

「首相の英語」——『現代英語教育』(研究社) 1993 年 7 月号、6 頁。「ハラタチのとげ」というコラム (1993 年 4 月号〜1994 年 3 月号) の第 4 回目。タイトル「ハラタチのとげ」は若林氏自身による命名。唱歌「からたちの花」(北原白秋作詞) の中に「からたちのとげはいたいよ」という一節がある。日本の英語教育界にとげのように鋭く切り込もうという意思表示か。「ハラタチ」は当然「腹立ち」であろう。

「杞人憂天」——『現代英語教育』(研究社) 1975 年 3 月号、40 頁。コラム「いっとうりょうだん」の第 1 回目。本稿中の糸川英夫氏 (1912–1999) の専門は航空工学、宇宙工学。「日本の宇宙開発・ロケット開発の父」と呼ばれる。また、中津燎子氏 (1925–2011) は英語の発音訓練のための「未来塾」を開設。幼児に対する英語教育の体験記録である著書『なんで英語やるの?』(午夢館 1974、後に文春文庫) が話題となり、大宅壮一ノンフィクション賞を受賞。

第 2 章 つまずく生徒とともに

「英語教育の基礎について」——『英語授業学の視点——若林俊輔教授還暦記念論文集』(三省堂、1991)、368–379 頁。

「英語学習の目的意識をどう持たせるか」——『英語教育』(大修館書店) 1988 年 7 月号、11–13 頁。特集「指導上の困難点をどう克服するか」の一篇。

「こうすれば英語ギライになる」——『英語教育』(大修館書店) 1985 年 10 月号、26–28 頁。特集「英語ギライから英語好きへ」の一篇。与えられた特集タイトルに対し、ストレートに答えを提示しないところも「若林らしさ」の特徴と言えよう。

第 3 章 英語授業学の視点

「黒板とチョーク」——『英語教育』(大修館書店) 1971 年 10 月号、33 頁。「遠めがね」欄 (1971 年 4 月号〜1972 年 1 月号まで不定期で担当) の一篇。本稿に出てくる LL とは、音響機器や映像提示装置を備えた語学専用教室のこと。学習者は個別のブースに座り、マイク付きのヘッドフォンを装着した。教師の指導卓から学習者に一斉に指導用の音声教材や映像教材を流して学習者に練習させたり、スイッチを切り替えることで、特定の学習者と個別にやりとりすることができた。また、学習者は自身の卓上にある録音装置に自分の声を録音し、モデルと聴き比べることもできた。OHP とは、overhead projector の略で、透明シートにサイン

ペンなどで書いた図表や文字を、拡大してスクリーンに投影する装置。

「つづりと発音の関係の規則性」——『英語教育』（大修館書店）1980年8月号、6–8頁。特集「英語の困難点をどう指導するか」の一篇。

「アルファベットが覚えられない生徒」——『英語教育』（大修館書店）1974年8月増刊号、6–8頁。「特集I 問題に応じた英語の指導」の一篇。「aはaでよい、gはgでよいではないか」（82頁）とあるが、ここでは、ふだん学習者が目にする活字と差異のない字形のほうが学習負担が少ないことを強調している。学習者にはイタリック体を指導すべきだという主張を持っていたが、ここでは、マニュスクリプト体や「筆記体」を指導することへの疑義として、あえて述べていると考えられる。

「文字にはいろいろな字体があることについて」——『英語教育ジャーナル』（三省堂）1981年7月号、24–26頁。

「辞書指導の視点」——『現代英語教育』（研究社）1973年3月号、12–13頁。特集「学習英和辞典をめぐって」の一篇。冒頭の「新しい中学校学習指導要領」は昭和44（1969）年版のこと。また、91頁の下のほうに出てくる「英語A」「英語B」「初級英語」「英語会話」は、昭和46（1971）年版の高等学校学習指導要領に示された全4科目のこと。「英語A」（実業高校向け）「英語B」（普通科高校向け）は昭和35（1960）年版にもある（ただし、この2科目のみ）。昭和53（1978）年版では、全く新しい名称となる「英語I」「英語II」「英語IIA」（聞き話すこと）「英語IIB」（読むこと）「英語IIC」（書くこと）の全5科目名が設けられた。

「文法用語の日本語は学習を妨げる」——『現代英語教育』（研究社）1996年10月号、21–23頁。特集「日本語を利用した英語教育」の一篇。

「文法事項の指導順序をどう考えるか」——『英語教育』（大修館書店）1992年6月号、14–16頁。特集「教科書・教材研究と指導への生かし方」の一篇。103頁の1行目に出てくる記述は平成元（1989）年版学習指導要領に基づくもの。平成10（1999）年版から、「助動詞などを用いた未来表現」と表現が改まり、現行の平成20（2008）年版学習指導要領でもそれが踏襲されている。「疑問文」という用語についての疑義（104頁）については、第6章「知的好奇心に応える英語教育」の注釈を参照。また、107頁に名前が出てくる江川泰一郎『英文法の基礎』は2014年に研究社から新版が刊行された。

「『四技能』のバランスということ」——『英語教育』（大修館書店）1973年7月号、8–9頁。特集「効果的な授業のために」の一篇。「H・S・R・W」の「H」はhearingの頭文字。現在ではL＝listeningと表されるが、1970年代にはhearingと呼ばれることが多かった。110頁に見える「三領域」は、昭和44（1969）年版と昭和52（1977）年版の中学校学習指導要領で、「(1)言語活動」が「ア 聞くこと、話すこと」「イ 読むこと」「ウ 書くこと」の3項目に分けられていたこと

を指す。「聞くこと・話すこと」は、2つの「技能」でありながら1つの「領域」と分類されているわけで、このおかしな分類への異議申し立てである。なお、平成元 (1989) 年版以降は、「聞くこと」と「話すこと」は別項となっている。

「『言語活動』の基本形態」——『英語教育』(大修館書店) 1972 年 2 月号、5–9 頁。特集「話し方の指導」の一篇。「言語活動」は昭和 44 (1969) 年に告示された『中学校学習指導要領』で実質的に初めて使われた用語。1972 年度からの実施を前に書かれたもの。

「Sam have three brother.——『正しい』とは何か」——『英語教育』(大修館書店) 1971 年 4 月号、33 頁。連載「遠めがね」の一篇。

「テストと文法指導——「コミュニカティブ」な評価基準設定の提案」——『英語展望』(ELEC) 1989 年春号、25–30 頁。特集「コミュニケーションのための文法指導」の一篇。

「テストの季節」——『現代英語教育』(研究社) 1994 年 1 月号、6 頁。コラム「ハラタチのとげ」の第 10 回目。137 頁の「『業者テスト』はなくなったことになっている」という記述は、中学校内で授業時間内に行われていた業者テストを禁止する通達を、1993 年、当時の文部省 (鳩山邦夫大臣) が出したことを指す。民間のテスト業者による学力テストの結果が、私立高校における推薦入試の合否判定資料として使われているのは問題だということに端を発している。その結果、校内での業者テストは行われなくなったものの、会場が学校外 (おもに私立高校) に移っただけで、事前に入学者を確保したいという私立高校側の思惑も強く、業者テストは引き続き、受験生にとっても進路指導者にとっても、高校受験時の重要な資料となっている。

「英語科における観点別評価をどう考えるか」——『英語教育』(大修館書店) 1993 年 4 月号、23–25 頁。特集「これからの英語教育を考えるキー・ポイント」の一篇。142 頁の productive reading の概念を提示しているのは Fries の *Linguistics and Reading* (1963)。

第 4 章　ことばの教科書を求めて

「ことばの教科書を求めて」——『英語教育の歩み』(中教出版、1980) の第 2 部「教科書形態論・授業学」の冒頭 2 つのセクションを転載。

「会話形式の教材のこと」——『現代英語教育』(研究社) 1994 年 2 月号、6 頁。コラム「ハラタチのとげ」の第 11 回目。

「『亡き数に入』った教科書」——『現代英語教育』(研究社) 1975 年 4 月号、40 頁。コラム「いっとう　りょうだん」の第 2 回目。冒頭にある「ふたたび『天』の話みたいだが」というのは、この連載コラム「いっとう　りょうだん」の第 1 回目

（本書第1章「杞人憂天」）を受けたもの。本稿に出てくる『ブルースカイ』『ニューアプローチ』はともに学研から出版されていた。著者は黒田巍ほか。なお後者の教師用指導書の著者は ELEC 教材委員会。また、『ニューグローブ』の K 社は研究社のこと。著者は福原麟太郎ほか。ちなみに、本書刊行時点における小学校「外国語活動」の「教科書」は文部科学省の著作による Hi, Friends! 1種類のみである。

「広域採択制とは一体何なのか」——『現代英語教育』（研究社）1992年7月号、14–17頁。特集「広域採択制を注視せよ！」の一篇。2015年6月時点の採択地区数は、全国で582地区。香川県は8地区、東京都は54地区に増えている。

「優れた英語教科書出現の条件——検定制度がなくなれば優れた教科書が現れるか」
——『英語展望』（ELEC）1984年秋号、18–21頁。特集「教科書を考える」の一篇。本稿における「現行の学習指導要領」は昭和52 (1977) 年版。

第5章　英語教育の歩み

「入試英語」——『英語教育』（大修館書店）1988年9月増刊号、65–67頁。特集「英語の基礎知識と参考書案内」の一篇。中学校や高等学校の英語教員採用試験に聴き取りや英語による面接が課されることが当然視される現在では、本文中（186頁）の「そろそろ ... 登場してきている」との記述に時代を感じるかもしれない。なお、本文中には「国公立大学共通第一次試験」とあるが、その正式名称は「共通第一次学力試験」である。1979 (昭和54) 年1月に第1回が実施され、1989 (平成元) 年まで11回にわたり続けられた。試験問題の作成や答案の採点などを一括して処理することを目的に国の機関として大学入試センターが設置され、同センターと各国公立大学が共同で実施するものとされていた。1990 (平成2) 年からは「大学入試センター試験」に移行している。

「『学習指導要領』の変遷」——『英語教育』（大修館書店）1971年12月増刊号、42–44頁。特集「教育制度の変遷と英語教育」の一篇。本文中（188頁）、「学習指導要領・一般篇（試論）」とあるが、これは「学習指導要領・一般編（試案）」の誤りである。また、随所に見受けられる「篇」の表記は、いずれも「編」に改められるべきものである。

　昭和22 (1947) 年に示された「学習指導要領（試案）」は一般に「昭和22年版」と呼ばれているが、その表紙には「昭和22年度」と印刷されていた。文部省が学習指導要領を年度ごとに更新するつもりであったのであれば「 ... 年度」という言い方にも正当性が認められるが、実際にはそのような施策はとられなかった。その意味では、通称される「昭和22年版」のほうが正しいと言えるだろう。

　本文中に登場する宍戸良平 (1914–1999) は、1939 (昭和14) 年より1975 (昭和50) 年まで文部省で事務官を務めた。終戦直後は学習指導要領の策定や新制中学校用教科書 Let's Learn English の作成に携わり、その後は教科調査官や視学官などを歴任するなど、約30年間にわたり外国語教育行政に多大な影響を与えた人

物である。

　記事の末尾で、「大学の一般教養課程の基準を考えようとする動きが、ほのかに見え始めている」と述べているが、これは後の大学設置基準の改正につながるものと言える。平成3 (1991) 年6月に改正され翌月に施行された新しい大学設置基準では、一般教育と専門教育の区分および一般教育内の科目区分が廃止された。一般に「大綱化」と呼ばれるものである。

「昭和22 (1947) 年の『学習指導要領』を読む」——『現代英語教育』(研究社) 1997年2月号、16–21頁。特集「あれも言いたい、これも言いたい」の一篇。中学校において「外国語」が選択教科ではなくなるのは、平成10 (1998) 年に告示され、平成14 (2002) 年度から実施された学習指導要領からである。

「外国語教育改革論の史的変遷——日本の英語教育を中心として」——『英語教育』(大修館書店) 1983年7月号、26–28頁。特集「英語教育はどう改革されなければならないか」の一篇。冒頭に紹介されている海外の論文および書籍には、以下のように日本語訳が出版されたものもある。*Der Sprachunterricht Muss Umkehren!* 大野敏男・田中正道訳『言語教育の転換』(渓水社、1982)、*The Practical Study of Languages*. London　小川芳男訳『言語の実際的研究』(英潮社、1969)、*How to Teach a Foreign Language*　前田太郎訳、大塚高信補訳『語学教授法新論』(冨山房、1941)。

「英語教育史から何を学ぶか」——『英語教育』(大修館書店) 1983年3月号、29–31頁。特集「英語教師として何を学ぶべきか (3)——指導に関して」の一篇。アジア太平洋戦争後の教育制度変革の過程で戦前の国定教科書制度は見直されることとなり、1949 (昭和24) 年に教科書検定が制度化された。1962 (昭和37) 年までは教科書の採択権はそれぞれの学校にあったが、義務教育における教科書無償化と引き換える形で、翌年よりその権限は教育委員会へと移ることになった。現行の制度下では、教科書の採択地区は教育委員会によって定められている。

「十年、今や、十昔」——『現代英語教育』(研究社) 1975年5月号、19頁。コラム「いっとう　りょうだん」の第3回目。教科書の採択については、「英語教育史から何を学ぶか」の注釈を参照されたい。

第6章　英語教育にロマンを

「知的好奇心に応える英語教育」——『英語展望』(ELEC) 1993年春号、8–13頁。特集「コミュニケーションの方策」の一篇。若林氏が、教え子のみならず縁を得たさまざまな教員から生徒の「素朴な疑問」を収集していたことは事実だが、「疑問文」という名称に疑問を投げかけ「疑問」と「質問」の概念をはっきり区別すべきであるとする議論は、宮田幸一 (1904–1989) によって昭和初期から提起され、『教壇の英文法 (改訂版)』(研究社出版、1970) では明確に打ち出されていることを知っておきたい。なお、『教壇の英文法：疑問と解説』は1961 (昭和36) 年に

初版が刊行されたベストセラーで、初版と改訂版とでは内容が大きく異なっている。雑誌『英語教育』（大修館書店）が1997年8月号で「英語教師を豊かにする100冊＋α」という特集を組んだ際、若林氏は「英語教育を真剣に考えるのならばこのくらいは」と題した記事の中でこの書物を取り上げている。

「**改善懇第5回アピールについて**」——『英語教育ジャーナル』（三省堂）1981年4月号、43–45頁。日本英語教育改善懇談会（改善懇）が1980（昭和55）年11月29日・30日の両日にわたって開催した第9回大会で示した「英語教育の改善に関するアピール」に関する感想である。この記事は、同アピールに添える形で掲載された。

改善懇は1972（昭和47）年に発足し、1997（平成9）年には名称を日本外国語教育改善協議会（改善協）に変更している。外国語教育に関わる各種団体の連絡協議体で、我が国における外国語教育の改善を目的としており、学習指導要領の改訂など、諸課題について議論した上で関係する政府機関等に提言や要請を行っている。

記事の末尾で、「国定」試験である共通一次試験を問題視するとともに「私立大学がこれに加わっていないというのが唯一の救い」としているが、例外的に産業医科大学は当初よりこの試験を用いていた。その後、私立大学の参加をうながすことも目的のひとつとして1990（平成2）年に「大学入試センター試験」が始められ、現在では多くの私立大学がこの試験を利用している。

「**外国語教育振興法（案）**」——『英語教育』（大修館書店）1985年9月増刊号、129頁。日本英語教育改善懇談会（改善懇）が1984（昭和59）年12月2日付で発表した「英語教育の改善に関するアピール」で成立を求めるとした法案の全文である。アピールは改善懇の名によるものだが、若林氏の主張を色濃く反映するものとして、ここに収録した。

「**言語教育としての外国語教育のこと**」——『新英語教育』（三友社出版）2000年5月号、4頁。『新英語教育』の投稿欄である「読者の広場（Letters to the Editor）」に掲載されたものである。

「**教員の養成と『研修』**」——『英語教育』（大修館書店）1971年8月号、34–35頁。「遠めがね」欄の一篇。冒頭の「デモシカ」ということばは、「教員にデモなるか」とか「教員にシカなれない」と言って教員になった人々のことを指すが、そのような教員が若林氏を含めて相当数いたということは、現代の教員や教員志望者には驚くべきことかもしれない。

「**21世紀の英語教育が抱える課題について**」——『ACORN』（米沢英語研究懇話会）第14号（2000年12月）、12–17頁。米沢市内の英語教員らでつくる米沢英語研究懇話会の機関誌に特別寄稿として掲載された一篇。米沢英語研究懇話会は、山形大学・東北芸術工科大学の教授を歴任した松野良寅氏（1926–2012）の呼びかけにより、山形県置賜地区の英語教員の指導力向上を図る目的で1987（昭和62）年

に設立された。松野氏は英学史が専門で、日本英学史学会の豊田實賞を最初に受賞したひとりである。後に同会の会長も務めたが、日本英語教育史学会とも関わりが深く、2度にわたり山形県での全国大会を成功に導いている。若林氏は、そのうち 1999 (平成 11) 年に山形県川西町フレンドリープラザで開催された第 15 回全国大会に参加しており、その際に松野氏より寄稿を求められたものと考えられる。

「マスコミと英語教育」——『現代英語教育』(研究社) 1994 年 3 月号、112–115 頁。1980 年代、財政赤字・貿易赤字の急増に苦慮するアメリカでは、日本を不公正な貿易相手国であるとする論調が勢いを得た。中曽根内閣は、これへの対応としてさまざまの施策を講じたが、いくつかの「黒字減らし」のための文化交流・国際交流もその中に位置付けられた。JET プログラム (The Japan Exchange and Teaching Programme) はそのひとつであり、これによって招かれた英語指導助手が AET (Assistant English Teacher) である。英語以外の言語を担当する者を含めて ALT (Assistant Language Teacher) と呼ぶべきだが、当時は AET の呼称が一般的であった。

付章　英語の素朴な疑問に答える

「『基礎を教える』ことについて」——『新英語教育』(三友社出版) 1998 年 8 月号、30–32 頁。1998 年 4 月号から 9 月号までの全 6 回にわたる連載記事「知的好奇心の対象としてのことば」の第 5 回目。

「名前の話」——『現代英語教育』(研究社) 1993 年 10 月号、6 頁。コラム「ハラタチのとげ」の第 7 回目。現在の英語教科書における日本人の名前は姓名の順番に表記されることが主流となっている。2000 年に国語審議会が「国際社会に対応する日本語の在り方」で、日本人の姓名についてローマ字表記を「姓―名」の順にすることが望ましいという答申を出したことも影響していると考えられる。

「生徒を混乱させるものについて」——『英語教育』(大修館書店) 1979 年 2 月号、42–43 頁。連載記事「楽しい授業ということ――体験的英語教育論」(1978 年 4 月号～1979 年 3 月号) の第 11 回目。

「『どうでもいいこと』について」——『英語教育』(大修館書店) 1979 年 1 月号、30–31 頁。上記の連載記事「楽しい授業ということ――体験的英語教育論」の第 10 回目。

(注作成: 1 章―小菅和也、2 章・付章―若有保彦、3・4 章―手島良、5・6 章―河村和也)

若林俊輔氏年譜

学歴・職歴など

1931 年 11 月	山形県鶴岡市に生まれる
1950 年 3 月	群馬県立藤岡高等学校卒業
1950 年 4 月	東京外国語大学英米学科入学
1955 年 3 月	東京外国語大学英米学科卒業
1955 年 4 月	東京都文京区立第六中学校教諭
1960 年 4 月	日本英語教育研究委員会(ELEC)主事補
1964 年 4 月	群馬工業高等専門学校専任講師
1966 年 4 月	東京工業高等専門学校専任講師
1970 年 4 月	東京学芸大学教育学部専任講師
1972 年 1 月	東京学芸大学教育学部助教授
1979 年 5 月	東京学芸大学教育学部教授
1980 年 4 月	東京外国語大学外国語学部教授
1989 年 4 月	東京外国語大学学生部長(併任)(～1993 年 3 月)
1994 年 3 月	東京外国語大学・定年退官
1994 年 5 月	東京外国語大学名誉教授
1995 年 4 月	都留文科大学文学部教授
1997 年 3 月	都留文科大学・定年退職
1997 年 4 月	拓殖大学外国語学部教授
2002 年 1 月 15 日	若林俊輔教授最終講義「21 世紀の英語教育が抱える問題について」
2002 年 3 月 2 日	逝去(午後 8 時 3 分　於杏林大学付属病院)

学会活動

1970 年 4 月	財団法人語学教育研究所会員
	財団法人語学教育研究所研究員
1972 年 4 月	財団法人語学教育研究所パーマー賞委員会委員
1984 年 4 月	財団法人語学教育研究所理事・経理部長
1984 年 12 月	日本英語教育史学会会員
1988 年 9 月	財団法人英語教育協議会(ELEC)評議員
1990 年 4 月	財団法人語学教育研究所パーマー賞委員会委員長
1992 年 4 月	財団法人語学教育研究所常務理事
2000 年 4 月	財団法人語学教育研究所理事長

主な教育研究業績
〔著書〕

『英語の文字』(単著)、1966年4月、岩崎書店

『聞き・話す領域の指導』(分担執筆)、1970年5月、研究社

『英語1600──単語からの入門カセット』(共著)、1973年7月、文林書院

『英語教育の常識──授業へのスタート』(共著)、1980年7月、中教出版

『時制・態・法の重点31』(単著)、1980年5月、日本英語教育協会

『英語教育の歩み──変遷と明日への提言』(共著)、1980年8月、中教出版

『これからの英語教師──英語授業学的アプローチによる30章』(単著)、1983年1月、大修館書店

『つづりと発音〔I〕』(単著)、1986年4月、三省堂教材システム

『つづりと発音〔II〕』(単著)、1988年4月、三省堂教材システム

『英語の素朴な疑問に答える36章』(単著)、1990年5月、ジャパンタイムズ

『無責任なテストが「落ちこぼれ」を作る──正しい問題作成への英語授業学的アプローチ』(共著)、1993年3月、大修館書店

『NHK CD基礎英語──リスニング講座(1)』(単著)、1995年7月、日本放送出版協会

『ヴィスタ英和辞典』(編集主幹)、1997年12月、三省堂

『「指定語」の変遷をたどる──中学校学習指導要領』(単著)、1999年3月、自費出版

〔編著書〕

『英語授業学──指導技術論』(共編著)、1979年6月、三省堂

『学校英語再考/文法・語法編』(共編著)、1979年6月、三省堂

『昭和50年の英語教育』(編集)、1980年2月、大修館書店

『ジュニア英和辞典』(編)、1980年11月、旺文社

『ジュニア和英辞典』(編)、1980年11月、旺文社

『英語教授法辞典』(共編著)、1982年3月、三省堂

『亡国への学校英語──いま、この国民的課題を、中学生をもつ父母とともに考える』(共編著)、1982年6月、英潮社新社

『英語基本語彙辞事典──3000語の背景』(共編著)、1983年4月、中教出版

〔記念論集〕

『英語授業学の視点──若林俊輔教授還暦記念論文集』、1991年12月、三省堂

『私家版英語教育ジャーナル──若林俊輔教授退官記念論文集』、1995年11月、自費出版

〔編注書〕
D. H. ロレンス『息子と恋人』(単編注)、1973 年 7 月、語学春秋社

〔参考書〕
『シグマ基礎高校英語——英文法の活用と演習』(単著)、1979 年 1 月、文英堂
『わかる英語 I』(単著)、1982 年 3 月、三省堂
『高校生の英文法』(単著)、1984 年 3 月、三省堂

〔教科書〕
NEW CROWN ENGLISH SERIES (編集代表 / 編集顧問)、1978 年 4 月〜 2002 年 3 月、三省堂
NEW CENTURY ENGLISH SERIES (編集代表)、1982 年 4 月〜1995 年 3 月、三省堂
SELECT ORAL COMMUNICATION B (編集代表)、1994 年 4 月〜2002 年 3 月、三省堂

〔論文〕(主なもののみ)
「戦後 30 年の中学校英語教科書」(単)、1984 年 4 月、三省堂『戦後の英語教育』
「『英習字論』序論」(単)、1985 年 10 月、(財) 語学教育研究所『英語教育研究』
「AET 導入反対の弁」(単)、1989 年 3 月、大修館書店『英語教育』
「テストと文法指導」(単)、1989 年 4 月、(財) 英語教育協議会『英語展望』
「文法事項の指導順序をどう考えるか」(単)、1992 年 6 月、大修館書店『英語教育』
「知的好奇心に応える英語教育」(単)、1993 年 4 月、(財) 英語教育協議会『英語展望』
「OC で何ができるか」(単)、1993 年 11 月、大修館書店『英語教育』
「現在の英語教員養成システム」(単)、1994 年 11 月、大修館書店『英語教育』
「言語材料と教科書」(単)、1994 年 12 月、研究社『現代英語教育の諸相』(伊藤健三先生喜寿記念論文集)
「英語教員の養成のこと」(単)、1995 年 3 月、三省堂『日本語と日本語教育』(坂田雪子先生古稀記念論文集)
「『英語』の授業は何を教えるのか、について」(単)、1995 年 7 月、(財) 英語教育協議会『英語展望』
「スピーチ I Have a Dream の魅力」(単)、1995 年 10 月、研究社『現代英語教育』
「提案・英語のカリキュラム」(共)、1996 年 4 月〜1997 年 9 月、大修館書店『英語教育』
「文法用語の日本語は学習を妨げる」(単)、1996 年 10 月、研究社『現代英語教育』
「昭和 22 (1947) 年の『学習指導要領』を読む」(単)、1997 年 2 月、研究社『現代

英語教育』
「小学校への英語教育導入――それはわが国の基本教育の破壊である」(単)、1997年10月、アルク『英語教育事典』
「知的好奇心の対象としてのことば」(単)、1998年4月～9月、三友社出版『新英語教育』
「リーディングにおける『新語』」(単)、1999年6月、大修館書店『英語教育』
「授業研究の方法について」(単)、2002年2月、群馬県高等学校教育研究会英語部会『群英』第29号
「『怒り心頭』であること」(単)、2000年5月、大修館書店『英語教育』
「21世紀の英語教育が抱える課題について」(単)、2000年12月、米沢英語研究懇話会『ACORN』No. 14
「外国語教育の多様化のこと」(単)、2000年12月、高等学校ドイツ語教育研究会「高等学校ドイツ語教育研究会会報」Nr. 12
「『和文英訳』は「ライティング」ではない」(単)、2001年2月、大修館書店『英語教育』
「『わが国の英語教育について語ること』のむずかしさについて」(単)、2002年1月、開拓社『21世紀の英語教育への提言と指針』(限部直光教授古稀記念論集)

〔日誌類〕

研究社『英語年鑑』において、1977年度版から1995年度版まで19年にわたり「英語教育界の動向」「英語教育界の話題と動向」「英語教育界の問題点」等の表題で、それぞれ前年度の英語教育界の動きを総括

大修館書店『英語教育』誌の各年度ごとに発行される「増刊号」において、1978年度版から2001年度版までの24年にわたり、「英語教育日誌」の執筆を担当、それぞれ前年度の英語教育界の動きを総括

〔放送〕

「高等学校通信講座・英語」(NHK教育テレビ)、1967年4月～1973年3月
「基礎英語1」(監修、NHKラジオ第2放送)、1994年4月～1996年3月
「中学校英語」(監修、東進DJスクール)、1997年4月～1998年7月
「新基礎英語3」(テキスト英文執筆および校閲、NHKラジオ第2放送)、2002年4月、5月

索　引

(〈　〉は若林氏が撤廃を目指した本当は使いたくない文法用語)

〔あ行〕

浅田栄次　210
アメリカ教育使節団　195
磯辺弥一郎　210
〈一般動詞〉　105–106
岩崎民平　3
英会話　235
「英検」　2–3, 66, 186
英語学級の編成　202–203
『英語科ハンドブックス』　87
『英語教育史資料』(大村喜吉・高梨健吉・出来成訓編)　184, 214, 215
『英語教育ジャーナル』　2
『英語教育の歩み』　220
『英語教育の常識』　46
英語教育廃止論　213
『英語教育論争史』(川澄哲夫編)　182, 209, 216, 270
英語教科書形態論、英語教科書論　152
英語教授研究所　14, 184, 185, 208, 227
　→　cf. 語学教育研究所
『英語教授法辞典』　2, 208, 220, 226
『英語授業学』　65
『英語授業学の視点』　65, 231
英語(第2)公用語論　28, 38, 248
『英語の素朴な疑問に答える36章』　46, 230, 294
『英語の文字』　46
英習字　44
『英和対訳袖珍辞書』　283
江川泰一郎　107
大岡育造　213
岡倉由三郎　211
小川芳男　2, 3, 66, 118, 178, 220, 226
オーラルアプローチ (Oral Approach)　174, 175, 209, 213
オーラル・コミュニケーション　157, 238, 239, 261–262

〔か行〕

外国語教育改革論　208–214
外国語教育振興法(案)　36, 245–247, 273
『外国語教育の改善に関するアピール』　249
外国語指導助手　→　AET, ALT

改善懇　→　日本英語教育改善懇談会
会話(形式の)教材　156–157, 177
学習意欲　51
学習活動　192
『学習指導要領』(昭和22年版)　162, 188–189, 195–207
学年指定(文法事項の〜)　4, 169–170
　→　cf. 言語材料の学年配当
片山寛　210
『学校教育法』　7
学校選択　198
家庭学習　24
〈仮定法〉　106, 175
金沢久　210
カリキュラム　12
川澄哲夫　182, 209, 216, 226, 270
神田乃武　210
観点別評価　139–144, 145
『基礎英語1』　149
〈疑問文〉　7, 100, 104, 230, 269
教育課程審議会　3, 7, 11, 266
教育機器　71
教育公務員特例法　252
教育実習　253
教育職員養成審議会　251
「教育白書」　→　『我が国の教育水準』
教員養成　9, 251–254
教科書協会　5, 171–172
教科書検定　189
教科書使用義務　164
教科書調査官　189
教科書のページ数　5, 166
教科書(の)無償(化)(無償制度、無償措置)　5, 159, 161, 166, 170, 179, 218, 243
教科調査官　16, 249
教科用図書審議会　163
行事　4, 23, 24, 137
教授要目　194
共通一次(共通第一次入学試験)　173, 186, 243, 244, 266
隈部直光　216, 267
熊本謙二郎　210
「グローバル化に対応した英語教育改革実施計画」　66

研究開発校　10
言語活動　113–123, 193, 223
言語材料　200–202, 256
　〜の学年配当　256　→　cf. 学年指定（文法事項の〜）
言語の習得過程　124
言語や文化についての知識・理解　143–144
研修　204–206, 251–254
『現代英語教育』　2, 34, 256
検定制度　169
語彙　257–258
語彙指導　50
語彙制限　47
広域採択制　161–168, 170, 179, 218, 222, 243
構造主義　152
語学教育研究所　14, 18, 56, 102, 106, 184, 205, 208, 227　→　cf. 英語教授研究所
国際音標文字［字母］（IPA）　72, 292
国際理解　41
国定教科書　159, 164, 179, 243
国民教育　67
小島義郎　77
5文型　107
コミュニカティブ　126
コミュニケーションへの関心・意欲・態度　139–140
『これからの英語教師』　294

(さ行)
採択期間　165
採択地区制度　163–165
崎山元吉　54
桜井役　220
佐々木輝雄　27
三領域　110
［試案］　196–197
視学官　27
宍戸良平　188, 192
辞書指導　91–95
視聴覚的　71, 115, 149
実践的コミュニケーション能力の基礎　248
習慣形成（habit-formation）　200
週3時間　21–27, 56, 84, 167, 172, 204, 241, 260–261, 265, 269, 272
寿岳文章　87
授業時数　191–192, 203–204, 215–216, 258–260
受験英語　12, 43, 182–184, 294, 295
小学校（への）英語教育　7, 37, 38, 64, 261–262
『昭和50年の英語教育』　221, 270
ジョウンズ式　219, 220
初任者研修　20
『資料・日本英学史2──英語教育論争史』　→　『英語教育論争史』
新学制　195
進学適性検査　267
スーパーイングリッシュハイスクール（SELHi）　67
選択科目　197–199
総合的な学習の時間　261–262

(た行)
大学入試センター試験　264, 265, 269
高梨健吉・大村喜吉『日本の英語教育史』　→　『日本の英語教育史』
竹林滋　77, 219
知的好奇心　49–50, 232
千野栄一　258
中央教育審議会　3, 7, 202, 216, 254, 266
中学校英語週三時間に反対する会　36, 260, 261, 267
「中学校指導書外国語編」　84
中間試験　137, 269
直接教授法（Direct Method）　208
〈直説法〉　106
ツージビリティ　291
津田梅子　210
『つまずく生徒とともに』　66
定期試験　137
テスト業者　173
伝習館高校事件　164
外山正一　54, 209, 223

(な行)
中津燎子　35
夏目漱石　212–214
南日恒太郎　182
日本英語教育改善懇談会（改善懇、日本外国語教育改善協議会）　202, 241–244, 249, 260, 272
日本英語教育史学会　226
『にほんご』　153–155, 178
『日本の英学100年・大正編』　219
『日本の英語教育史』（高梨健吉・大村喜吉）　215
入試（入学試験）　10–12, 117, 125, 182–187, 239–240, 264, 266

『ニューグローブ』 159
〈人称〉 99, 105
ネイティブ・スピーカー 17
能力開発研究所テスト 267

〔は行〕
発音記号 72, 219, 220
発音表記 292
パーマー → Palmer, Harold E.
林碧羅 214
比嘉正範 291
「筆記体」 82, 85–89
批判的読解力 67
評価基準 126, 131–136
表現の能力 140–142
平泉渉 14, 35, 67, 212, 213
　『英語教育大論争』 15
フォニックス 133, 134
藤村作 209, 216, 270
〈不定詞〉 62, 97
『ブルースカイ』 158
文法用語 11, 13, 43, 45, 56, 62, 96–101, 126, 146
別表 1 286
『亡国への学校英語』 216, 261
星山三郎 270
堀達之助 283

〔ま行〕
マニュスクリプト体 82
宮田幸一 104
無償制度・無償措置 → 教科書無償
村井知至 210, 213
文字指導 43
森有礼 28, 283

〔や行〕
山家保 175
ゆとりの時間 25–26
吉沢美穂 174
四技能 108–112

〔ら行〕
理解の能力 142–143
臨時教育審議会 266

〔わ行〕
『我が国の教育水準』(「教育白書」) 267
和田稔 16

渡部昇一 15, 67, 213
　『英語教育大論争』 15

〔欧文〕
「ABCの歌」 80
AET, ALT（外国語指導助手） 9, 14–20, 38, 269
〈be 動詞〉 105–106
Bulletin, The 185
COFS 37
Community Language Learning 213
Comprehension Approach 213
English through Actions 176
English through Pictures 176
eye-mouth reading 120
Fries, C.C. 98, 142, 176, 221
Graded Direct Method（GDM） 174, 175, 176
Howatt, A.P.R. 226
Hughes, Miss 210
IPA → 国際音標文字
Jack and Betty 105
Jespersen, Otto 208
JET プログラム（外国青年招致事業計画） 14, 261–262
Junior Crown English Course 105
King's Crown Readers, The 219
language lab（LL） 115, 149
Let's Learn English 188
New Crown English Series 178
New Crown Readers 219
one-way communication 157
Onions, C.T. 107
Oral Approach → オーラルアプローチ
Oral Introduction 221
Palmer（パーマー）, Harold E. 14, 47, 174, 175, 176, 208, 221, 227, 236
productive reading 142
SELHi → スーパーイングリッシュハイスクール
Silent Way 213
Suggestopedia 213
Sweet, Henry 208
thinking in English 200
Viëtor, Wilhelm 208, 210
Whitney, William D. 28, 283

〈著者紹介〉

若林俊輔（わかばやし・しゅんすけ、1931–2002）　年譜（305–308 頁）参照

〈編者紹介〉

小菅和也（こすげ・かずや）　　武蔵野大学教育学部教授
小菅敦子（こすげ・あつこ）　　東京女子大学他非常勤講師
手島　良（てしま・まこと）　　武蔵高等学校中学校教諭
河村和也（かわむら・かずや）　東京電機大学工学部講師
若有保彦（わかあり・やすひこ）秋田大学教育文化学部准教授

英語は「教わったように教えるな」

2016 年 6 月 30 日　初版発行　　2016 年 7 月 27 日　2 刷発行

著　　者　若林俊輔
編　　者　小菅和也・小菅敦子・
　　　　　手島　良・河村和也・
　　　　　若有保彦

発行者　関戸雅男
印刷所　研究社印刷株式会社

KENKYUSHA
〈検印省略〉

発行所　株式会社　研究社
　　　　http://www.kenkyusha.co.jp

〒 102–8152
東京都千代田区富士見 2-11-3
電話（編集）03(3288)7711(代)
　　（営業）03(3288)7777(代)
振替　00150-9-26710

編集担当: 津田　正、装丁: 清水良洋（Malpu Design）
ISBN 978-4-327-41093-3　C 3082　Printed in Japan